LES MERVEILLES
DU
NOUVEAU PARIS

RENFERMANT

HISTOIRE — DESCRIPTION — POPULATION — PLAN
DIVISION ADMINISTRATIVE
BOULEVARDS — RUES — PALAIS — MONUMENTS PUBLICS — THÉATRES
ÉGLISES — FONTAINES — CAFÉS — RESTAURANTS — HOTELS
ANECDOTES — ÉTUDES DE MŒURS — RENSEIGNEMENTS, ETC., ETC.

PAR DÉCEMBRE-ALONNIER

OUVRAGE ORNÉ DE 100 MAGNIFIQUES GRAVURES

PAR

MM. DELANNOY, LIX, CLERGET, ROYER, THORIGNY ET LES PRINCIPAUX ARTISTES

GRAVÉES PAR TRICHON

PARIS
BERNARDIN-BÉCHET, LIBRAIRE-ÉDITEUR
31, QUAI DES GRANDS-AUGUSTINS, 31

VUE DE L'EXPOSITION UNIVERSELLE
prise du Trocadéro.

LES MERVEILLES

DU

NOUVEAU PARIS

RENFERMANT

HISTOIRE — DESCRIPTION — POPULATION
PLAN — DIVISION ADMINISTRATIVE
BOULEVARDS — RUES — PALAIS — MONUMENTS PUBLICS — THÉATRES
ÉGLISES — FONTAINES — CAFÉS — RESTAURANTS — HÔTELS
ANECDOTES — ÉTUDES DE MŒURS — RENSEIGNEMENTS, ETC., ETC.

PAR DÉCEMBRE-ALONNIER

OUVRAGE ORNÉ DE 100 MAGNIFIQUES GRAVURES

PAR

MM. DELANNOY, LIX, CLERGET, ROYER, THORIGNY ET LES PRINCIPAUX ARTISTES

GRAVURES DE TRICHON

PARIS

BERNARDIN-BÉCHET, LIBRAIRE-ÉDITEUR

31, QUAI DES GRANDS-AUGUSTINS, 31

1867

Tous droits réservés

LES MERVEILLES
DU
NOUVEAU PARIS

RENFERMANT

HISTOIRE — DESCRIPTION — POPULATION
PLAN — DIVISION ADMINISTRATIVE
BOULEVARDS — RUES — PALAIS — MONUMENTS PUBLICS — THÉATRES
ÉGLISES — FONTAINES — CAFÉS — RESTAURANTS — HÔTELS
ANECDOTES — ÉTUDES DE MŒURS — RENSEIGNEMENTS, ETC., ETC.

PAR DÉCEMBRE-ALONNIER

OUVRAGE ORNÉ DE 100 MAGNIFIQUES GRAVURES

PAR

MM. DELANNOY, LIX, CLERGET, ROYER, THORIGNY ET LES PRINCIPAUX ARTISTES

GRAVURES DE TRICHON

PARIS
BERNARDIN-BÉCHET, LIBRAIRE-ÉDITEUR
31, QUAI DES GRANDS-AUGUSTINS, 31

1867
Tous droits réservés

HISTOIRE DE PARIS.

Suivant une version généralement admise et justifiée par la critique historique, le nom de *Parisiens* ne dériverait pas d'Isis, la divinité égyptienne, comme l'ont prétendu quelques historiens; il viendrait du mot tudesque *par* ou *bar*, qui était admis comme radical pour désigner les peuples des frontières.

Au septième siècle av. J. C., les Cimbres s'établirent sur les bords de la Seine.

Il faut arriver au temps de César pour entendre citer le nom de Lutèce, capitale des Parisiens. Le nom de cette ville lui venait d'un temple, qui servit plus tard de forteresse, et où l'on adorait la déesse Leucotoé.

Les Parisiens se livraient déjà à cette époque à la navigation et commerçaient avec Marseille et la Gaule Narbonnaise. Ils allaient acheter chez les Bretons de l'étain, des peaux, des chiens de chasse et des esclaves; Marseille leur fournissait les produits de la Grèce et de l'Italie. Les Parisiens tissaient le chanvre et le lin, et fabriquaient l'orfévrerie même.

Le vaste espace maintenant couvert de palais, de magnifiques jardins, de places publiques, de monuments superbes, était alors occupé par des marais fangeux, des bois épais et une sombre forêt.

Lutèce, grâce à son peuple belliqueux, avait su échapper à la domination des chefs gaulois.

Cependant la ville ne s'étendait guère au delà de l'île Notre-Dame et ne se composait que de huttes en bois.

César trouva des alliés utiles dans les Parisiens, qui avaient intérêt à continuer leurs rapports commerciaux avec la Gaule romaine. Aussi, l'an 53 av. J. C., ce fut dans Lutèce que César convoqua l'assemblée des différents peuples de la Gaule pour traiter de leur soumission.

L'année suivante, les Parisiens furent entraînés par Vercingétorix dans un soulèvement général contre les Romains. Labiénus, lieutenant de César, fut envoyé contre les Parisiens, qui avaient à leur tête le vieux Camulogène. Lutèce, qui ne pouvait résister, fut livrée aux flammes par les Gaulois, afin qu'elle ne tombât pas entre les mains des vainqueurs. Bientôt après, les Gaulois étaient défaits dans les plaines d'Ivry, et Camulogène restait parmi les morts. Plus tard, les Parisiens fournirent encore 8000 hommes à l'armée gauloise.

Quand la Gaule fut écrasée, César punit les Parisiens de leur patriotisme en rangeant Lutèce parmi les villes tributaires. Le pays fut alors décimé, et la moitié des habitants vendus sur les marchés d'esclaves. Peu à peu les Parisiens adoptèrent les mœurs, les lois, la religion et la langue de leurs vainqueurs. Au bout d'un siècle, l'assimilation était complète.

Sous le règne de Tibère, les bateliers parisiens élevaient publiquement un autel à Jupiter, très-bon, très-grand, ainsi que l'atteste une pierre cubique trouvée en 1711, lors des fouilles exécutées sous le chœur de l'église de Notre-Dame. Cette pierre prouve que le peuple de Lutèce entendait déjà

Ruines du palais des Thermes. (Page 5.)

la langue des Romains, et en outre que la corporation des marchands de l'eau, qui prit plus tard le nom de Hanse, existait déjà. Le navire de cette corporation est devenu le symbole de la grande cité. La Hanse parisienne fut soumise aux règlements qui régissaient alors toutes les corporations industrielles et commerçantes de l'empire.

La forteresse où les Parisiens avaient abrité leur indépendance sous César était devenue le siége de la jurande municipale.

De Tibère à Dioclétien, Lutèce s'étendit sur les deux rives; il y a même lieu de croire qu'elle atteignit à un haut degré de prospérité.

Constance Chlore fit bâtir le palais des Thermes (*V.* p. 4), à peu de distance du temple de Mercure. Sur l'emplacement de ce temple, on bâtit plus tard l'église Sainte-Geneviève. Cette partie de la rive gauche était occupée par des artisans et surtout des potiers.

Sur la rive droite, un temple de Mars s'élevait au sommet de Montmartre; un temple de Mercure apparaissait plus bas. Les rives de la vieille cité avaient été endiguées.

A l'extrémité occidentale de l'île, on découvrait un palais; à l'autre extrémité était l'autel des *Nautes* (Bateliers).

Une voie romaine partait de Lutèce et se dirigeait vers Beauvais et Rouen; deux autres voies se dirigeaient de l'endroit où se trouve aujourd'hui la place du Châtelet, l'une vers la Marne, l'autre vers Senlis.

Le palais des Thermes fut la résidence de Julien; c'est là qu'il fut proclamé empereur par ses légions en 360. La cour de cet empereur se composait de savants et de philosophes.

Ce fut devant Lutèce que Gratien perdit la bataille qui livra l'empire à Maxime, et où il trouva la mort.

Suivant la tradition chrétienne, saint Denis aurait prêché à Lutèce et y aurait subi le martyre, en 245. Lutèce commençait à se convertir à la religion nouvelle.

Julien, comparant l'état moral des Parisiens à la débauche des habitants d'Antioche, où le christianisme avait triomphé depuis deux siècles, disait : « S'ils rendent un culte à Vénus, ils considèrent cette déesse comme présidant au mariage ; s'ils adorent Bacchus et usent de ses dons, ce dieu est pour eux le père de la joie qui, avec Vénus, contribue à procurer une nombreuse progéniture. On ne voit chez eux ni l'insolence, ni les danses lascives de vos théâtres. »

Lutèce, au quatrième siècle, fut visitée par les invasions germaniques, et dévastée par les Bagaudes. Les terres des Parisiens avaient été distribuées aux Barbares.

Au commencement du cinquième siècle, saint Marcel, évêque de Paris, bâtit une église dans le faubourg qui porte son nom. Une basilique s'élevait à peu près sur l'emplacement de Notre-Dame ; mais elle disparut sous les Mérovingiens.

Lors de l'invasion d'Attila, Paris fut sauvé par l'intercession de sainte Geneviève. On sait que cette sainte devint la patronne de Paris.

Clovis, vainqueur des Visigoths, s'empara de Paris, et en fit sa capitale. Childebert reconstruisit la basilique de Paris, ruinée par l'invasion des Francs. Chilpéric Ier commença la construction de Saint-Germain-l'Auxerrois. Sous Clotaire II, un incendie détruisit les maisons de la Cité. C'est vers cette époque que Grégoire de Tours, le fameux annaliste, vint s'établir à Paris.

Sous les derniers rois de la première race, Paris cessa d'être la résidence royale. Ceux de la deuxième race n'y apparurent que rarement.

Charlemagne, toujours occupé de conquêtes, n'y demeura presque jamais, toutefois son génie eut une heureuse influence sur Paris. Son amour pour les sciences et les lettres y protégea l'établissement d'écoles de langue latine, de dialectique et de théologie. Charlemagne promulgua un grand nombre de *capitulaires*, le premier recueil de lois publié en France. L'origine des chanoines de l'église de Paris date du règne de ce prince.

En 841 et 845, Paris fut dévasté par les Normands; Charles le Chauve ne se débarrassa de ces farouches visiteurs qu'au prix de 7000 liv. d'argent. Ils reparurent dix ans après, rançonnèrent les églises de Saint-Vincent et de Saint-Germain, et incendièrent celles de Sainte-Geneviève et de Saint-Pierre.

Nouvelles invasions en 861 et 885. Cette fois, les Parisiens surent résister et supportèrent un siège de treize mois. Eudes, comte de Paris, sollicita le secours de Henri, duc de Saxe, et de Charles le Gros. Il fallut encore acheter l'éloignement des Normands; ceux-ci ne se retirèrent qu'après avoir abattu le Petit-Pont et incendié la tour du Sud.

Les débordements de la Seine, la disette, les épidémies désolèrent plus d'une fois la cité, du neuvième au dixième siècle.

Hugues Capet, élu en 987, fixa définitivement sa résidence dans le palais de la Cité.

Philippe Ier institua la prévôté de Paris, charge qui subsista jusqu'en 1792.

Louis le Gros eut à lutter contre une puissance féodale qui contestait son autorité au delà de sa capitale. Ce fut pour trouver un allié dans le peuple qu'il encouragea l'établissement des communes. Paris prit dès lors une plus grande importance.

Pierre Lombard, dit le maître des Sentences, et surtout le philosophe Abailard, rendirent les écoles de Paris célèbres.

Louis VI fonda l'abbaye de Montmartre, la léproserie de Saint-Lazare, convertie depuis en prison, et les églises de Saint-Aignan, Sainte-Croix, Sainte-Geneviève des Ardents, Saint-Pierre aux Bœufs, Saint-Jacques la Boucherie, Saint-

Nicolas des Champs et Saint-Martin. On lui doit encore la construction du grand et du petit Châtelet.

Les Templiers se fixèrent à Paris sous Louis VII. L'hôpital Saint-Gervais, le collége de Dan ou Danemark, furent fondés par ce prince. Suger, son ministre, demeurait près de l'église Saint-Merry.

Paris était alors enfermé dans une enceinte dont les principales portes étaient situées rue Saint-Denis, en face de la rue d'Avignon, rue des Arcis, place Maubert et rue Saint-André des Arts. De nombreuses abbayes occupaient les faubourgs. Des marais s'étendaient de Chaillot à Ménilmontant et dans le quartier qui a conservé le nom de Marais.

Le règne de Philippe Auguste marque pour Paris une ère de prospérité. Deux aqueducs sont construits pour amener les eaux de Ménilmontant et de Belleville; des fontaines les répandent dans Paris; les rues sont pavées de grès; un port est établi sur la Seine; la construction de la cathédrale est entreprise, en 1163; enfin la police de la ville est organisée. Tant de bienfaits portèrent l'affection des Parisiens pour le roi jusqu'à l'enthousiasme. Le Louvre fut rebâti; mais il conserva encore l'apparence d'une citadelle. Les anciennes fondations de cet édifice disparurent sous Henri II.

Des fouilles, exécutées en 1866, ont fait retrouver l'emplacement des principales parties de l'ancien Louvre.

Quatre nouveaux colléges furent fondés; des halles entourées de murs furent établies près du cimetière des Innocents. Ce cimetière fut également clos et des charniers y furent bâtis. Philippe Auguste érigea encore de nombreuses églises, des abbayes et des hôpitaux.

Enfin Paris fut enfermé dans une enceinte fortifiée. Les murs, de huit pieds d'épaisseur, étaient protégés par des fossés; ils étaient entremêlés de tours. Paris alors s'étendait jusqu'au pont des Arts à l'ouest; la porte Saint-Honoré, la porte Coquillière, près de la rue de ce nom; la porte Bar-

Tour de Nesle. (Page 11.)

bette dans la rue Vieille-du-Temple, la porte Baudoyer, le quai des Célestins, les portes Saint-Victor, Bordet, Saint-Jacques, Saint-Michel, des Cordeliers, de Bussy, et la tour de Nesle (*V.* p. 9), sur l'emplacement de la rue Mazarine, formaient les autres limites. On voit encore quelques restes de cette muraille dans la rue des Fossés-Saint-Victor.

Louis IX fit construire la Sainte-Chapelle, fonda la Sorbonne, les colléges de Sainte-Catherine, du Trésorier, de Calvi, de Cluny, des Bernardins, des Prémontrés et de l'hôtel Saint-Denis. De nombreuses congrégations se fixèrent à Paris sous ce prince, notamment les Grands-Augustins, les Blancs-Manteaux, les Chartreux et les Béguines. Louis IX fonda enfin l'hospice des Quinze-Vingts. C'est sous son règne que les écoles se constituèrent en universités. Pithard, chirurgien de Louis IX, institua la confrérie des chirurgiens, qui ouvrit plus tard des écoles de médecine.

Le règne de Philippe le Bel est signalé par le procès et le supplice des Templiers. Ce prince fonda plusieurs colléges, dont les plus célèbres furent ceux de Navarre et de Bayeux. On voyait encore, au commencement de la Révolution, la statue de Philippe le Bel, devant Notre-Dame, en souvenir de ses victoires.

Le règne de Louis le Hutin ne rappelle que les horreurs de la tour de Nesle et le supplice d'Enguerrand de Marigny, pendu au gibet de Montfaucon, qu'il avait fait construire. Le parlement prit, dès Philippe le Bel, une certaine importance; les Clercs de la Basoche furent constitués en communauté; la Hanse parisienne, devenue puissante, était gouvernée par le prévôt des marchands, qui avait sous ses ordres des jurés ou échevins : les différents corps de métiers avaient reçu des statuts particuliers; la police avait été l'objet d'un commencement d'organisation. Cependant, dès que la nuit était venue, les larrons déguisés en mendiants prenaient encore possession des rues. Le couvre-feu, qui sonnait à Notre-Dame, avertissait les habitants qu'ils eussent à éteindre les lumières.

En 1343, la peste asiatique vint répandre la terreur dans Paris ; c'est aussi l'époque de l'invasion des Anglais. Du haut des tours de Notre-Dame, les Parisiens contemplaient les incendies allumés par les envahisseurs.

Malgré ses désastres, Paris s'enrichit encore, sous Philippe VI, de colléges et d'églises.

Le règne de Jean donna aux Parisiens l'occasion de déployer leur patriotisme en face des revers qui accablaient la France; le roi expulsa d'abord les truands, qui désolaient Paris à la faveur des troubles civils ; il fit décapiter ou emprisonner plusieurs grands vassaux qui avaient pris parti pour les Anglais : Raoul, connétable de France, fut décapité ; Charles le Mauvais, roi de Navarre, fut enfermé dans la tour du Louvre. Les états généraux, convoqués à Paris, votèrent les subsides nécessaires pour continuer la guerre et ordonnèrent un armement général. Toutefois le tiers état demandait des garanties pour assurer la bonne administration du royaume.

La capitale fut de nouveau mise à l'épreuve quand le roi eut perdu la bataille de Poitiers, en 1356. Étienne Marcel, prévôt des marchands, était l'âme du tiers état; il ne craignit pas d'assiéger dans son palais le Dauphin, devenu régent du royaume depuis la captivité du roi, afin de lui demander l'exécution des promesses faites aux états généraux. Trente mille bourgeois en armes égorgèrent, sous les yeux du Dauphin, plusieurs de ses conseillers. Le Dauphin, s'échappant de Paris, revint à la tête d'une armée. Marcel mit la ville en état de défense et implora le secours de Charles le Mauvais ; mais il fut surpris et tué à la porte Saint-Antoine, dans la nuit du 1er août 1358, par Jean Maillard, qui fit rentrer le régent dans sa capitale.

La paix de Brétigny, en 1330, amena le retour du roi Jean.

Paris dut à Étienne Marcel certaines améliorations importantes. Le parloir aux bourgeois, qui devint plus tard l'hôtel de ville, fut transféré sur la place de Grève, dans la maison aux Piliers; l'enceinte de Paris fut agrandie et portée jusqu'à la rue Saint-Antoine, où fut construite une porte fortifiée, qui devint, après les agrandissements opérés par Charles V, la Bastille Saint-Antoine.

De l'autre côté de la Seine, la ville s'étendait jusqu'au quai des Ormes; au nord, jusqu'à la rue du Temple et jusqu'à la porte ou Bastille Saint-Denis. La porte Saint-Honoré et la tour du Bois formaient les autres limites.

Paris était alors divisé en trois parties : l'Université sur la rive gauche, la cité et la ville sur la rive droite. Charles V, qui aimait Paris, accorda des lettres de noblesse à tous les bourgeois. Henri III restreignit ce privilége aux prévôts et aux échevins. Charles V fit construire, entre les rues Saint-Paul et Saint-Antoine, l'hôtel Saint-Paul, dont il fit une somptueuse habitation; ce palais était appelé l'Hôtel solennel des grands esbatements. Le Louvre reçut une bibliothèque de neuf cents volumes dans la tour appelée depuis Tour de la librairie; cette bibliothèque, importante pour l'époque, devint le noyau de la Bibliothèque royale. Charles V affectionnait l'Université et ses écoliers. Il força le prévôt de Paris, Hugues Aubriot, à faire amende honorable à des écoliers qu'il avait insultés. Sous le règne de ce prince, Paris vit des fêtes magnifiques.

La capitale fut moins heureuse sous Charles VI; la disette provoqua la révolte des Maillotins, qui fut noyée dans le sang. Nicolas Flamand et Jean Desmarets furent impliqués dans cette affaire et conduits au pilori des Halles où ils furent décapités avec deux autres individus.

Pendant la démence du roi, les bourgeois se prononcèrent pour Jean sans Peur, duc de Bourgogne. Les Cabochiens, unis aux écoliers, remplirent Paris de massacres, après avoir chassé la cour. Cependant les bourgeois, effrayés de ces désordres, auxquels les états généraux n'avaient pu remédier, se prononcèrent contre Jean sans Peur. Celui-ci quitta Paris pour traiter avec les Anglais et y rentra après la bataille d'Azincourt, en 1418, grâce à la trahison de Perrinet Leclerc, 18 000 bourgeois furent égorgés dans les rues et les maisons par les Cabochiens.

Les Anglais restèrent maîtres de Paris sous Charles VII. Jeanne d'Arc vint l'assiéger, en 1429, et dirigea l'attaque du côté de la rue Saint-Honoré. Malgré l'héroïsme de Jeanne qui, couverte de sang, refusait de quitter le champ de bataille, la ville ne put être emportée. C'est à cette occasion qu'elle déclara que sa mission était terminée et qu'elle consacra dans l'église de Saint-Denis son armure qui a été conservée.

Ce fut seulement en 1436, par le dévouement de Michel l'Allier, que Dunois et Richemont purent pénétrer dans Paris par la porte Saint-Jacques, et en chassèrent les Anglais après une lutte sanglante.

L'année suivante, Paris fut désolé par la peste et la famine; des bandes de loups se répandaient dans les rues pour s'y repaître de cadavres.

Louis XI trouva dans les Parisiens des alliés utiles lors de la guerre du Bien public. Il encouragea l'imprimerie à sa naissance, organisa les postes et reconstitua la cour des aides.

A cette époque, Paris commençait déjà à prendre un nouvel aspect et à s'assainir. Seize fontaines publiques fournissaient l'eau; des égouts à ciel ouvert donnaient un écoulement aux eaux croupissantes, les principales rues étaient pavées; de beaux hôtels construits, plusieurs ports et huit ponts établis sur la Seine. Le pont Notre-Dame avait été reconstruit de manière à résister aux inondations.

Le goût du théâtre commençait à se répandre parmi le

peuple, que les confrères de la Passion et les Enfants sans souci amusaient par leurs farces, soties et moralités.

François Ier favorisa peu le mouvement intellectuel : après avoir vainement tenté de proscrire l'imprimerie, il établit la censure. C'était le temps des persécutions religieuses. Étienne Dolet était brûlé vif sur la place Maubert. Cependant les progrès de l'imprimerie avaient vulgarisé les ouvrages de l'antiquité, et rien ne pouvait plus arrêter le mouvement philosophique et littéraire. François Ier fonda le collége de France et trois autres colléges ; il commença la construction de l'Hôtel de Ville, rebâtit le Louvre, et acheta pour sa mère la maison sur l'emplacement de laquelle s'éleva plus tard le palais des Tuileries.

Henri II fit terminer le vieux Louvre par Pierre Lescot ; Jean Goujon l'enrichit de sculptures. Ce prince fonda le collége Sainte-Barbe, l'hospice des Petites-Maisons, rue de Sèvres.

Le règne de Charles IX fut marqué par le massacre de la Saint-Barthélemy, le 24 août 1572.

Catherine de Médicis jeta les fondements des Tuileries, d'après les plans de Philibert Delorme.

Les luttes de Henri III et du duc de Guise amenèrent la guerre civile. En 1585, le gouvernement de la capitale était abandonné à la faction des Seize, qui avait pris la surveillance des seize quartiers de la ville. Le duc de Guise fut assez puissant pour chasser Henri III de sa capitale en 1588. Les troupes royales, après avoir vainement essayé d'enlever les barricades élevées par la population de Paris, avaient été refoulées jusqu'au Louvre, où le roi ne s'était plus cru en sûreté.

L'assassinat de Guise au château de Blois avait porté à son comble la colère des Parisiens ; aussi le duc de Mayenne fut proclamé chef de la Ligue.

Henri III vint assiéger Paris avec Henri de Navarre ; mais

le poignard de Jacques Clément prévint la prise de la ville.

Henri de Navarre, devenu roi sous le nom de Henri IV, dut lever le siége; deux fois il reparut sous les murs de Paris, mais il échoua devant l'attitude héroïque des Parisiens, que la famine et l'incendie de leurs maisons n'avaient pu abattre.

Paris resta encore pendant quatre ans au pouvoir des Seize. Les victoires de Henri avaient affaibli les partisans de la Ligue, qui ne se maintenaient plus qu'en entretenant de misérables intrigues avec la cour d'Espagne. Paris n'ouvrit ses portes à Henri IV qu'après sa conversion. Encore cet événement ne fut-il réalisé que quand Brissac, gouverneur de Paris, eut fait acheter sa défection moyennant 1 694 000 livres.

Le fanatisme religieux s'acharnant après Henri IV, ce prince tomba sous les coups de Ravaillac, en 1610.

On doit à Henri IV l'agrandissement du Louvre et des Tuileries, les embellissements du Marais et de la place Royale, l'achèvement du pont Neuf, l'établissement de la machine dite la Samaritaine, pour élever et distribuer les eaux de la Seine, la fondation des hôpitaux Saint-Louis, Sainte-Anne, de la Charité, et celle de la manufacture de tapis de la Savonnerie.

Sous Louis XIII et le cardinal de Richelieu, l'imprimerie royale et l'Académie française sont fondées; le jardin des Plantes est ouvert; Marie de Médicis fait bâtir le Luxembourg, et Richelieu le Palais-Cardinal, devenu depuis le Palais-Royal. Les églises Saint-Roch, Saint-Louis en l'Ile, Sainte-Marguerite et Sainte-Élisabeth sont construites. La ville s'enrichit d'une manufacture de glaces, rue de Reuilly, de plusieurs monastères et abbayes, du pont Rouge et des ponts Marie et de la Tournelle. Enfin l'enceinte de Paris est encore reculée jusqu'à la ligne formée par les boulevards, les faubourgs Saint-Honoré et Montmartre sont compris dans cette enceinte.

Le luxe des gentilshommes était porté si haut qu'il dut être supprimé par des édits somptuaires; Paris avait alors ses brelans et ses académies de jeu.

Si, dans le centre de la ville, les rues étaient étroites, les maisons amassées et mal construites, on voyait s'élever, dans les quartiers plus éloignés, des rues larges et bien alignées, des maisons d'une construction remarquable.

Les lettres, protégées par Richelieu, avaient pris un brillant essor; le génie de Corneille venait d'ouvrir de nouvelles voies au théâtre.

La minorité de Louis XIV est marquée par des faits qui appartiennent autant à notre histoire nationale qu'à celle de Paris : l'arrestation du conseiller Broussel, qui donna lieu à la journée des barricades, en 1648; la bataille du faubourg Saint-Antoine entre Turenne et Condé, en 1652; enfin la rentrée de Louis XIV à Paris.

La puissance féodale fut définitivement renversée par le grand roi. La noblesse était condamnée désormais à suivre le char triomphal de la royauté, le roi et les nobles étaient liés par des intérêts solidaires.

La monarchie, parvenue à son plus haut degré de splendeur, grâce à l'appui des communes et du tiers état, allait bientôt se rencontrer face à face avec un peuple uni, ayant conscience de sa nationalité et prêt à revendiquer ses libertés.

Tout contribuait à servir le grand roi : la langue s'épurait avec Pascal, Bossuet et Fénelon; la Fontaine dépassait comme fabuliste les plus beaux modèles de l'antiquité; Molière s'emparait du sceptre de la comédie; Corneille et Racine égalaient la pureté antique; Boileau fixait les lois de la prosodie; Lulli créait une musique nouvelle; Lebrun, Poussin, Lesueur, Mignard, dans la peinture, plaçaient l'école française au rang de l'école italienne ; le Nôtre créait l'art des jardins ; Mansart et Perrault marquaient, par leurs œuvres, une grande époque de l'architecture ; Puget, Girardon, Sarrasin s'illustraient dans la sculpture, Boule dans l'ébénisterie ; Baillin et Germain dans l'orfévrerie ; Colbert attachait son nom à d'admirables ordonnances sur le commerce ; Turenne, Vauban et tant d'autres faisaient resplendir la gloire de nos armes ; et pour faire cortége au grand roi dans le palais féerique de Versailles, il ne fallait rien moins que toute la noblesse du royaume ; les Académies des inscriptions et belles-lettres, des sciences, de peinture et de sculpture, d'architecture, de chirurgie, la manufacture de tapis des Gobelins sont des fondations dues à Colbert. Paris voyait s'ouvrir des places magnifiques : le Carrousel, la place Vendôme, la place des Victoires ; les boulevards étaient transformés en avenues et les fossés comblés ; le Nôtre dessinait le jardin des Tuileries, qui était complété par celui des Champs-Élysées ; la ville s'ornait encore de trois magnifiques édifices : l'hôtel des Invalides, la Salpêtrière, l'hôtel des Quatre-Nations.

La ville agrandie comptait déjà 500 rues, 100 places, 9 faubourgs, 17 ports, 9 ponts, 30 hôpitaux.

La Reynie, lieutenant de police, purgeait la capitale des malfaiteurs ; sous son administration, les rues commencèrent à être éclairées par des lanternes.

En 1718, Pierre le Grand visita Paris.

La fin du règne de Louis XV fut agitée par les tristes querelles que suscita la bulle *Unigenitus;* on vit ensuite l'exil du Parlement, les convulsionnaires de Saint Médard, les odieuses tortures de Damiens, le régicide ; l'assassinat juridique de Lally-Tollendal.

Quelques monuments furent construits ou commencés : l'École militaire, le Garde-Meuble, le Ministère de la marine, la Halle au blé, l'Hôtel des monnaies, le Panthéon. Paris s'agrandit du faubourg du Roule et de la Chaussée-d'Antin.

Louis XVI contribua aussi à l'embellissement de la capitale, mais l'heure de la révolution avait sonné : la Bastille fut emportée le 14 juillet 1789. Trois mois après, le peuple allait chercher son roi à Versailles et le forçait à rentrer aux Tuileries.

L'année 1792 est marquée par le siége des Tuileries, le massacre des prisons, la convocation d'une Convention nationale.

1793 rappelle l'exécution de Louis XVI sur la place de la Révolution et le renversement des Girondins. La Terreur domine dès lors jusqu'en 1795.

La révolution du 9 thermidor donne le pouvoir au Directoire, qui l'abandonne à son tour à Bonaparte, au 18 brumaire.

Les dernières années de Louis XVI avaient été signalées par quelques établissements utiles : l'École de médecine, celles des ponts et chaussées, des mines, de chant, de déclamation et de danse, des jeunes aveugles, des sourds-muets, avaient été fondées ; on vit s'élever aussi, sous ce règne, l'hôpital Beaujon, plusieurs halles et marchés, les pompes à feu de Chaillot et du Gros-Caillou, le Théâtre-Français, la Porte-Saint-Martin, consacrée alors à l'opéra ; les Italiens, devenus Opéra-Comique ; le théâtre Montansier. En 1786, Paris fut entouré d'un mur servant à la perception des droits d'octroi.

La Convention créa les écoles Normale et Polytechnique, le Conservatoire des arts et métiers, l'Institut, les Archives nationales, le musée du Louvre et le musée d'artillerie.

De grands travaux signalèrent l'époque du Consulat et de l'Empire : entrepôt des vins, abattoirs, marchés, de nouveaux quais et quatre nouveaux ponts sont construits ; les canaux de l'Ourcq, de Saint-Denis et de Saint-Martin sont creusés ;

les cimetières de l'Est et du Nord sont établis en dehors de la ville; Paris voit enfin s'élever le palais de la Bourse, qui ne fut achevé qu'en 1826, la Madeleine, la colonne Vendôme, l'arc de triomphe du Carrousel.

Le 30 mars 1814, 140 000 alliés, sous le commandement de Blücher, de Langeron, de Kleist, de Barclay de Tollay et du prince de Wurtemberg, se pressaient sur tous les points d'où ils pouvaient attaquer la capitale; ils étaient divisés en cinq corps d'armée.

Les Français n'avaient à leur opposer que 23 000 hommes; 6000 gardes nationaux défendaient les quarante barrières. Le duc de Raguse disposait de 12 000 hommes qui s'étendaient de Pantin à Montreuil, et le duc de Trévise, de 11 000 hommes qui couvraient la banlieue de Pantin à Saint-Ouen. De nombreux volontaires se présentaient; mais la plupart des chefs, gagnés aux alliés, leur refusaient des armes, et ne leur offraient que des piques. On savait cependant que les armes ne manquaient pas au fort de Vincennes. Enfin les chefs avaient négligé de faire venir à Paris les hommes du dépôt de Versailles et ceux du dépôt général des remontes qui auraient fourni en tout 8000 hommes. Les élèves de l'école polytechnique et ceux de l'école vétérinaire d'Alfort comptaient parmi les combattants.

La première attaque eut lieu dans la direction de Pantin et de Romainville. Barclay de Tollay, qui disposait de 47 000 hommes, fut d'abord refoulé. Mais grâce au renfort que lui amena le prince de Wurtemberg, il s'empara de Belleville et de Romainville.

Les 700 hommes de la brigade Clavel se défendirent héroïquement, sans pouvoir cependant arrêter l'effort de 20 000 alliés. Bagnolet, Charonne, la Villette, la Chapelle furent successivement occupés par les Russes et les Prussiens. Pendant ce temps-là le corps de Blücher débouchait par la plaine Saint-Denis.

Le roi Joseph, songeant plutôt à sa sûreté qu'à la prolongation de la défense, avait autorisé les maréchaux à traiter pour la reddition de la capitale. Le maréchal Marmont, appuyant cet avis, demanda et obtint une suspension d'armes. Elle fut suivie d'une convention négociée pendant la nuit, par les colonels Fabvier et Damrémont. Napoléon, qui s'avançait à marches forcées, eût peut-être sauvé Paris, sans le mauvais vouloir des généraux chargés de la défense.

En juillet 1815, Paris fut une seconde fois occupé par l'étranger. Après l'échec de Waterloo, Blücher se porta sur Versailles, et s'empara de Meudon, de Sèvres et d'Issy. Montmartre avait été mis en état de résister, des détachements armés occupaient les barrières. Cependant ces préparatifs devinrent inutiles.

Le 3 juillet, le prince d'Eckmühl signa avec Wellington et Blücher une convention par laquelle il consentait à évacuer Paris, et à se retirer avec ses troupes derrière la Loire Deux jours après, les Prussiens et les Anglais occupaient la capitale.

La Restauration ne se maintint pas sans agitations : après l'assassinat du duc de Berry par Louvel, à la sortie de l'Opéra, en 1820, on eut la conspiration des Quatre Sergents de la Rochelle, qui furent exécutés sur la place de Grève.

Charles X, qui succède à Louis XVIII, en 1824, se voit forcé de fuir, en 1830, devant la révolution triomphante.

Louis-Philippe Ier vient ensuite ; le nouveau gouvernement ne peut s'établir qu'après avoir vaincu plusieurs insurrections redoutables, de 1832 à 1839. Ce règne fut favorable à l'agrandissement et à l'embellissement de Paris : la Madeleine, l'Arc de l'Étoile, le palais d'Orsay furent achevés ; plusieurs lignes de chemins de fer furent ouvertes ; la ville entourée de fortifications ; les rues élargies et assainies ; les maisons bordées de trottoirs ; l'éclairage au gaz substitué aux réverbères.

En 1848, une nouvelle révolution amena la proclamation de la République. Cependant la création des ateliers nationaux ne tarda pas à compromettre la sûreté du gouvernement populaire ; on eut l'invasion de l'Assemblée nationale au 15 mai, les journées de juin 1848.

Le coup d'État du 2 décembre ramena l'Empire. D'admirables travaux furent alors entrepris : le vieux Paris fut démoli, et des larges trouées ainsi pratiquées sortirent des rues et des boulevards splendides. Le Louvre fut achevé, les Halles centrales construites et la place de l'Hôtel-de-Ville rebâtie sur un nouveau plan.

L'histoire a enregistré huit traités conclus à Paris :
1º Traité du 12 avril 1229. Raymond VII, comte de Toulouse, qui protégeait les Albigeois, étant entré dans une ligue féodale contre Blanche de Castille, alors régente du royaume, fut contraint de signer un traité par lequel il cédait le Languedoc à Louis IX, moins l'Agénois, le Rouergue, l'Albigeois, le Quercy ; il promettait sa fille Jeanne en mariage à Alphonse de Poitiers, frère du roi, consentait à lui céder ses États à sa mort, restituait les biens du clergé, s'obligeait à combattre les Albigeois, et s'engageait enfin à payer une rançon de 20 000 marcs d'argent.

2º Traité du 20 mai 1303. Édouard III, roi d'Angleterre, profitant des démêlés de Philippe le Bel avec la papauté, et de l'agitation que le pape entretenait dans les provinces du Midi, exigea du roi de France la cession de l'Aquitaine. Celui-ci y consentit à la condition que le roi d'Angleterre jurerait foi et hommage au roi de France.

3º Traité du 24 mars 1515. François Ier, à peine monté sur le trône, et méditant déjà la conquête du Milanais, signa avec Charles d'Autriche un traité par lequel ce dernier s'engageait à ne pas soutenir Ferdinand le Catholique contre la France. François Ier promettait en mariage à Charles d'Autriche la princesse Rénée, fille de Louis XII, et lui donnait le Berry en dot. Ce traité ne fut pas exécuté.

4° Traité de 1635. Par ce traité, Louis XIII faisait alliance avec les États généraux de Hollande contre l'Espagne.

5° Traité du 10 février 1763. Ce traité termina la guerre de Sept-Ans. Malgré le pacte de famille et l'alliance de la France avec les Bourbons d'Espagne et de Naples, la marine française avait été ruinée, et l'Angleterre dominait sur toutes les mers. La France cédait à l'Angleterre le Canada, la Nouvelle-Écosse, Minorque, qu'elle échangeait contre Belle-Isle; elle abandonnait la Louisiane à l'Espagne, qui était obligée à son tour de livrer la Floride aux Anglais. La France conservait la Guadeloupe, la Martinique, et ses possessions en Afrique et dans les Indes; l'Angleterre restituait à l'Espagne Cuba et les Philippines.

6° Traité du 30 mai 1814. Il fut précédé de l'armistice du 23 avril. Talleyrand, qui fut le négociateur de la paix, consentit à ce que le territoire de la France fût limité aux frontières qu'elle avait en 1792. Les frontières du Nord, de Sambre-et-Meuse, de la Moselle, de la Sarre, du Haut-Rhin, devaient être rectifiées. D'un autre côté, les alliés reconnaissaient à la France les possessions de Montbéliard, d'Avignon, de Mulhouse et d'une partie de la Savoie. La France conservait ses anciennes colonies, à l'exception de l'île de France, de Tabago et de Sainte-Lucie.

7° Traité du 20 novembre 1815. Après Waterloo, les limites de la France furent encore reculées et bornées à l'étendue qu'elles avaient avant 1790. La France perdait Philippeville, Marienbourg, le duché de Bouillon, Sarrelouis et les rives de la Sarre, Saarbrück, la rive gauche de Lauter, sauf Weissembourg, quelques communes du pays de Gex, l'ancienne Savoie. Les frontières devaient rester ouvertes du côté de Bâle et les fortifications d'Huningue abattues. Une indemnité de 700 millions devait être payée aux alliés;

enfin, la France devait entretenir une armée d'occupation de 150 000 étrangers pendant cinq ans.

8° Traité du 30 mars 1856. Il mit fin à la guerre de Crimée, entre la Russie d'une part, la France, l'Angleterre, la Sardaigne et la Turquie de l'autre. La Turquie et la Sardaigne furent admises dans le concert européen. Les puissances belligérantes se restituaient réciproquement les places conquises; l'intégrité de l'empire ottoman était garantie par les puissances contractantes; ces puissances s'engageaient à interposer leur médiation, en cas de rupture de la Porte avec l'une des grandes puissances; la Russie s'interdisait toute immixtion dans l'administration intérieure de la Turquie; la navigation du Danube devenait libre; la frontière de la Bessarabie devait être rectifiée; la Russie renonçait à ouvrir des arsenaux maritimes sur le littoral de la mer Noire, qui était neutralisée au profit de toutes les nations; les fortifications des îles d'Aland ne devaient pas être relevées; la Moldavie et la Valachie continuaient à avoir une administration séparée, sous la suzeraineté de la Porte; enfin, le traité donnait acte au sultan de ce qu'il avait spontanément accordé la liberté de conscience à ses sujets chrétiens.

Paris a donné le jour à beaucoup de grands hommes dont la France s'honore; nous allons les énumérer ici par ordre alphabétique.

Ce sont : Anquetil, Arnault, Bailly, Barbié du Bocage, Beaumarchais, Béranger, Berryer, Berton, Biot, Boileau, Boissonade, Bougainville, Brongniart, Burnouf, Cartellier, Cassini, Catinat, Caylus, Charlet, Charron, Clairaut, Collé, Condé, Condorcet, Courrier, Cousin, Crevier, d'Alembert, d'Anville, Darcet, David, Delacroix, Delambre, Didot, Dufresny, Duhamel, Estienne, Favart, Fourcroix, Ferret, Goujon, Gros, Gudin, Halévy, Hérold, Laharpe, Lavoisier,

Arc de triomphe de l'Étoile. (Page 33.

Lebeau, Charles Lebrun, Legendre, Legouvé, Lekain, Lemaistre, Lemercier, Lenoir, le Nôtre, le Sueur, Louis-Philippe Ier, Malebranche, Malibran (Mme), Mansart, Marivaux, Mars (Mlle), Molet, Molière, Perrault, Picart, Picot, Poinsot, Préville, Quatremère, Quinault, Racine (Louis), Regnard, Richelieu, Riccoboni (Mme), Rollin, Jean-Baptiste Rousseau, Saint-Marc-Girardin, Scarron, Scribe, Sedaine, Staël (Mme de), de Sacy, Talleyrand-Périgord, Talma, Tavernier, de Thou, de Tocqueville, Tronchet, Turgot, Vestris, de Wailly, Carle et Horace Vernet, Villemain, Voltaire.

DESCRIPTION DE PARIS.

Situation. — Distance des diverses capitales de l'Europe. — Climat. Superficie.

Paris, la capitale de la France, est situé à 420 kilomètres de Londres, à 263 de Bruxelles, à 785 de Berlin, à 1398 de Vienne, à 2968 de Saint-Pétersbroug, à 1922 de Stockholm, à 1080 de Copenhague, à 2600 de Constantinople, à 1783 de Naples, à 1785 de Rome, à 1444 de Madrid, à 330 de l'Océan et à 525 de la Méditerranée, par $10°$ de longitude E. et $48°$ 50 de latitude N., sur les deux rives de la Seine au milieu d'une vallée de formation tertiaire, où le calcaire grossier recouvre les couches crayeuses.

L'élévation moyenne de la ville au-dessus du niveau de la mer varie de 30 à 40 mètres; cette élévation varie dans les collines qui entourent Paris et atteint alors 105 mètres à Montmartre, 123 aux Buttes-Chaumont, etc.

Le climat de Paris est des plus variables, mais malgré son inconstance, il est assez uniforme : la moyenne de la température est de $3°$ pour l'hiver, 10 pour le printemps, 18 pour l'été et 11 pour l'automne.

La Seine traverse la ville de l'E. S. E. à l'O. en décrivant un grand arc de cercle et en formant plusieurs îles qui furent dans le principe le berceau de Paris.

Elle reçoit sur la rive gauche la Bièvre, qui arrive de l'extrémité du coteau de Bicêtre et qui est dirigée dans le grand égoût collecteur.

La superficie totale de Paris est de 7450 hectares, formant une circonférence de près de quarante kilomètres et une longueur totale de rues d'environ 700 kilomètres. La forme générale affecte celle d'un cercle d'environ dix kilomètres de diamètre.

POPULATION DE PARIS.

Accroissement de la population. — Tableau comparatif de la population à diverses époques. — Population actuelle. — Nombre des maisons.

Peu de villes, au monde, montrent un accroissement aussi rapide et aussi régulier que celui que présente Paris.

La population ne dépassait pas 200 000 habitants à la fin du treizième siècle; elle était de 509 640 habitants en 1718; de 610 000 en 1791; de 640 000 en 1798; de 672 000 en 1802; de 713 966 en 1817. Des recensements de plus en plus réguliers et opérés tous les cinq ans, ont donné les chiffres suivants: 785 862 en 1831; 868 438 en 1836; 935 261 en 1841; 1 053 897 en 1846; 1 053 897 en 1851; 1 130 488 en 1856, avant l'annexion.

Elle est aujourd'hui en chiffres ronds de 1 800 000 âmes: parmi lesquelles nous devons comprendre une population flottante de 100 000 âmes environ: aussi, en comparaison de Londres, Paris semble-t-il très-petit; cela vient de ce que les Parisiens se contentent de logements exigus et habitent fort bien des maisons à six étages: le nombre des maisons dépasse le chiffre de 40 000 et tend à s'accroître chaque jour.

PLAN DE PARIS [1].

Plan général. — Première zone. — Anciennes barrieres. — Barrière du Trône. — Barrière de Clichy. — Arc de Triomphe de l'Étoile. — Peinture pittoresque de la barrière du Maine. — Troisième zone. — Nouvelle banlieue.

On peut se faire facilement une idée du plan général de la ville : la Seine la divise en deux parties, l'une très-grande située au N. et l'autre beaucoup plus petite située au S.; au milieu sont les deux îles qui formaient le Paris primitif et qui se sont trouvées absorbées par l'accroissement de cette ville gigantesque.

L'île de la Cité est la plus importante; l'île Saint-Louis a été produite par la jonction de l'île aux Vaches à l'île Notre-Dame.

La partie septentrionale peut être considérée comme la ville proprement dite : elle est le point de réunion des affaires et des plaisirs. Elle figure trois demi-cercles concentriques. Le premier de ces demi-cercles est formé par la ligne des boulevards intérieurs se terminant à l'O. par la rue Royale-Saint-Honoré et la place de la Concorde, et à l'E. par la place de la Bastille et le bassin du canal Saint-Martin.

Ces boulevards occupent l'emplacement des fortifications qui entouraient Paris sous Louis XIV, et que ce prince fit démolir pour les convertir en promenades.

La deuxième zone comprend les faubourgs bornés par les boulevards extérieurs qui entouraient autrefois le mur

---

1. Voir le plan annexé à la fin du volume.

Cirque Napoléon. (Page 53.)

d'enceinte destiné à faciliter la perception des droits d'octroi et supprimé en 1860.

Les barrières des boulevards extérieurs, dont les plus remarquables, la barrière du Trône et l'Arc de Triomphe de l'Étoile existent encore, formaient donc autrefois les véritables portes de Paris.

La barrière du Trône est ainsi appelée en souvenir du serment de fidélité qu'y prêtèrent les Parisiens à Louis XIV et à Marie-Thérèse, assis tous deux sur un trône magnifique élevé aux frais de la ville de Paris. Deux colonnes surmontées des statues de Philippe Auguste et de saint Louis sont placées de chaque côté de la chaussée.

Elles devaient faire partie d'un arc de triomphe qui n'a pas été exécuté.

Sur l'emplacement de cette barrière, se trouve une place magnifique où viennent aboutir des voies magistrales, et qui sert pendant les fêtes nationales aux divertissements populaires.

La barrière de Clichy tient une place remarquable dans les fastes historiques de la France ; c'est là que le général Moncey à la tête de la garde nationale de Paris, opposa une vigoureuse résistance aux alliés : elle était située sur l'emplacement de la place de Clichy.

L'Arc de Triomphe de l'Étoile est situé au centre de la vaste place circulaire appelée l'Étoile. (*V.* p. 25.)

Les dessins en furent fournis par Chalgrin et la première pierre posée le 15 août 1806.

La hauteur de ce monument gigantesque est de 51 mètres ; sa largeur de 45 mètres et son épaisseur de 23. Il coûta environ 10 millions.

Les travaux furent poursuivis avec beaucoup d'activité

jusqu'en 1814 ; un moment repris en 1823, ils furent abandonnés jusqu'en 1832.

L'Arc de Triomphe de l'Étoile fut inauguré le 29 juillet 1836 : il offre le résumé complet des gloires militaires de la grande ère républicaine et impériale de 1792 à 1815. Les emplacements laissés libres par les sculpteurs sont remplis par cent soixante-deux noms de victoires et six cent cinquante-deux noms de généraux.

Les barrières étaient, avant l'annexion, le rendez-vous des ouvriers qui allaient, avec leur famille, s'y distraire le dimanche.

La barrière Montparnasse était, il y a quelques années, une de celles de la rive gauche qui jouissaient de la plus grande renommée.

La barrière du Maine, sa voisine, malgré son avenue magistrale, était loin de l'égaler.

Pour les amateurs du petit bleu et des bals de barrières, nous croyons qu'il n'y a que la Courtille qui pourrait lui être opposée avec quelque avantage.

Nous ne voulons pas faire l'historique de cette barrière, l'espace et les documents nous manquent, d'ailleurs nous laissons ce soin aux doctes écrivains qui font des volumes à propos d'un tas de pierres.

L'origine seule du nom tout mythologique de cette barrière, nous jette dans un monde de réflexions ; ce nom tout poétique de Montparnasse ne serait-il pas une de ces nombreuses antithèses que le hasard se plaît ironiquement à accoler aux choses les plus prosaïques ; car est-il rien de plus bourgeois et de plus monotone que la vie de ses habitants et de ceux qui la fréquentent ?

Le cimetière, qui se trouve à quelques pas de la barrière sur le boulevard, loin de jeter une ombre sur le tableau de sa gaieté, ne faisait qu'augmenter le mouvement et la con-

Porte Saint-Martin. (Page 54.)

sommation; car, à Paris, il est de bonne compagnie, après avoir enterré un ami, d'aller boire à sa santé.... à sa mémoire, voulons-nous dire.

La spécialité des repas d'enterrements était aux Barreaux Verts, comme celle des festins de noces était autrefois à la Belle Polonaise; pendant longtemps les Lucullus de la rive gauche citèrent cet établissement pour le choix de ses mets et l'heureuse composition de ses plats.

Maintenant ils sont trois ou quatre restaurants qui se disputent la palme culinaire, mais la Belle Polonaise, dont l'enseigne n'a pas changé depuis trente ans, prime toujours, et ses bosquets aux grands arbres verdoyants voient constamment de nouveaux couples venir bégayer sous leurs ombrages les premiers mots d'un amour, qui, hélas! ne dure pas toujours.

Un industriel eut un matin l'idée de créer, sous le rapport de la victuaille, un établissement colossal; c'était ni plus ni moins que la cuisine de Gamache dans une caserne.

C'était un spectacle tout pantagruélique de voir dans les longues salles de Richefeu une foule compacte, buvant, mangeant, criant, se disputant, riant, etc., etc. L'odeur *sui generis* que laissait échapper une cuisine titanesque, titillait agréablement l'organe olfactif de la masse qui se ruait dans la rue de la Gaîté, et une procession continuelle ne cessait d'envahir la maison du fortuné restaurateur.

La maison fit fortune et l'heureux propriétaire trouva un acheteur; mais un an après les barrières tombaient sous la pioche municipale et l'enceinte fortifiée remplaçait l'ancien mur d'octroi; ce fut le coup de grâce pour tous les marchands de vin.

Aujourd'hui l'établissement créé par M. Richefeu aîné a été converti en partie en hôtel garni.

Les bals en renom sont ceux du Jardin de Paris, de Grados et de Constant; viennent ensuite les Deux-Éléphants;

nous ne savons plus si c'est dans ce dernier endroit qu'un jour le plancher s'effondra sous les pieds des danseurs.

Pendant longtemps, à l'enseigne de la *Pièce en perce*, il se tint une goguette; c'est là qu'à une de ces soirées, soi-disant lyriques, le président rappela l'auditoire au silence en disant :

« Silence, messieurs, nous ne sommes pas ici pour nous amuser. »

Au nombre des plaisirs qu'offre la barrière de Montparnasse, nous devons compter le théâtre. A une certaine époque, il sortit des acteurs remarquables de cette petite scène.

C'est là que débuta Alcide Tousez; il y jouait alors la tragédie !

Il y a vingt ans, il y avait un endroit célèbre : le bal du Caveau, où il était assez dangereux de s'aventurer; une population hideuse le fréquentait, et, malgré les patrouilles qui sillonnaient continuellement la rue de la Gaîté, il s'y commettait bon nombre de vols.

C'était à cette barrière que trônait la famille Meurt-de-Soif, dont la spécialité consistait à vendre des vêtements sans nom, sans forme, hors d'état de service. Là, pour un franc cinquante, on pouvait avoir un pantalon, un gilet et une redingote; c'était à désespérer les marchands de confections.

« C'est moins cher qu'une blouse, criait Meurt-de-Soif, et avec ça vous pouvez aller dans le monde. »

Pendant longtemps se tint à cet endroit un pauvre saltimbanque, l'illustre Gras-Boyau, qui avait bien la figure la plus triste qu'on puisse imaginer.

« Ah ! vous allez rire, » disait-il à son public, et là-dessus il avalait cinq ou six lames de couteaux.

Loin de faire rire, il provoquait le dégoût et ne recevait rien.

Il faudrait un livre, l'esprit d'un chercheur, pour faire l'histoire de cette barrière, qui, pendant longtemps, fit les délices des étudiants, à cette époque où l'on sonnait du cor dans la rue de la Harpe, à minuit, sans que personne y trouvât à redire; alors que les étudiants portaient des bérets et avaient des maîtresses qui allaient en journée et portaient des bonnets; à cette époque enfin où gisait encore au fond de notre cœur l'espérance, où tout nous semblait plus beau, où le contact de la civilisation ne nous avait pas *encore corrompu,* comme disait Mürger.

Le plaisir s'est déplacé, il existe toujours; la rue de la Gaîté n'a plus ses beaux jours; elle est devenue rue Vandamme, il n'en reste plus que le souvenir : c'est ce souvenir que nous avons cherché à évoquer.

La troisième zone est comprise entre les boulevards extérieurs et les fortifications; elle comprend diverses localités de l'ancienne banlieue qui, en vertu du décret du 16 juin 1859, ont été réunies à la ville de Paris.

En dehors des fortifications se trouvent une foule de villages et de petites villes, telles que Boulogne, Sablonville, Neuilly, Clichy, Pantin, Vincennes, qui forment la banlieue actuelle, et dont nous parlerons ailleurs.

La partie de la ville sise sur la rive gauche de la Seine ne comprend que deux zones : celle comprise entre la Seine et les boulevards extérieurs et celle comprise entre les boulevards extérieurs et les fortifications, annexée depuis 1860.

La nouvelle banlieue de ce côté comprend également une série de localités assez importantes, telles que Issy, Vanves, Montrouge, Gentilly, etc.

DIVISION ADMINISTRATIVE DE PARIS.

Arrondissements. — Quartiers. — Faubourg Saint-Germain. — Faubourg Saint-Antoine. — Quartier latin. — Faubourg Saint-Honoré. — Quartiers annexés.

D'après le décret de 1859, Paris est divisé en vingt arrondissements, comprenant chacun quatre quartiers.

Nous donnons ci-après les noms de ces arrondissements avec leur population :

1ᵉʳ Le Louvre............	89,519		Report....	946,125
2ᵉ La Bourse..........	81,609	11ᵉ	Popincourt..........	125,718
3ᵉ Le Temple..........	99,116	12ᵉ	Reuilly.............	65,748
4ᵉ L'Hôtel-de-Ville.....	108,520	13ᵉ	Les Gobelins........	58,798
5ᵉ Le Panthéon........	107,754	14ᵉ	L'Observatoire......	52,594
6ᵉ Le Luxembourg.....	95,931	15ᵉ	Vaugirard..........	56,041
7ᵉ Le Palais-Bourbon...	72,965	16ᵉ	Passy..............	36,728
8ᵉ L'Élysée...........	69,814	17ᵉ	Les Batignolles......	75,228
9ᵉ L'Opéra............	107,326	18ᵉ	Buttes-Montmartre...	106,356
10ᵉ L'Enclos-Saint-Laurent.............	113,571	19ᵉ	Buttes-Chaumont....	76,445
		20ᵉ	Ménilmontant.......	70,060
A reporter...	946,125		Total.......	1,696,141

La première zone comprend les arrondissements du Louvre (avec une partie de la Cité), de la Bourse, du Temple et de l'hôtel de ville (avec le reste de la Cité et l'île Saint-Louis). La zone des faubourgs comprend les arrondissements de l'Élysée, de l'Opéra, de l'Enclos-Saint-Laurent, de Popincourt et de Neuilly. Celle de l'ancienne banlieue comprend ceux de Passy, Batignolles, Monceaux, Buttes-Montmartre, Buttes-Chaumont, Ménilmontant.

Sur la rive gauche, la première zone comprend les arrondissements du Panthéon, du Luxembourg et du Palais-Bourbon. La deuxième comprend ceux des Gobelins, de l'Observatoire et de Vaugirard.

Ce qui fait donc quatorze arrondissements pour la rive droite, et six pour la rive gauche.

Porte Saint-Denis. (Page 57.)

Paris, qui était divisé en huit quartiers sous Philippe Auguste, en comptait déjà seize sous Charles VI, savoir :

1 Cité.
2 Louvre.
3 Saints-Innocents.
4 Saint-Eustache.
5 Palais-Royal.
6 Halle.
7 Saint-Denis.
8 Saint-Martin.
9 Hôtel-de-Ville.
10 Marais.
11 Place Royale.
12 Ile Notre-Dame, plus tard Saint-Louis.
13 Sainte-Geneviève.
14 Sorbonne.
15 Luxembourg.
16 Saint-Germain-des-Prés.

Chacun de ces quartiers était placé sous la surveillance d'un quartenier. En 1703, Louis XIV admit une nouvelle division en vingt quartiers.

1 La Cité.
2 Saint-Jacques-de-la-Boucherie.
3 Sainte-Opportune.
4 Le Louvre ou Saint-Germain-l'Auxerrois.
5 Palais-Royal.
6 Montmartre.
7 Saint-Eustache.
8 Les Halles.
9 Saint-Denis.
10 Saint-Martin.
11 La Grève.
12 Saint-Paul ou la Mortellerie.
13 Sainte-Avoye ou la Verrerie.
14 Le Temple ou le Marais.
15 Saint-Antoine.
16 La place Maubert.
17 Saint-Benoît.
18 Saint-André.
19 Luxembourg.
20 Saint-Germain-des-Prés.

En 1750, le faubourg Saint-Antoine forma un vingt-et-unième quartier. Un décret du 27 juin 1790 partagea la ville en quarante-huit sections, dont les noms changèrent plusieurs fois pendant la période révolutionnaire. Les sections devinrent plus tard des *quartiers*; il y en avait quatre par arrondissement. Cette division fut conservée jusqu'en 1859, époque de l'annexion dans la capitale des localités comprises dans l'enceinte des fortifications. Nous donnons le tableau des divers quartiers en ajoutant aux noms qu'ils portaient avant l'annexion ceux qui leur furent donnés de 1790 à 1810, alors qu'ils étaient désignés sous la dénomination de *sections*.

Premier arrondissement.

QUARTIERS de 1810 à 1859.	SECTIONS de 1790 à 1810.
1 des Tuileries..................	....
2 des Champs-Élysées.........	....
3 de la place Vendôme.......	des Piques.
4 du Roule..................	de la République.

Deuxième arrondissement.

5 Feydeau.................. des Filles-Saint-Thomas ou de la Bibliothèque, de 1792, Lepelletier.
6 de la Chaussée-d'Antin...... Grange-Batelière, des Capucins, Mirabeau, du Mont-Blanc.
7 du Palais-Royal............ Saint-Roch, de la Butte des Moulins, de la Montagne.
8 du faubourg Montmartre.... ....

Troisième arrondissement.

9 Saint-Eustache............. des Postes, du Contrat-Social.
10 Montmartre............... de la Fontaine Montmorency, de la Fontaine Molière, Brutus.
11 du Mail................... de la place Louis XIV ou des Victoires, des Petits-Pères, Guillaume Tell.
12 du faubourg Poissonnière... Poissonnière.

Quatrième arrondissement.

13 Saint-Honoré............. de l'Oratoire, des Gardes-Françaises.
14 du Marché des Innocents.... Sainte-Opportune, du Marché des Innocents, des Halles-Marchés.
15 du Louvre................. du Muséum.
16 de la Banque de France..... de la Halle-au-Blé, de Grenelle.

Cinquième arrondissement.

17 de Bonne-Nouvelle......... ....
18 Montorgueil............... Mauconseil, Bonconseil.
19 du faubourg Saint-Denis..... des Filles-Dieu, du faubourg du Nord.
20 de la Porte-Saint-Martin.... des Récollets, de Bondy.

Sixième arrondissement.

21 des Lombards............. ....
22 de Saint-Martin-des-Champs. des Gravilliers.
23 du Temple................ ....
24 de la Porte-Saint-Denis..... de la Trinité, du Ponceau, des Amis de la Patrie.

Vue de la Bastille. (Page 75.)

Septième arrondissement.

25	Sainte-Avoye.............	de Beaubourg, de la Réunion.
26	du Mont-de-Piété...........	des Enfants-Rouges, des Marais, de l'Homme-Armé.
27	du Marché Saint-Jean......	du Roi-de-Sicile, des Droits de l'Homme.
28	des Arcis.................	....

Huitième arrondissement.

29	des Quinze-Vingts..........	....
30	du Marais................	de la place Royale, des Fédérés, de l'Indivisibilité.
31	de Popincourt.............	....
32	du faubourg Saint-Antoine...	de Montreuil.

Neuvième arrondissement.

33	de l'Ile-Saint-Louis.........	de la Fraternité.
34	de l'Hôtel-de-Ville..........	de la Maison commune, de la Fidélité.
35	de l'Arsenal...............	....
36	de la Cité.................	de l'Ile Notre-Dame.

Dixième arrondissement.

37	de la Monnaie.............	des Quatre-Nations, de l'Unité.
38	du faubourg Saint-Germain...	de la Fontaine de Grenelle.
39	de Saint-Thomas-d'Aquin....	de la Croix-Rouge, du Bonnet-Rouge, de l'Ouest.
40	des Invalides..............	....

Onzième arrondissement.

41	de la Sorbonne.............	des Thermes de Julien, de Beaurepaire, Régénérée, Chalier.
42	du Luxembourg............	de Mucius Scévola.
43	de l'École de Médecine......	du Théâtre-Français, des Cordeliers, des Marseillais, de Marat.
44	du Palais de Justice........	de Henri IV, du Pont-Neuf, Révolutionnaire.

Douzième arrondissement.

45	du Jardin des Plantes......	des Sans-Culottes.
46	de l'Observatoire...........	....
47	Saint-Marcel...............	des Gobelins, du Finistère, de Lazouski.
48	Saint-Jacques..............	de Sainte-Geneviève, du Panthéon Français.

Quelques parties de la ville ont conservé dans l'usage les noms qu'on leur donnait autrefois; c'est ainsi qu'on appelle, sur la rive gauche, faubourg Saint-Germain, le quartier préféré de la vieille noblesse française, quoique depuis longtemps ce ne soit plus un faubourg et qu'il fasse partie intégrante de Paris.

Le quartier Latin, qui s'étend du Panthéon à la coupole de l'Institut, a perdu, par suite des démolitions, l'aspect pittoresque que regrettait Mürger : il y a gagné en salubrité.

Les mœurs de ce quartier ont ressenti le contre-coup de ce changement : la grisette a disparu pour faire place à un type mal défini qui n'est pas la lorette, et l'étudiant tapageur et paresseux n'existe plus, c'est une jeunesse trop positive, peut-être, mais beaucoup plus studieuse qui lui a succédé.

A l'O. de la rive droite se trouve le faubourg Saint-Honoré, habité exclusivement par les sommités de la finance et les membres de la diplomatie étrangère : la colonie anglaise affectionne beaucoup ce quartier, aussi voit-on de nombreuses inscriptions britanniques qui transportent l'imagination à Londres.

Le faubourg Saint-Antoine, si peu connu des Parisiens, contient une population immense de travailleurs : on peut, sans être taxé d'exagération, évaluer à près de 40 000 le nombre des Allemands habitant ce quartier et la Villette.

Les parties annexées, en 1860, ont conservé, dans la langue officielle, leurs appellations primitives : les plus importantes, situées sur la rive droite de la Seine, sont en commençant à l'E. pour finir à l'O. : Bercy, Charonne, Belleville, la Villette, la Chapelle, Montmartre, Batignolles, Passy et Auteuil; sur la rive gauche, en commençant par l'O. pour finir par l'E., sont : Grenelle, Vaugirard, Plaisance, le Petit-Montrouge, la Glacière, les Deux-Moulins.

Place du Carrousel. (Page 65.)

LES BOULEVARDS.

Boulevards intérieurs. — Physionomie. — Origine. — Boulevard Beaumarchais. — Boulevard des Filles-du-Calvaire. — Boulevard du Temple. — Théâtres et restaurants. — Fieschi. — Le Château-d'Eau. — Boulevard Saint-Martin. — Porte Saint-Martin. — Boulevard Saint-Denis. — Porte Saint-Denis. — Boulevard Bonne-Nouvelle. — Le restaurant Notta. — Boulevard Montmartre. — L'heure de l'Absinthe. — Boulevard des Italiens. — La petite Bourse. — L'ancien café Hardy. — Anecdote. — Boulevard des Capucines. — Boulevard de la Madeleine.

Si maintenant nous examinons Paris dans ses détails, parmi ses deux mille rues, ce sont les boulevards intérieurs, communément appelés *les boulevards*, tout court, qui attirent notre attention.

Ces magnifiques voies, offrant des chaussées spacieuses, bordées de chaque côté par de beaux trottoirs bitumés et plantés d'arbres, sont les principales artères de la vie parisienne qui s'y agite au milieu d'un mouvement indescriptible; toutes les classes, tous les degrés de la société y ont leur place et s'y coudoient sans se mélanger.

La jeunesse dorée et les femmes qu'Alexandre Dumas fils a si spirituellement nommées les dames du demi-monde, se donnent rendez-vous devant les brillants cafés, les restaurants célèbres et les somptueux magasins étalant aux yeux éblouis toutes les merveilles de l'univers.

De nombreux étrangers, se pressant dans la foule, semblent donner à cet endroit une physionomie assez ressemblante de la tour de Babel.

A partir de la porte Saint-Denis, les boulevards changent complétement d'aspect; ici ce sont des commerçants qui vont à leurs affaires, faisant à peine attention aux nombreux marchands d'objets sans nom que l'industrie parisienne met au monde chaque jour.

A la hauteur de la rue du Temple, l'aspect du boulevard

est tout autre : la population ouvrière est majorité et le vêtement qui domine, c'est la blouse.

C'est en 1670 que la partie du boulevard comprise entre la Bastille et la porte Saint-Honoré fut exécutée ; peu de temps après on prolongea cette promenade jusqu'à la porte Saint-Honoré. Mais, à cette époque, il était loin d'avoir l'animation qui en fait aujourd'hui la plus belle voie de l'Europe ; du côté de la ville, c'étaient des jardins qui bordaient les maisons ; de l'autre côté s'étendait la rase campagne où l'on voyait disséminées deci delà quelques rares maisons de cultivateurs et de maraîchers.

Ce ne fut qu'après la Révolution, que ces terrains, dégagés des droits de main-morte et autres, permirent à la ville de prendre l'accroissement que son industrie rendait nécessaire, et bientôt les boulevards furent encadrés entre deux rangées de maisons : leur longueur totale est de quatre kilomètres et demi.

De la Bastille part le boulevard Beaumarchais, ouvert en 1672, sous le nom de boulevard Saint-Antoine ; on lui donna plus tard le nom de l'illustre littérateur qui y possédait une fort jolie résidence dont on pouvait encore voir quelques restes il y a quelques années.

Cette propriété n'avait pas moins de quatre mille mètres d'étendue.

L'ameublement de l'hôtel était des plus somptueux ; c'était, ainsi que l'a fort bien dit un auteur, une de ces demeures que rêvent les poëtes et que font élever les financiers.

On lisait sur la porte du jardin le distique suivant :

> Ce petit jardin fut planté,
> L'an premier de la liberté.

Le boulevard des Filles-du-Calvaire, ainsi nommé à cause

du célèbre couvent de filles fondé en 1633 par le P. Joseph, qui se trouvait dans le voisinage, se prolonge en ligne droite de celui de Beaumarchais.

Il y a peu de temps encore ce boulevard n'était guère fréquenté que par la population industrieuse des quartiers avoisinants; mais depuis la création des nombreuses voies qui le relient aux autres parties de Paris, la fashion s'y donne également rendez-vous et la chaussée est sillonnée par de nombreux équipages élégants.

C'est là que se trouve le Cirque-Napoléon. (*V.* page 32.)

Le boulevard du Temple qui lui fait suite était autrefois l'un des points de Paris les plus curieux à observer et offrait l'un des côtés pittoresques de la vie parisienne : ce n'étaient que charlatans, diseurs de bonne aventure, acrobates, etc., tandis que de nombreux théâtres, petits et grands, alléchaient la foule par des pièces dramatiques et sanglantes, qui avaient fait surnommer cet endroit le *boulevard du Crime.*

En 1862, la plupart de ces théâtres et notamment le Cirque, le Théâtre-Lyrique, la Gaîté, les Délassements-Comiques, les Folies-Dramatiques, les Funambules, durent disparaître pour faire place au boulevard du Prince-Eugène, et depuis lors le boulevard du Temple a beaucoup perdu de sa physionomie caractéristique, quoiqu'il possède encore quelques théâtres goûtés du public.

Il y avait aussi là plusieurs restaurants bien connus des gourmets : d'abord le Cadran bleu, célèbre pour ses dîners de noces ; ce fut là que se réunirent le 4 août 1792 Veaugeois, Deburé (de la Drôme) Guillaume Simon, journaliste à Strasbourg, Gacusat, Santerre, Desmoulin, Danton, tous membres du comité insurrectionnel, et qu'ils résolurent de se porter en armes aux Tuileries le 10 août et d'y proclamer la déchéance du roi. Le célèbre boucher Duval y a installé dans un ancien café un de ses plus beaux établissements de bouillon.

C'est sur ce boulevard, au 2ᵉ étage du n° 50 que Fieschi et ses complices avaient établi leur machine infernale, le 28 juillet 1833. On sait quel fut le résultat de cette tentative criminelle ; celui contre lequel elle était dirigée ne fut pas atteint, et dix-sept personnes furent tuées aux côtés du roi.

A l'extrémité de ce boulevard, se trouve le Château-d'Eau, l'une des plus remarquables fontaines de Paris. Cette fontaine se compose de trois bassins concentriques superposés : quatre lions, accroupis dans le bassin inférieur, lancent des jets d'eau de leur gueule ; une cascade descend de la vasque supérieure : tout autour se tient deux fois la semaine un marché aux fleurs.

A partir du Château-d'Eau, le boulevard Saint-Martin fait avec celui du Temple un angle très-accentué ; on y voit déjà des cafés et des magasins ; c'est là que sont situés le théâtre de l'Ambigu-Comique, célèbre par ses noirs mélodrames et le théâtre de la Porte-Saint-Martin, qui a vu éclore tant de merveilles.

En face de la rue Saint-Martin, s'élève la porte du même nom, remarquable arc de triomphe offert par la ville de Paris à Louis XIV. (*V.* page 36.)

Cet arc fut construit en 1674 sur les dessins de Pierre Bullet, élève de François Blondel. Il a environ 18 mètres de hauteur sur autant de largeur ; il est percé par trois arcades, celle du milieu a 6 mètres de largeur sur 10 d'élévation ; les arcades latérales ont chacune 2 mètres 70 de largeur sur 5 mètres 40 de hauteur.

Les bas-reliefs représentent sous forme d'allégorie la conquête de la Franche-Comté et du Limbourg, par Louis XIV.

Jardin du Palais-Royal. (Page 86.)

Le boulevard Saint-Denis montre aux curieux l'une des parties les plus riches de la ville : c'est le centre du commerce et de l'industrie ; un nouvel arc de triomphe, dédié à Louis le Grand, célèbre les hauts faits de ce monarque. Ce monument, par ses proportions exquises, est beaucoup plus beau que l'arc Saint-Martin.

Il fut élevé sur les dessins de Blondel, l'architecte de la porte Saint-Martin, par le prévôt des marchands et les échevins. Ce monument a 24 mètres de hauteur et autant de largeur.

Les sculptures, d'un goût assez douteux, ont, comme celles de la Porte-Saint-Martin, pour but la glorification de Louis XIV. (*V.* page 41.)

Après avoir traversé le boulevard Bonne-Nouvelle, dont l'irrégularité fait le désespoir des amateurs de la ligne droite, on atteint le boulevard Poissonnière, qui sert de transition pour arriver à cette portion de Paris qui semble spécialement vouée au luxe et à tous les raffinements de la vie. On remarque sur ce boulevard le Gymnase-Dramatique (ancien théâtre de Madame) ; la fameuse boutique du marchand de galette, qui se trouvait à côté a fait place à un café, sorte de buvette du théâtre.

Saluons en passant le restaurant Notta : notre estomac reconnaissant lui vote de sincères remercîments. Chaque mois, nous y assistons avec nos confrères, au dîner mensuel des gens de lettres, et nous sommes heureux de constater ici que l'urbanité et l'exquise politesse du chef de cette maison n'ont d'égales que l'excellence des mets et la supériorité de leur préparation.

Dans les salons du restaurant Notta, boulevard Poissonnière, on y dîne tout aussi bien qu'au café Anglais et à bien meilleur compte.

Le boulevard Montmartre semble réaliser déjà les merveilles d'un conte des *Mille et une Nuits :* les vitrines des magasins étalent au regard émerveillé de riches cachemires et dentelles, des bronzes précieux, des objets d'art de tout genre. Les cafés rivalisent en beauté avec ceux du boulevard des Italiens ; parmi eux il en est trois qui jouent un rôle important dans le monde des lettres ; nous voulons parler du café des Variétés, de Suède et de Madrid ; ce dernier est chaque jour, de trois à cinq heures, le rendez-vous des chroniqueurs et des correspondants des journaux de province. Ce moment de la journée est connu dans cette partie de Paris sous le nom d'heure de l'absinthe. Ces trois cafés servent de points de réunion aux gens de lettres, journalistes, auteurs dramatiques ou romanciers.

C'est là que s'élaborent les nouvelles politiques qui rassurent ou font trembler l'Europe, les concours littéraires et les faits divers : tout le journalisme gravite autour de ce centre.

L'ancien boulevard de Gand, connu par notre génération sous le nom de boulevard des Italiens, est le lieu de rendez-vous du bon ton et de la suprême élégance, qui pourtant ne sont pas toujours le bon goût : c'est là que les lions et les lionnes du jour viennent étaler leur luxe. Les étrangers curieux se glissent à travers la foule des oisifs élégants, et vont apprendre comment on déjeune à Tortoni, et comment l'on soupe à la Maison-Dorée ; les trois Opéras sont dans le voisinage.

La Bourse est également à peu de distance ; aussi le boulevard des Italiens sert-il à MM. les coulissiers de lieu de réunion.

C'est non loin du passage de l'Opéra que se tient la petite Bourse ; tous les jours avant l'ouverture et après la fermeture de la Bourse officielle, on voit une foule compacte se presser sur le boulevard, s'agitant en tous sens, se croisant, ne restant jamais en place.

Celui qui n'est pas au courant des mœurs parisiennes serait loin de se douter que tout ce monde, qui affecte un air indifférent, traite des affaires et fait là parfois une rude concurrence aux opérations de la corbeille de la Bourse.

Des locutions barbares hérissées de chiffres, des abréviations impossibles, des mots jetés par-ci, par-là, voici tout ce que l'on entend.

Parfois, lorsque la foule, devenue trop compacte, forme un obstacle pour la circulation publique, les sergents de ville la fendent en tous sens et l'éclaircissent sans nul souci des opérations qu'ils entravent, des marchés qu'ils rompent. Mais cela ne dure qu'un instant et le boulevard reprend son aspect animé.

Sur l'emplacement occupé aujourd'hui par la Maison-Dorée, sur le boulevard des Italiens, s'élevait autrefois le café Hardy, le premier qui ait donné des déjeuners à la fourchette fort prisés pendant plus de cinquante ans par les amis du bien vivre. Les déjeuners se préparaient dans un des salons du rez-de-chaussée; sous une cheminée de marbre blanc, un énorme gril était posé sur un amas de braise incandescente, et le maître de la maison en personne, une longue fourchette à la main, faisait griller, à la vue des consommateurs, côtelettes, bifteaks, etc. C'était là toute l'innovation, et elle avait suffi pour attirer à cet établissement la clientèle la plus riche et la plus distinguée. La vogue tient à si peu de chose! Un des habitués les plus assidus était le colonel D.... C'était un soldat à la Cambronne, mieux placé sur un champ de bataille que dans un salon. Ce colonel avait acheté une terre appartenant autrefois au comte de S....-M...... et qu'on avait vendue comme propriété nationale.

Ce qui suit se passait au commencement de 1817. Le comte était revenu en France avec les Bourbons, et Louis XVIII l'avait fait lieutenant d'une compagnie de gardes du corps. L'ex-émigré voulait racheter son ancienne propriété passée aux mains du colonel D.....; ce dernier ne voulait pas la céder. L'antipathie naturelle entre ces deux personnes prit bientôt le caractère de la haine la plus violente. Dix fois le colonel avait provoqué le comte qui, d'une nature frêle, d'une santé chancelante, refusait de se battre. Cela s'ébruita promptement; le roi en apprit quelque chose, il sut que le comte, insulté publiquement, refusait de laver son injure; il s'en indigna et fit défendre à M. de S....-M...... de reparaître aux Tuileries. Il fallut se battre. La rencontre eut lieu à Montmartre; après quatre coups de pistolet échangés sans résultat, les deux adversaires mirent l'épée à la main, comme les témoins l'avaient décidé, et deux secondes après le comte tombait mortellement blessé et expirait sur la place.

Deux heures ne s'étaient pas écoulées depuis ce lugubre dénouement que le colonel déjeunait tranquillement au café Hardy. Entre un de ses amis qui savait que l'affaire avait dû se vider le matin même. — Eh bien! fit-il en allant à D....., quelle nouvelle? — Parbleu! répond brusquement ce dernier, puisque je déjeune, c'est que l'autre ne déjeunera plus.

Toutes les personnes présentes levèrent la tête; on espérait quelques détails, et les questions commencèrent à pleuvoir.

Le colonel ne répondant point, un personnage placé à une table voisine de la sienne se lève et dit à haute voix avec le plus grand calme : — Mon Dieu, messieurs, c'est chose toute simple : le roi a donné S....-M...... à tuer à cet homme qui a rempli consciencieusement son office de tueur.

On s'attendait à une explosion; il n'en fut rien : D....

Colonne Vendôme. (Page 88.)

laissa tomber sa fourchette, se leva, prit son chapeau, sortit sans prononcer un mot, et depuis ce jour il ne reparut plus au café Hardy. Le personnage dont les paroles avaient causé un si grand étonnement était le prince de Rohan.

Le boulevard des Capucines est beaucoup moins animé; les promeneurs y sont plus rares; cependant les magasins y sont peut-être plus luxueux qu'au boulevard des Italiens.
C'est là que s'élève le gigantesque hôtel élevé par M. Péreire, le Grand-Hôtel, qui tient à la disposition des voyageurs sept cents chambres et soixante-dix salons, et dont le merveilleux service n'a de rival peut-être que celui de l'hôtel du Louvre, élevé par le même financier.

Le petit boulevard de la Madeleine complète l'arc décrit par la ligne entière des boulevards d'aboutit, en formant un angle obtus, dans la rue Royale, qui conduit par une ligne perpendiculaire à la Seine, à la place de la Concorde, si remarquable par son caractère grandiose.

LES RUES ET LES NOUVEAUX BOULEVARDS.

Rue de Rivoli. — Rue du Temple. — Rue Saint-Martin. — Boulevard de Sébastopol. — Boulevard de Strasbourg. — Boulevard du Palais. — Boulevard Saint-Michel. — Rue Saint-Denis. — Rue Montorgueil. — Le *Rocher de Cancale*. — Anecdote sur Romieu. — Rue Montmartre. — Rue Vivienne. — Rue Richelieu. — Hôtel Frascati. — Rue Castiglione. — Rue de la Paix. — Boulevard du Prince-Eugène. — Boulevard Magenta. — Boulevard Malesherbes. — Boulevards extérieurs. — Rues des Écoles, Saint-Jacques, de l'École de Médecine, du Bac, Mouffetard, etc., etc.

La magnifique rue de Rivoli, aux innombrables arcades, prolongée par la rue Saint-Antoine, réunit, en formant une ligne droite parallèle à la Seine, la place de la Bastille et celle de la Concorde, situées aux deux extrémités de l'arc décrit par les boulevards. Les Tuileries, avec un jardin s'étendant jusqu'à la place de la Concorde, et le Louvre, sont situés dans l'espace compris entre la rue de Rivoli et la Seine.

Plusieurs des rues qui, partant des boulevards, vont aboutir perpendiculairement à la rue de Rivoli, forment des artères considérables.

Nous citerons, en commençant par l'est, la rue du Temple et la rue Saint-Martin. Ces deux voies se prolongent au delà des boulevards proprement dits jusqu'aux boulevards extérieurs, sous le nom de rue du Faubourg-du-Temple et rue du Faubourg-Saint-Martin.

Le boulevard de Sébastopol, construit par Napoléon III, mérite une attention toute spéciale : malgré son origine toute récente, il est le théâtre d'une activité industrielle qui offre à l'observateur un nouveau côté de la vie parisienne.

Sous le nom de boulevard de Strasbourg, il part de la gare du chemin de fer de l'Est pour aboutir sur le boulevard Saint-Martin ; là, il prend le nom de boulevard de Sébastopol jusqu'au pont au Change, où il se nomme boulevard du Palais, dans son parcours à travers la Cité jusqu'au pont Saint-Michel. A partir de ce pont jusqu'au carrefour de l'Observatoire, où il finit, il s'appelle boulevard Saint-Michel. Cette voie, unique en Europe, mesure une longueur totale de 4550 mètres, plus d'une lieue! Sa largeur est de 30 mètres, dont 14 pour la chaussée et 8 pour chaque trottoir.

Immédiatement après le boulevard de Sébastopol, on voit la vieille rue Saint-Denis, connue dans le monde entier par l'industrieuse activité de ses habitants : à l'entrée se trouvent de nombreux droguistes réputés par le bon marché de leurs produits pharmaceutiques. Elle s'étend également,

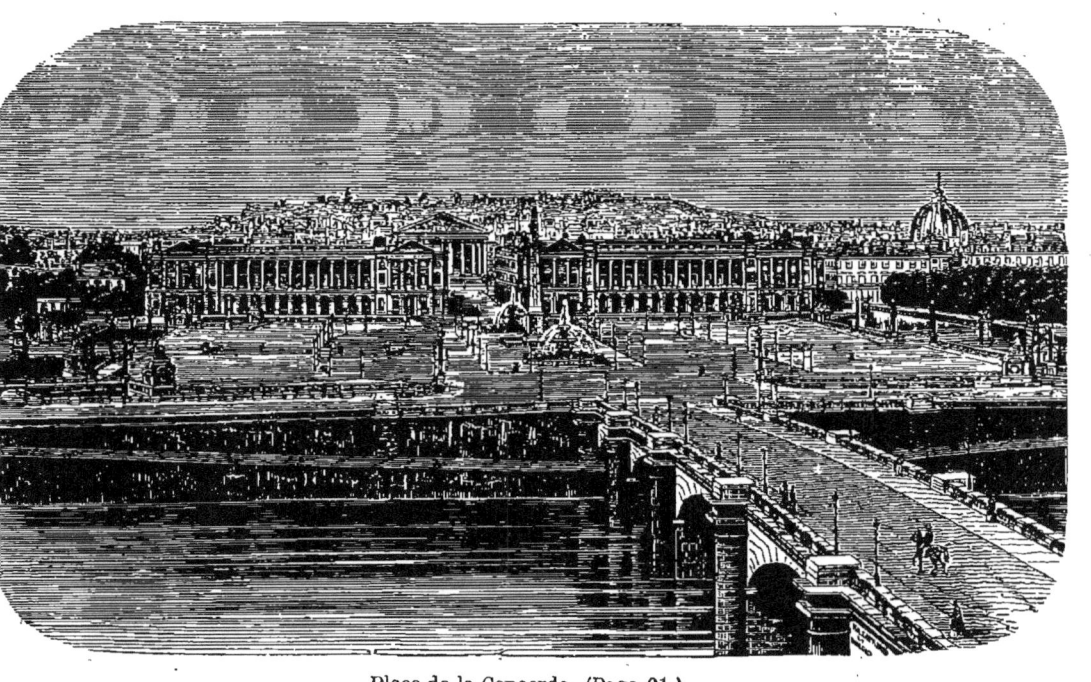

Place de la Concorde (Page 91.)

sous le nom de rue du Faubourg-Saint-Denis, jusqu'aux boulevards extérieurs.

Dans la rue Montorgueil qui aboutit aux Halles, se trouve le rocher de Cancale. C'était, sous la Restauration, le siége d'un des restaurants les plus célèbres de Paris. C'était là que les membres du *Caveau* tenaient leurs séances; là aussi se réunissaient les viveurs les plus fameux de cette époque, au nombre desquels on citait Romieu, qui fut plus tard préfet de la Dordogne, James Rousseau et Horace Raisson, morts tous deux rédacteurs de la *Gazette des Tribunaux*. Ce joyeux trio dînait un jour au premier étage de ce restaurant, tenu alors par le fameux Baleine; il y avait déjà longtemps qu'ils en étaient au champagne. C'était au mois de juillet; les fenêtres étaient ouvertes. En face du restaurant, au coin de la rue du Cadran, était un café, qui existe encore. Deux joueurs de dominos y faisaient en ce moment beaucoup de bruit : « Du six! Du quatre!... Double-blanc!... Cinq partout!... » Et du bruit sec des dominos posés violemment sur le marbre, accompagnant ces exclamations, il résultait un concert peu agréable.

« Ces gens sont bien agaçants, dit James; faisons-les taire. » Aussitôt il s'approche de la fenêtre, vide son verre et le lance dans le café; le verre tombe avec fracas sur la table des joueurs, brise une carafe et brouille le jeu. Grande rumeur; le maître du café et ses garçons sortent pour tâcher de découvrir d'où est parti le projectile. Ils crient, profèrent mille injures contre l'auteur de ce méfait; les passants s'arrêtent, un attroupement se forme; la garde accourt. Pendant ce temps une querelle terrible s'est élevée entre les joueurs: « J'avais gagné! — Vous aviez perdu! — Je jouais pour douze, et il vous restait le double-six! — Ça n'est pas vrai!... Vous en avez menti ! »

La garde les voyant se prendre aux cheveux, les empoigne sans vouloir en entendre davantage, et les conduit au poste, tandis que l'auteur de tout ce bruit et ses deux amis se dirigent vers le boulevard en festonnant. Et cette fois encore les battus payèrent l'amende.

La rue Montmartre part des Halles centrales, non loin de la rue Saint-Honoré, qui s'étend parallèlement à la rue de Rivoli, et dont la physionomie va être profondément modifiée par les travaux actuels; elle se poursuit sous le nom de faubourg Montmartre au delà des boulevards, et va aboutir à une sorte de carrefour formé par les rues Lamartine, des Martyrs, Notre-Dame de Lorette et Saint-Lazare, donnant ainsi accès à un quartier de plus en plus populeux.

La rue Vivienne aux éclatants magasins part du Palais-Royal, pendant que la rue de Richelieu relie directement la rue de Rivoli aux boulevards.

La maison portant le n° 112, rue Richelieu, était, sous le premier Empire et la Restauration, l'hôtel Frascati, célèbre maison de jeu. C'est là que le fermier des jeux de Paris, M. Benazet, fit, en grande partie, cette fortune colossale, qui faisait dire de lui qu'il couchait sur des matelas de billets de banque, et pourtant ses charges étaient lourdes; car, indépendamment du prix de fermage et des tolérances de toute nature qu'il payait très-cher, on déposait, chaque soir sur la cheminée de la chambre du roi, à titre d'épingles, deux rouleaux d'or de mille francs chacun, dont Sa Majesté faisait assez ordinairement présent à la première personne qui entrait chez elle, et cette première personne était presque toujours la belle Mme du Cayla que Béranger appelle la *belle Octavie*. La charmante favorite prenait sans compter; mais elle comptait chez elle, et un jour que, dans un rouleau, elle trouva deux louis de moins, on l'entendit

Avenue des Champs-Élysées. (Page 97.)

s'écrier : *Comme on vole le roi!* La maison Frascati est aujourd'hui la propriété de M. Millaud et le siége actuel du *Petit Journal.*

Nous citerons enfin la majestueuse rue de Castiglione, aboutissant à la place Vendôme et se poursuivant jusqu'au boulevard des Capucines sous le nom de la rue de la Paix.

Parmi les voies créées par le second Empire avec cette rapidité dont on n'avait eu jusqu'ici aucun exemple, nous mentionnerons sur la rive droite, le boulevard du Prince-Eugène, qui relie Vincennes avec la caserne du Prince-Eugène et dégage les abords du faubourg Saint-Antoine; le boulevard Magenta, qui, partant de la caserne du Prince-Eugène, coupe obliquement les faubourgs, croisant la rue Lafayette dont le prolongement vient aboutir sur le boulevard des Italiens; le boulevard Malesherbes, qui se dirige de la Madeleine aux fortifications, laissant le parc Monceaux sur sa gauche.

Les boulevards extérieurs sont loin d'égaler la splendeur des boulevards intérieurs; mais en revanche ils offrent de magnifiques rangées d'arbres dont l'ombrage épais sert de refuge pendant l'été aux promeneurs qui aiment à s'éloigner du bruit et du tourbillon de la grande ville.

Les maisons qui bordent ces boulevards sont souvent séparées par de longs espaces occupés par des jardins, des chantiers, etc. C'est là que l'on trouve des restaurants à prix modérés dont quelques-uns ont cependant acquis une certaine réputation près des gourmets parisiens; des bals publics d'un goût douteux et de ces lieux de plaisirs que l'on considère comme les conséquences inévitables de la civilisation.

Cette physionomie particulière est commune aux boulevards extérieurs de la rive gauche.

Parmi les nouvelles voies de cette partie de la ville, nous nommerons le boulevard Saint-Michel dont nous avons déjà parlé, le boulevard Saint-Germain, la rue des Écoles et la rue Gay-Lussac : elles ont donné de l'air et de la lumière à un quartier sombre et humide au bruit des cris de regret des amateurs des souvenirs historiques.

La vieille rue Saint-Jacques, la *via supera* des Romains, s'étend parallèlement au boulevard Saint-Michel, de la Seine à la rue du Port-Royal dont le nom rappelle celui d'une abbaye riche en souvenirs et illustrée par les Blaise Pascal, les Arnaud, etc., et se prolonge sous le nom de rue du Faubourg-Saint-Jacques jusqu'aux boulevards extérieurs.

La vieille rue de l'École-de-Médecine doit subir un changement qui fera tomber une maison célèbre : c'est celle qu'habitait Marat, lorsqu'il fut poignardé par Charlotte Corday. Dans l'origine, en 1308, elle s'appelait rue des Cordeliers, d'un couvent de cet ordre situé sur l'emplacement actuel de l'école de Médecine et où se tint, lors de la Révolution, un club fameux qui fournit les Danton, les Hébert, etc.

La rue du Bac qui, de la Seine se dirige vers le sud par une ligne tortueuse, prend son nom du bac placé autrefois à cet endroit et qui servait avant la construction du Pont-Royal à effectuer le passage d'une rive à l'autre; c'était autrefois une rue fort aristocratique et tout le monde connaît les regrets que son ruisseau inspira à Mme de Staël.

La rue Mouffetard, fort curieuse à observer par la population étrange qui s'y presse, est l'un des derniers débris du vieux Paris qui ne tardera pas à disparaître bientôt : c'était le *Mons cetardus* des Romains.

Parc Monceaux. (Page 98.)

PLACES, PROMENADES, SQUARES.

Place de la Bastille. — Histoire de la Bastille. — Place Royale. — Anecdote sur Victor Hugo. — Place des Victoires. — Place du Carrousel. — Place Napoléon III. — Arc du Carrousel. — Place et jardin du Palais-Royal. — Camille Desmoulins. — Places de la Bourse, du Louvre et du Châtelet. — Fontaine du Palmier. — Place Vendôme. — Place de la Concorde. — Place de Grève. — Place de l'Observatoire. — Jardin des Tuileries. — Champs-Élysées. — Parc-Monceaux. — Squares. — Tour Saint-Jacques. — Bois de Boulogne. — Pré-Catelan. — Longchamps. — Anecdotes. — Jardin d'Acclimatation. — Bois de Vincennes. — Place Dauphine. — Place Saint-Sulpice. — Anecdote. — Esplanade des Invalides. Champ de Mars.

Paris possède un grand nombre de places, de promenades et de squares.

Nous citerons d'abord, sur la rive droite, la célèbre place de la Bastille où se trouvait le château fort de ce nom. Il fut bâti sous Charles V, par Charles Aubriot, pour défendre la ville contre les attaques extérieures. (*V.* page 45.)

La Bastille servit également de prison d'État et a conservé une triste célébrité. Le fondateur en fut le premier prisonnier ; puis après lui, on vit figurer Jacques d'Armagnac, duc de Nemours, le maréchal de Nemours, et Biron y fut exécuté.

Sous Louis XI, on y enferma un grand nombre de nobles, et Richelieu y fit emprisonner plusieurs de ses ennemis, parmi lesquels on cite Bassompierre, le comte de Roussy, le comte de la Suze, le marquis de Séguier, l'abbé de Foix, l'abbé de Beaulieu, Dorval-Langlois, Vautier, premier médecin de la reine-mère ; le chevalier de Montaigu, de Marincourt, le comte de Cramail, le chevalier de Grignan.

A la mort de Richelieu, Mazarin, son successeur, rendit à la liberté tous ceux qui avaient été enfermés à la Bastille pour cause politique.

Sous le règne de Louis XV, on ne peut se faire une idée de

la quantité de lettres de cachet qui furent distribuées, et on en fixe le nombre à plus de 80 000.

Les princes, les ducs, les maréchaux que l'on enfermait à la Bastille y avaient leurs secrétaires et leurs officiers ; le gouverneur était rempli de délicatesse envers eux, ne leur parlait que debout et chapeau bas ; leur table était délicatement servie ; on leur permettait de se promener et de se réunir ; enfin rien ne leur manquait, excepté leur famille et la liberté.

Le plus célèbre prisonnier sous Louis XV est Lally-Tollendal, qui fut enfermé à la Bastille le 1er novembre 1766, pour être exécuté. Sous Louis XV, on y incarcéra l'abbé Lenglet-Dufresnoy, qui y fut enfermé quatre fois et y passa une grande partie de sa vie ; Mahé de la Bourdonnais, gouverneur des îles de France et de Bourbon, qui y resta huit ans et en sortit après une restitution de 18 millions au trésor public ; tous les membres du conseil supérieur du Cap-Français, le maréchal de Richelieu, le Maistre de Sacy, de Renneville, Voltaire, Latude, célèbre par ses évasions ; Linguet ; le prévôt de Beaumont, qui resta au secret pendant vingt-deux ans à la Bastille, à Vincennes, à Charenton, et dont la famille ignora pendant dix ans ce qu'il était devenu, etc.

Nous avons parlé de la situation des grands personnages, de leur manière de vivre et d'agir. Il nous répugne de dire le sort réservé aux prisonniers obscurs ou célèbres que la vengeance ou l'indifférence condamnait à une vie de privations et de torture. Souvent ce n'était ni le roi, ni le ministre, ni le parlement qui jetait une foule d'individus à la Bastille : c'était un favori ou même le favori d'un favori qui faisait écrouer ses ennemis ou ceux qui le gênaient au moyen d'une lettre de cachet en blanc : c'était une sorte de bon pour confisquer à plaisir la vie et la liberté d'un citoyen innocent. Toutes ces malheureuses victimes végétaient dans des cachots malsains, sans air, sans nourriture, sans

Fontaine et square des Innocents. (Page 98.)

consolation. Ces privations ne suffisaient pas pour assouvir la vengeance et la barbarie des geôliers subalternes ; on les enchaînait par le cou, par les pieds et les mains, et on les laissait pourrir ainsi dans les oubliettes.

Lorsqu'on a renversé ce vaste abîme de douleurs, combien en a-t-on trouvé rivés aux murs dans des positions effrayantes ; d'autres qu'on avait jetés dans des culs de basse-fosse, et dont la poitrine était brisée par les boulets enchaînés à leurs corps ! Ce n'était pas assez de détruire l'homme, il fallait encore détruire le nom, que l'on changeait par un autre.

Le 14 juillet 1789, la Bastille fut attaquée et détruite de fond en comble, et il n'en reste plus aujourd'hui qu'une vaste place où s'élève une colonne de fonte de 47 mètres de hauteur, dite *Colonne de juillet*, monument commémoratif de la Révolution de 1830 qui renversa pour toujours la dynastie des Bourbons : ce monument, l'un des plus beaux de la capitale, repose sur un massif circulaire entouré d'une grille ; une porte pratiquée dans ce massif conduit à des caveaux où sont placés les cercueils des combattants de Juillet 1830 et de Février 1848. La Colonne porte en lettres d'or les noms de 615 combattants de Juillet dont elle couvre les cendres. La statue placée sur son faîte représente le Génie de la Liberté, fondu d'après le modèle de M. Dumont : le Génie tient d'une main des tronçons de chaînes, de l'autre le flambeau de la civilisation. (V. page 80.)

C'est au pied de cette colonne que le 27 février 1848, le gouvernement provisoire proclama la république ; quatre mois plus tard cette place contenait une véritable armée : vingt bouches à feu tonnaient sur le faubourg Saint-Antoine ; c'est là que fut tué le général Négrier.

Non loin de la rue Saint-Antoine, se trouve la place Royale : entourée de ses maisons style Louis XIII, supportées par des arcades écrasées; plantée de marronniers,

La Colonne de Juillet. (V. page 79.)

elle rappelle involontairement l'époque où elle était le rendez-vous de la cour et de la ville. Maintenant elle est devenue silencieuse comme la statue qui en occupe le centre, et ce n'est que vers le soir que les cris des bambins qui viennent y jouer, réveillent les échos endormis.

Sous la République, cette place prit tour à tour les noms de Fédérés, Indivisibilité, puis enfin des Vosges, pour honorer le département de ce nom qui, en l'an VIII, avait le premier acquitté ses contributions. Elle reprit ce nom sous la seconde République. Pendant les terribles journées de juin la mairie du VIIIe arrondissement, qui se trouve sur cette place, fut occupée par les insurgés après un combat acharné avec la troupe de ligne.

En juin 1848, les insurgés s'étant emparés de la place Royale après en avoir chassé la troupe, envahirent les riches demeures qui encadrent cette place, pour y chercher des vivres et des armes, car tous n'étaient pas encore armés. « Croiriez-vous, disait dans un salon un personnage qui racontait quelques épisodes de ces journées, qu'ils ont traversé deux fois l'appartement de Victor Hugo sans toucher à rien, et qu'ayant vu sur un fauteuil l'épée de pair de France du poëte, ils n'ont pas même essayé de la mettre hors du fourreau ? — Cela prouve, dit un personnage de l'auditoire, que ces gens-là savaient le respect qu'on doit aux vierges. » Le mot fit rire, et pourtant il était à la fois méchant et faux. L'épée de pair de Hugo pouvait être vierge, mais son maître en avait *dévirginisé* d'autres, et il y avait déjà bien longtemps que cela lui était arrivé pour la première fois. C'était en 1820 ou 1821; Hugo, qu'on appelait aux Tuileries *l'enfant sublime*, venait de vendre le manuscrit de son premier roman, *Han d'Islande*, au libraire Persan qui demeurait rue de l'Arbre-Sec. Enchanté du traité qu'il vient de conclure, l'idée lui vient d'aller se promener à Versailles. Il faisait une chaleur étouffante. En descendant de voiture, il entre dans un café, et pendant qu'on lui prépare la carafe de groseille qu'il a demandée, il prend un journal. Un garde-du-corps arrive en ce moment, et sans plus de façon il saisit le journal, l'ôte des mains du jeune homme et s'assied tranquillement. Hugo se lève, s'approche de lui, et d'un de ses gants il lui fouette le visage.

« Maintenant, dit-il, je suis à vos ordres ; mais hâtez-vous, car je ne veux rester à Versailles que deux heures, afin de pouvoir aller dîner à Paris. — Ma foi ! s'écrie le garde-du-corps, l'aventure est trop drôle pour que je me prive d'en voir le dénoûment. Marchons, jeune homme. »

Ils se rendirent dans le parc. Chemin faisant, le garde rencontra deux de ses camarades qui consentirent à l'accompagner. On arriva à la pièce d'eau des Suisses. « Nous serons bien ici, à l'ombre de la charmille, dit Victor en s'arrêtant. — Mais, fit son adversaire, des promeneurs peuvent nous surprendre. — Bast ! cela sera si tôt fait ! »

Le garde du corps ne riait plus ; à la surprise avait succédé une secrète inquiétude.

Un des témoins présente son épée à Hugo qui avait mis habit bas. Les deux adversaires tombent en garde ; les fers s'engagent ; on ferraille, on se tâte, puis tout à coup Hugo se fend à fond ; le coup est paré, et la riposte peut être terrible ; mais le poëte se relève vivement en portant un coup de seconde, et cette fois son épée rencontre les côtes de son ennemi qui laisse tomber son arme. Heureusement l'arme, après avoir touché les os, avait glissé entre cuir et chair, et les témoins purent emmener leur ami. A six heures du soir, Hugo était de retour à Paris et dînait de grand appétit....

Ce qui prouve que ce méchant mot du monsieur qui avait parlé de virginité frisait fort la calomnie, et il est permis de croire qu'il ne l'eût pas fait s'il n'avait ignoré cette anecdote parfaitement historique.

La place des Victoires, située dans la partie la plus mouvementée de la ville, à peu de distance de la rue Mont-

Courses de Longchamps. (Page 104.)

martre et de la rue Vivienne, fut créée en 1685 par ordre du duc de La Feuillade, dont une rue voisine porte le nom.

La statue équestre de Louis XIV qui l'ornait fut brisée en 1792. Le monument qui la décore actuellement fut inauguré le 25 août 1822, et est dû à M. Bosio; il représente Louis XIV à cheval et vêtu en empereur romain coiffé d'une énorme perruque. La sculpture est lourde et ronde, mais l'ensemble a un caractère monumental qui résulte de l'harmonie des lignes principales et de la juste proportion qui existe entre la monture et le cavalier. Le piédestal est orné de deux bas-reliefs dûs à M. Bosio neveu, et représentent le *Passage du Rhin* et *Louis XIV distribuant des récompenses militaires.*

La place du Carrousel et la place Napoléon III forment les cours colossales des Tuileries et du nouveau Louvre. (*V.* p. 49).

La première, ainsi nommée sous Louis XIV, ne fut définitivement terminée qu'après 1848, lorsqu'on eut démoli le labyrinthe de petites rues qui déparait le palais de nos souverains : elle est séparée par une grille de la cour d'honneur des Tuileries. A l'entrée de cette cour se trouve l'Arc de Triomphe élevé en 1806 par Percier et Fontaine, sur le modèle de celui de Septime Sévère : il était couronné autrefois par le quadrige de l'église Saint-Marc, à Venise.

Comme son modèle, dit M. Fréville, elle se compose de trois arcades, mais elle compte de plus une arcade transversale. Quatre colonnes, en marbre de couleur, supportent une statue de marbre blanc, représentant un soldat de l'Empire; sur la façade, regardant le Carrousel, un cuirassier, par M. Launay ; un dragon par M. Corbet; un chasseur à cheval, par M. Foucon; un carabinier, par M. Chinard. Sur la façade regardant les Tuileries, un grenadier, par Dardet; un carabinier, par Montonis ; un canonnier, par Bridau ; un sapeur, par Dumont père. Les

Renommées sont de MM. Faunay et Pasquier. Les quatre faces de l'Arc sont ornées de six bas-reliefs : la bataille d'Austerlitz, par Espercieux ; la Capitulation d'Ulm, par Cartellier ; l'Entrevue de Tilsitt, par M. Ramus ; l'Entrée de l'armée française à Munich, par M. Clodion ; l'Entrée à Vienne, par Deseine ; la Paix de Presbourg, par Lesueur. Les chevaux de bronze ont longtemps servi de couronnement à cet édifice ; en 1814, ils ont été remplacés par un groupe en bronze, de M. Bosio, qui se compose d'un char traîné par quatre chevaux, et dirigé par une femme personnifiant la Restauration.

La place du Palais-Royal est située près de la rue de Rivoli, devant la façade méridionale du Palais-Royal, et a été formée par les constructions nouvelles élevées sous le second Empire. Le jardin est encadré par les galeries du Palais-Royal : de nombreux promeneurs y affluent en toute saison. (*V.* page 56.)

Au milieu, dit M. Fréville, est un bassin qui sépare deux parterres, flanqués à leur extrémité de kiosques consacrés à la lecture des journaux ou à la vente de jouets d'enfants. Dans l'un de ces parterres est une copie en bronze de l'Apollon du Belvédère, et dans l'autre une copie de Diane à la biche. Celui du Nord possède, en outre, deux statues en marbre blanc : un Jeune homme se mettant au bain, par Espercieux ; un Enfant jouant avec une chèvre, par M. Lemaire. Dans celui du Sud, on voit Ulysse, de M. Bra, et une Nymphe blessée par un serpent, de M. Nanteuil. N'oublions pas de mentionner le canon du Palais-Royal, chargé de donner midi aux promeneurs lorsque le soleil veut bien le permettre, et disons encore que ce fut dans le jardin de ce palais que Camille Desmoulins donna le signal de la Révolution, le 12 juillet 1789. Monté sur une table, il harangua la foule :

« Citoyens, dit-il, il n'y a pas un moment à perdre. J'arrive de Versailles; M. Necker est renvoyé, ce renvoi est le tocsin d'une Saint-Barthélemy de patriotes. Ce soir, tous les bataillons suisses et allemands partiront du Champ-de-Mars pour nous égorger; il ne nous reste qu'une ressource, c'est de courir aux armes, et de prendre une cocarde pour nous reconnaître. »

Fontaine du Palmier, place du Châtelet.

Et arrachant aussitôt une branche au tilleul qui l'ombrageait, il en distribua les feuilles aux jeunes gens qui l'entouraient; mais on ne tarda pas à les remplacer par des cocardes tricolores.

Nous mentionnerons encore la place de la Bourse, celles du Louvre, du Châtelet. Cette dernière est située près de la Seine à l'entrée du boulevard de Sébastopol. Elle est remarquable par la colonne du Palmier, appelée aussi Fontaine du Châtelet. Son nom lui vient de ce que le fût est sculpté en tige de palmier. On lit sur les colliers les noms de quinze victoires remportées par Napoléon Ier. Le chapiteau est surmonté d'une statue de la *Victoire*. Quatre statues entourent la base de la colonne; elles représentent la *Foi*, la *Force*, la *Prudence* et la *Vigilance*. Sa hauteur est d'environ 17 mètres. Elle fut érigée en 1808. Par suite du percement du boulevard de Sébastopol, cette colonne a été déplacée et posée au milieu de la nouvelle place du Châtelet, sur un piédestal formé par quatre sphinx qui vomissent de l'eau dans des vasques circulaires.

Dans le voisinage, au milieu d'un square gracieusement dessiné, s'élève la vieille tour de Saint-Jacques-la-Boucherie.

La place Vendôme, que nous avons déjà eu l'occasion de mentionner, est due à Louis XIV. En 1810, on éleva à la place de la statue de ce roi détruite en 1792, la magnifique colonne de la Grande Armée. Elle est construite en pierre, revêtue de bronze fondu. Elle est d'ordre dorique et rappelle la colonne Trajane à Rome. Les bas-reliefs reproduisent différents emblèmes militaires, ainsi que les costumes et les armes des différents corps de l'armée impériale. Le revêtement de bronze de cette colonne n'a pas exigé moins de 378 pièces de bronze, tirées de 1200 pièces de canon prises sur les ennemis dans la guerre de 1805; les joints des différentes plaques de bronze sont habilement dissimulés. Les bas-reliefs qui s'enroulent en spirale autour du fût, sur un développement d'environ 260 mètres, représentent les actions les plus mémorables qui signalèrent la campagne de 1805. Les quatre angles du soubassement sont surmontés chacun d'un aigle aux ailes à demi éployées. Une porte de bronze ciselé donne accès à un escalier en pierre qui conduit au chapi-

Courses de chevaux à Vincennes. (Page 111.)

teau. Celui-ci est surmonté d'une statue de Napoléon Ier revêtu du manteau impérial et le front ceint d'une couronne de laurier, tel qu'on représente les empereurs romains. Au-dessus de la porte, on lit, dans un encadrement supporté par deux Victoires, l'inscription suivante :

NAPOLIO IMP. AUG.
MONUMENTUM. BELLI. GERMANICI.
ANNO. M. D. CCC. V.
TRIMESTRI. SPATIO. DUCTU. SUO.
PROFLIGATI.
EX. AERE. CAPTO.
GLORIÆ. EXERCITUS. MAXIMI. DICAVIT.

(Napoléon, empereur auguste, a dédié à la gloire de la Grande Armée ce monument construit avec le bronze pris sur l'ennemi, en 1805, dans la guerre d'Allemagne, terminée sous son commandement dans l'espace de trois mois). La hauteur de la colonne est de 43 mètres 50 centimètres, y compris la statue; le diamètre du fût est de 3 mètres 90 centimètres à sa base. Ce monument fut commencé en 1806, ainsi que le rappelle une autre inscription, et terminé en 1810; il est dû à Lepère et Gondoin, architectes. (*V.* page 61.)

La plus belle de toutes les places de Paris c'est, sans contredit, la place de la Concorde. Elle est bornée au sud par la Seine, que l'on traverse sur un pont magnifique appelé pont de la Concorde, à l'est par le jardin des Tuileries, au nord par l'ancien garde-meubles et le ministère de la marine, qui laissent apercevoir la Madeleine par la rue Royale, et à l'ouest par les Champs-Élysées, où s'étend la belle avenue des Champs-Elysées terminée par l'arc de triomphe de l'Étoile. Au milieu de cette place s'élève l'obélisque de Louqsor, monolithe de près de vingt-trois mètres de hauteur, dressé sur un piédestal de quatre mètres, offert par Méhémet-Ali, vice-roi d'Égypte, à Louis-Philippe. Ce bloc de pierre gigantesque fut embarqué avec de nombreuses difficultés sur le Nil, en décembre 1831, et fut seulement érigé par Le Bas en 1833 ; des dessins gravés sur le piedestal donnent le détail des travaux de cette érection.

Deux fontaines monumentales, semblables à celles qui ornent la place Saint-Pierre, à Rome, sont placées de chaque côté de l'obélisque. Une balustrade de pierre, ornée de colonnes rostrales et de candélabres d'un beau dessin, entoure cette place. Tous les objets de fonte ont été, dans ces derniers temps, recouverts, par le moyen de la galvanoplastie, d'une couche de bronze. Si les détails de la place de la Concorde peuvent donner prise à la critique, on doit reconnaître que l'ensemble a un caractère vraiment grandiose. Elle date du règne de Louis XV et porta pendant quelque temps le nom de ce monarque. Elle rappelle de tristes souvenirs : c'est là que, pendant la Terreur, l'échafaud fut en permanence et que Louis XVI et Philippe-Égalité, et bon nombre de personnages illustres furent exécutés. Elle prit, en 1799, le nom de place de la Concorde, qu'elle quitta sous la Restauration pour s'appeler place Louis XVI, et qu'elle reprit en 1830. (*V.* page 65).

La place de Grève qui, dans l'origine, n'était qu'une grève que le fleuve couvrait de ses eaux, fut témoin de maints supplices, de maints faits révolutionnaires. C'est avec raison que Charles Nodier a dit que, « si tous les cris que le désespoir y a poussés sous la barre et sous la hache, dans les étreintes de la corde et dans les flammes du bûcher, pouvaient se confondre en un seul, il serait entendu de la France entière. »

C'est sur cette place que les deux régicides, Ravaillac et Damiens, souffrirent le plus horrible supplice ; c'est aussi sur cette place, au coin de la rue de la Verrerie, que se trouvait la maison de cet épicier au coin de laquelle était la terrible lanterne à la corde de laquelle furent attachés Foulon et Berthier; Favras y fut pendu, Fouquier-Tinville et quinze membres du tribunal révolutionnaire y furent exécutés; sous le Consulat, les exécutions les plus célèbres sont celles de Demerville, Arena, Topino, Arrachi, en 1801; de Georges Cadoudal, en 1803; de Plaigner, Carbonneau et Tolleron, en 1816, trois malheureux qui furent entraînés dans une prétendue conspiration par un agent de police; de Louvel, l'assassin du duc de Berry, des quatre sergents de la Rochelle, en 1822.

Après la Révolution de 1830, cette place cessa d'être affectée aux exécutions. Le sang d'un peuple généreux y ayant coulé, son sol était en quelque sorte sanctifié. Ce fut à partir de ce moment que la place de la barrière Saint-Jacques fut assignée pour les exécutions.

La place de Grève n'a pas vu que des exécutions, elle a vu au 14 juillet 1789 revenir victorieux les combattants de la Bastille. On peut dire qu'elle a vu toutes les révolutions. Vouloir écrire son histoire serait faire celle de Paris tout entier.

De tout temps, cette place a servi de rendez-vous aux ouvriers en bâtiments qui cherchent de l'ouvrage; tous les matins, on peut les voir sur la partie de la place qui avoisine la rue de Rivoli. C'est de là qu'est venue la locution *faire grève*, pour signifier les chômages volontaires des ouvriers.

La place de l'Observatoire se trouve à l'extrémité du boulevard Saint-Michel. C'est à l'endroit où s'élève la statue du brave des braves qui tomba foudroyé sous les balles d'un peloton de vétérans le 7 décembre 1815.

Il aurait pu fuir lorsqu'il était dans le Midi; mais en présence des accusations dont il était l'objet, on peut dire que l'illustre maréchal était dégoûté des hommes et de la vie.

Il fut arrêté aux environs d'Aurillac. Les volontaires royaux qui vinrent pour l'arrêter ne le connaissaient pas ; il pouvait donc leur échapper. Ce fut à lui qu'ils s'adressèrent pour lui demander le maréchal Ney.

« Vous demandez le maréchal Ney? leur dit-il ; je vais vous le faire voir. »

Arrivé dans l'appartement qu'il occupait :

« C'est moi, leur dit-il, qui suis le maréchal. »

Parmi les promenades de la rive droite, nous devons citer en première ligne le jardin des Tuileries, qui s'étend entre la Seine et la rue de Rivoli, du palais à la place de la Concorde. Il fut dessiné par le Nôtre en 1665, mais subit d'importantes modifications depuis ; il se compose actuellement de deux parties : le jardin réservé à l'Empereur, séparé de celui du public par un petit fossé ou saut-de-loup ; il est dessiné à l'anglaise et planté d'arbrisseaux toujours verts qui lui donnent un air de fraîcheur ; lorsque l'Empereur ne s'y promène pas, il est ouvert au public. Le jardin public se compose d'une grande allée bordée d'arbres de chaque côté, avec une pièce d'eau à chaque extrémité : il est principalement fréquenté par de vieux rentiers, des bonnes d'enfants, des demoiselles sur le retour en quête de maris, etc.

Le jardin particulier est orné de copies en bronze des antiques suivants : le Laocoon, la Diane, l'Apollon du Belvédère, l'Antinoüs, la Vénus de Médicis ; un Hercule et une statue d'Oreste, par M. Simart, et une figure de Dupaty, Cadmus combattant le serpent. On a mis devant le château deux bronzes fondus par les frères Keller, sur des modèles anciens justement célèbres : la Vénus à la tortue et le Rémouleur. Dans les statues modernes, on admire le Thémistocle et le Soldat laboureur, de M. Lemaire ; le Spartacus et Cincinnatus, de M. Foyatier. A l'entrée de la terrasse du

Pont-Neuf. (Page 120.)

bord de l'eau sont accroupis deux lions de Barye qui saisissent par leur effrayante vérité.

De l'autre côté de la place de la Concorde, entre la Seine et la rue du Faubourg-Saint-Honoré, s'étendent les nombreuses allées, avenues, bosquets et jardins des Champs-Élysées, l'aristocratique promenade par excellence, conduisant directement au bois de Boulogne.

On ne saurait décrire la majesté du coup d'œil dont on jouit sur la place de la Concorde, en voyant cette gigantesque avenue qui mesure près de 2000 mètres, et terminée par l'Arc de Triomphe. Le Cours-la-Reine, qui borde la Seine sur une longueur de 1170 mètres, fut planté en 1628 et replanté en 1723. Le Grand-Cours fut créé en 1760 et se terminait à la butte de l'Étoile. Cette butte fut nivelée en 1765 par le marquis de Marigny.

Les Champs-Élysées étaient autrefois le rendez-vous des bateleurs et des saltimbanques, et l'on pouvait y voir pour deux sous toutes les merveilles foraines de la France. Aujourd'hui ils sont remplacés par des théâtricules où maîtres Guignol et Polichinelle rivalisent de coups de bâton, à la grande joie de leurs spectateurs enfantins; on y voit aussi des cafés chantants cachés dans les buissons comme des nids d'oiseaux. Nous sommes loin de vouloir comparer leurs chanteurs aux rossignols, car si une comparaison doit être faite, ce n'est certes pas avec cet oiseau.

Dans la partie qui fait face à l'esplanade des Invalides, on a élevé le palais de l'Industrie; mais, hélas! ce vaste bâtiment, qui a joui d'une certaine animation en 1855, semble morne et consterné au milieu de la foule qui l'environne aux jours de fête, et les quelques tentatives que l'on a faites pour le rendre plus gai n'ont contribué qu'à l'attrister davantage. Néanmoins, nous devons dire que l'exposition de peinture et de sculpture y est beaucoup mieux placée qu'au Louvre.

Au château des Fleurs et au jardin Mabile, l'étranger peut admirer la dislocation de Vestris gagés et de Terpsichores en quête d'un souper. Là, il pourra voir l'illustre Chicard, illustré par Nadaud, qui n'est plus qu'un vieillard décrépit se survivant à lui-même et à sa réputation.

Le rond-point, qui coupe la grande avenue en deux parties, est parfaitement décoré. Enfin, à l'extrémité de cette grande avenue, se trouve l'arc de triomphe de l'Étoile.

Les premières plantations des Champs-Élysées remontent à Marie de Médicis, qui, pour son plaisir personnel, y fit établir une promenade composée de quelques rangées d'arbres dont l'accès était interdit au public. Les Champs-Élysées n'ont leur forme actuelle que depuis 1828, époque à laquelle l'État les céda à la ville de Paris.

Non loin de là, près des boulevards extérieurs, est situé le parc Monceaux, créé en 1778 par Philippe d'Orléans, et fermé au public jusqu'à ces dernières années. Par suite du percement du boulevard Malesherbes, il fut considérablement amoindri, mais ce qui en est resté a été embelli avec beaucoup de goût. Les nombreuses pièces d'eau et les arbres magnifiques qui ornent ce parc en font une promenade du plus grand attrait. (*V.* page 73.)

La plupart des squares de Paris sont fort jolis et peuvent être considérés comme un véritable bienfait pour les habitations environnantes.

Les principaux sont ceux de la place Louvois; des Innocents, établi sur l'emplacement de l'ancien marché des Innocents, et dont la fontaine, attribuée à Jean Goujon, forme le plus bel ornement (*V.* page 77); des Arts-et-Métiers, entouré par une élégante balustrade coupée par quarante-huit pilastres supportant des coupes et des candélabres en bronze; du Temple, orné d'une cascade.

On remarque dans ce dernier un saule pleureur qui a, dit-on, près de quatre cents ans, et un groupe de tilleuls sous lesquels Louis XVI aimait à se reposer pendant sa captivité au Temple.

Le square de la place Louvois.

Le square Saint-Jacques possède une remarquable tour, seul débris de l'église de Saint-Jacques-la-Boucherie.

Cette tour, commencée en 1508 et achevée en 1522, a 52 mètres d'élévation. En 1855, on a placé sous la clef de voûte une statue de Pascal, de M. Cavelier. C'est dans cette tour que le célèbre savant fit ses expériences sur la pesanteur de l'air : dix-neuf autres statues contribuent à la décoration de ce monument.

« Un marché de friperie, appelé la Cour du Commerce, occupa longtemps le sol devenu libre après la destruction de l'église, » dit M. de Guilhermy ; une fabrique de plomb de chasse s'installa dans l'étage le plus élevé de la tour. Enfin cette tour fut mise en vente par les héritiers de son dernier propriétaire, en 1836, au moment où la faveur publique revenait aux monuments du moyen âge, délaissés depuis tant d'années. L'administration municipale s'en rendit adjudicataire au prix de 250 000 francs. Par un bonheur inespéré la tour Saint-Jacques ne s'est trouvée sur aucun de ces alignements inflexibles que rien ne peut faire dévier. Elle continue de dominer le vieux Paris, au milieu duquel sa structure élégante et fine forme la perspective la plus pittoresque. On monte à la plate-forte par deux cent quatre-vingt-onze degrés, et de là, comme le dit Sauval, en promenant ses regards sur la ville, « on voit la distribution et le cours de toutes les rues, comme les veines du corps humain. »

Nous parlerons ici de deux bois qui, quoique situés en dehors de l'enceinte fortifiée, font partie intégrante de la vie parisienne.

C'est d'abord le bois de Boulogne, l'orgueil et le lieu de prédilection de tout véritable Parisien. Il s'étend à l'ouest de Paris, de la porte Maillot au bord de la Seine. Ce bois, débris de la forêt de Rouvray, fut négligé jusque sous le premier Empire : Napoléon Ier y fit tracer quelques routes, et le purgea des malfaiteurs et des vagabonds qui y trouvaient un refuge. Les invasions de 1814 et de 1815 lui furent funestes : les plus beaux arbres furent abattus et incendiés par les soldats étrangers, et les travaux anéantis. Un décret de 1852 fit don à la ville de Paris du bois de Boulogne, qui appartenait à l'État, à la condition d'employer deux millions de francs en quatre ans à son embellissement. Les travaux

Cour du Louvre. (Page 124.)

sont complétement terminés et ont fait de ce bois un parc qui n'a pas son pareil au monde. Cette promenade est trop éloignée pour la population active de Paris; aussi, dans la semaine, n'y voit-on que les oisifs et les heureux de ce monde qui viennent s'y promener en calèche et à cheval.

On y rencontre, dit M. Fréville, un lac d'une rivière charmante alimenté par la pompe à feu de Chaillot au moyen d'un conduit souterrain. On y a ménagé deux îles reliées entre elles par un pont. Dans une de ces îles s'élève le plus élégant chalet suisse qu'on puisse voir et dont on a eu l'heureuse idée de faire un restaurant. Un peu en avant, se trouve la cascade de Longchamps, dont les travaux, commencés en avril 1856, ont été terminés en cinq mois. Cette cascade fait couler 1200 mètres cubes d'eau à l'heure. La nappe principale, tombant de 9 mètres de hauteur, se brise sur les rochers de la manière la plus pittoresque. Quand on pense que la grotte, les réservoirs et la butte que l'on admire en cet endroit ont été faits en quelques mois, on est étonné de voir ce travail, sans précédent chez nous, fait avec tant de rapidité, et l'on est heureux de louer l'intelligence qui a su créer et exécuter cette merveille.

Dans le centre du bois de Boulogne, entre la rivière et la cascade dont nous venons de parler, se trouve le Pré-Catelan, que l'on ne peut se dispenser de visiter. Sur un des chemins qui y conduisent on aperçoit les restes d'un monument que l'on dit avoir été un tombeau. Un meurtre a été commis en ce lieu. Le roi Charles VII fit venir à sa cour le trouvère Catelan, et comme le poëte avait beaucoup d'ennemis, le roi lui donna une escorte pour pouvoir traverser la forêt de Rouvray, et se rendre à Notre-Dame de Boulogne. Catelan tomba sous les coups de ses gardes. Le crime fut découvert quelques jours après. Telle est l'étymologie donnée à tort ou à raison au nom de l'établissement que nous signalons à la curiosité du visiteur.

Le Pré-Catelan est un parc dans un plus grand parc ; à côté d'un massif d'arbustes rares, brillent des corbeilles de riches fleurs, des gazons ; des arbres de cinquante ans, transplantés par des procédés nouveaux, et dont l'ombrage abrite des parterres naissants. On y trouve une villa italienne, une brasserie hollandaise, des pavillons, des théâtres, des chalets, des kiosques, un laboratoire de chimie, un bureau de télégraphie électrique, un atelier de photographie ; partout des jeux ; le soir, de ravissantes musiques. De nombreux ouvriers travaillent continuellement à l'entretien et à l'embellissement de ce magnifique établissement. Dans certaines fêtes, les jardins sont éclairés par plus de cent mille becs de gaz. Le public fait du Pré-Catelan sa promenade favorite.

Dans le bois de Boulogne se trouvent aussi le château de La Muette, bâti par Louis XV, sur l'emplacement du rendez-vous de chasse de Charles IX, demeure royale transformée en établissement d'orthopédie ; le château de Madrid, élevé par François Ier, et qui devint sous Henri III une ménagerie, puis un chenil, abattu sous Louis XVI et relevé par son frère, le comte d'Artois, sous le nom de Bagatelle. C'est à La Muette que Marie-Antoinette coucha la veille de son entrée à Paris, et c'est là aussi qu'elle se retira avec Louis XVI, le lendemain de la mort de Louis XV.

L'allée de Longchamps est célèbre par la promenade qui s'y fait le mercredi et le jeudi de la semaine sainte, et qui a pour but d'étaler les modes nouvelles du printemps ; les courses de Longchamps sont toutes modernes et datent de l'importation en France de la mode anglaise de faire courir les chevaux. (*V.* page 84.)

Le Louvre à vol d'oiseau. (Page 124.)

Les duels étaient nombreux autrefois au bois de Boulogne : nous en citerons deux dont nous avons gardé la mémoire. C'était au printemps de 1812 ; deux officiers de la garde impériale, à la suite d'une violente querelle, s'étaient donné rendez-vous près de la mare d'Auteuil pour le lendemain au point du jour. La cause de cette rencontre devait rester secrète, ils étaient convenus de se battre sans témoins. Tous deux arrivent à l'heure convenue et mettent l'épée à la main. Bientôt le plus ardent des deux fait rompre son adversaire. Ce dernier, pendant quelques instants, continue à rompre, attendant que la fatigue de son ennemi lui permette de prendre avec avantage l'offensive ; mais bientôt un arbre séculaire, qui se trouve derrière lui, l'empêche de rétrograder davantage, et, au même instant, d'un coup droit, son adversaire lui traverse le corps de part en part et le cloue littéralement à l'arbre. Le coup avait été si violent que l'épée de celui qui l'avait porté s'était brisée un peu au-dessous de la garde. Le vainqueur jette aussitôt le tronçon de son arme pour secourir le blessé ; mais en même temps il croit entendre du bruit dans le fourré, et, pensant que quelque garde s'approche, il prend la fuite. Il était cinq heures du matin ; par un hasard fatal, ce ne fut que vers midi seulement que des promeneurs, passant sur le lieu du combat, aperçurent le malheureux officier qui, bien qu'évanoui, était demeuré debout. On s'empresse de le secourir ; mais la lame qui lui traverse le corps est si profondément entrée dans le bois de l'arbre qu'on ne peut l'en arracher, le défaut de garde ne laissant point de prise. Un des promeneurs court alors à Auteuil, et au lieu d'un chirurgien, qu'il n'a pas trouvé, il ramène un maréchal-ferrant qui, avec ses tenailles, parvient enfin à arracher l'arme de l'arbre et du corps du blessé. A la grande surprise des assistants, ce dernier reprit connaissance et se fit transporter à Paris. Deux mois après il rejoignait son régiment, et huit jours plus tard il tuait son adversaire d'un coup presque semblable à celui qui l'avait, pendant sept heures entières, tenu cloué à un arbre du bois de Boulogne.

Voici l'autre, qui eut lieu à la même époque.

Un écuyer du théâtre de Franconi, situé alors rue Mont-Thabor, se croyant insulté par un auteur de mimodrames, fournisseur du lieu, lui dit : Monsieur, je vous tuerai ou vous me tuerez. — On ne tue pas un drôle de votre sorte, répondit le mimodramaturge; on le pend. — Eh bien! nous verrons qui de nous deux pendra l'autre. Demain matin je vous attendrai à la porte Maillot; je serai muni d'une corde neuve ayant un nœud coulant : ayez soin d'apporter une arme semblable.

La partie est acceptée, et le lendemain les adversaires se rencontrent assistés de leurs témoins. Le lieu du combat ayant été choisi, les combattants se placent à quinze pas l'un de l'autre. Au signal donné, l'auteur de mimodrammes s'avance vers l'écuyer, qui ne bouge pas. — C'est bien le moins, lui crie l'auteur, que vous fassiez la moitié du chemin pour être pendu de la main d'un honnête homme. — Monsieur, répond l'écuyer, remarquez, je vous prie, que je suis sous un chêne superbe dont les belles branches, rien qu'à les voir, donnent envie de s'y balancer.

Le mimodramaturge furieux se précipite sur son adversaire, mais celui-ci prend son temps et, à deux pas de distance, il lance le nœud coulant avec tant d'adresse que la corde se dessine comme un collier sur la cravate de son ennemi. En même temps, l'agile écuyer atteint d'un bond une des premières branches de l'arbre sous lequel il s'est placé, et l'on voit presque aussitôt l'auteur infortuné se balancer dans l'espace. Les témoins accourent, et un d'eux se hâte de couper la corde d'un coup de canif. L'écuyer

Colonnade du Louvre. Page 124.)

s'en plaint; mais le cas n'avait pas été prévu, et un duel de ce genre ne pouvait avoir de règle précise; il fallut qu'il se résignât à laisser vivre son pendu.

Tout à côté du bois de Boulogne se trouve le Jardin d'Acclimatation avec d'immenses serres et un aquarium de dimensions colossales : on y a élevé une statue à Daubenton, l'éminent collaborateur de Buffon.

Le bois de Vincennes, situé à l'ouest de la ville, autrefois fort solitaire, ne servait que de lieu d'excursions pour les amateurs de plaisirs champêtres et de dîners sur l'herbe. Depuis 1857, on y a exécuté de nombreux travaux d'embellissements; des ruisseaux, des lacs, des îles et des grottes sont venus l'orner, et lui permettent de rivaliser avec le bois de Boulogne. Cependant le monde élégant le fréquente peu, et la population ouvrière de Paris n'y va guère que le dimanche. Les courses de chevaux de Vincennes sont très-suivies par les amateurs de sport. (*V.* page 89.)

Dans la cité, on remarque la place Dauphine, qui date de Henri IV.
Cette place, dit M. Fréville, a la forme d'un triangle, au centre duquel on a érigé en 1803 une fontaine monumentale en l'honneur de Desaix, d'après les dessins de Fontaine et Percier. Ce monument, restauré en 1830, représente la France couronnant le buste de Desaix. Deux Renommées gravent les noms des batailles où il s'est illustré. Au-dessous on lit cette inscription : « Allez dire au premier Consul que je meurs avec le regret de n'avoir pas assez fait pour la postérité. » Landau, Kehl, Weissembourg, Malte, Chebreis, Embabé, les Pyramides, Sedimon, Samanhoue, Kane, Thèbes, Marengo, furent les témoins de ses talents et de son courage. Les ennemis l'appelaient le juste; ses soldats, comme ceux de Bayard, sans peur et sans reproche. Il vécut,

il mourut pour sa patrie. L.-Ch.-Ant. Desaix né à Ayot, departement du Puy-de-Dôme, le 17 août 1758, mort à Marengo, le 25 prairial an VIII de la République (14 juin 1800). Ce monument lui fut élevé par des amis de sa gloire et de sa vertu, sous le consulat de Bonaparte, l'an x de la République.

Sur la rive gauche, nous citerons la place Saint-Sulpice, remarquable par sa fontaine monumentale, due à Visconti.

C'est là que se trouve le séminaire de Saint-Sulpice. En 1828, au nombre des jeunes théologiens qui, à ce séminaire, achevaient de se préparer à recevoir les ordres, était Martial Marcet de Laroche-Arnault. C'était un beau jeune homme, au regard plein de feu, à la parole douce, aux manières les plus distinguées. Son origine, sa famille étaient absolument inconnues, et il était sur ce point absolument impénétrable.

Le séminaire de Saint-Sulpice avait alors, à Montrouge, une succursale ou plutôt une maison de plaisance. C'était une charmante villa, où rien ne manquait de ce qui constitue le confort clérical et un peu mondain. Cette paisible habitation, dans laquelle les élèves privilégiés faisaient parfois d'assez longs séjours, était souvent visitée par l'élite du clergé; c'était là que venait se délasser de ses travaux plus ou moins apostoliques l'abbé Frayssinous, évêque d'Hermopolis, alors ministre des cultes. Son Excellence aimait avec passion le jeu de billard, et Laroche-Arnault était le seul des futurs ministres du Seigneur assez fort à ce jeu pour faire la partie du prélat. Un jour il y eut un carambolage douteux. Laroche-Arnault prétendait l'avoir fait, le ministre affirmait le contraire. M. de Frayssinous laissa échapper quelques paroles blessantes, le jeune théologien posa la queue qu'il tenait sur le billard et déclara qu'il ne jouerait plus; la rupture fut complète.

Palais-Royal. (Page 132.)

Or il était beaucoup question des jésuites à cette époque ; on ne parlait que de cela. A la Chambre des députés, l'opposition affirmait qu'ils étaient partout en France, contrairement aux lois qui les en avaient chassés. M. Dupin disait ou répétait : « La Compagnie de Jésus est un long poignard dont le manche est à Rome et la pointe partout. » Le ministère soutenait qu'il n'y avait de Jésuites nulle part. Deux jours après la brouille du jeu de billard que nous venons de rapporter, alors qu'à la Chambre un orateur ministériel venait de déclarer pour la centième fois qu'il n'y avait point de jésuites en France, un orateur de l'opposition monte à la tribune, et, après un court exorde, il déplie un parchemin et offre à tous les regards un brevet de jésuite revêtu de tous les caractères d'authenticité possibles. Ce brevet était celui de Martial Marcet de Laroche-Arnault, qui se vengeait ainsi du ministre, et qui, peu de temps après, publiait chez le libraire Ambroise Dupont les *Mémoires d'un jeune jésuite*, dont le succès fut immense.

Citons encore l'esplanade des Invalides avec ses belles allées d'arbres ; le jardin du Luxembourg, situé près du magnifique palais de Desbrosses, considérablement réduit par les récents travaux ; le champ de Mars, situé entre l'École militaire et la Seine, et où se trouve le palais de l'Exposition de 1867. C'est un immense parallélogramme de 787 mètres de longueur sur 455 de largeur. Vingt mille hommes en armes pouvaient s'y mouvoir à l'aise. En 1790, le champ de Mars fut le théâtre de la Fédération. Le 17 juillet 1791, après la fuite de Louis XVI à Varennes, un grand nombre de citoyens s'y réunirent pour signer une pétition tendant à l'abolition de la royauté. Le 5 décembre 1804, Napoléon y distribua ses aigles à l'armée, et, en 1815, eut lieu le champ de mai, où l'on proclama l'acte additionnel.

Nous parlerons plus tard du Jardin des plantes.

QUAIS.

Quais de la rive droite et de la rive gauche. — Anecdotes.

Les bords de la Seine offrent eux-mêmes une très-jolie promenade : le fleuve est bordé de chaque côté par de fort beaux quais, dont les parapets servent aux bouquinistes pour étaler leurs livres, leurs médailles et leurs gravures. Dans de certains endroits les quais, par leur mouvement animé, offrent l'aspect d'un port.

Voici la liste des quais de la rive gauche en partant de Bercy :

Quais de la Gare-d'Austerlitz, Saint-Bernard, de la Tournelle, Montebello, Saint-Michel, des Augustins, Conti, Malaquais, Voltaire, d'Orsay, de Grenelle, de Javel.

Rive droite en partant d'Auteuil : quais de Passy, de Billy, de la Conférence, des Tuileries, du Louvre, de l'École, de la Mégisserie, de Gesvres, de Pelletier, de l'Hôtel-de-Ville, des Ormes, Saint-Paul, des Célestins, de Henri IV, de la Râpée, de Bercy.

Dans l'île de la Cité :

Quais des Orfévres, de l'Horloge, Napoléon.

Dans l'île Saint-Louis :

Quais Bourbon, d'Orléans et de Béthune.

Sur le quai des Orfévres débouchait autrefois la petite rue de Jérusalem qui conduisait à la préfecture de police, et qui n'existe plus aujourd'hui. Tout un côté de cette rue était occupé par un bâtiment servant d'archives à la cour des comptes. Il y avait, de l'autre côté quelques boutiques, entre autres celles d'un pharmacien et d'un restaurateur. On sait qu'en 1812, lors de la conspiration de Mallet, Lahorie et Guidal, les conjurés, à l'aide de faux sénatus-consulte, étaient parvenus à arrêter le ministre de la police et le préfet de police, qui était alors M. Pasquier. Ce dernier écroué à la Force, n'y resta que quelques instants. Tout avait été promptement découvert, et les chefs de la conspiration étaient arrêtés. M. Pasquier ne trouvant point de voiture (il était sept heures du matin), revint à pied à l'hôtel de la préfecture ; mais il trouva la porte gardée par des soldats aux ordres des conspirateurs, qu'on n'avait pas encore eu le temps de relever et qui, reconnaissant le préfet, voulurent s'emparer de sa personne. Sur le point d'être saisi, M. Pasquier se réfugia dans la boutique du pharmacien dans le comptoir de duquel trônait la pharmacienne, petite boulotte très-coquette qui tâchait de dissimuler ses cheveux rouges sous une perruque blonde, frisée à la Titus. Les soldats n'avaient pas poursuivi le préfet, mais ils gardaient toujours la porte de la préfecture où M. Pasquier voulait rentrer à tout prix.

« De grâce, trouvez-moi un déguisement, dit-il au pharmacien. »

Ce dernier regarda autour de lui, saisit la perruque de sa femme dont il coiffe le préfet, puis il lui met une couche de safran sur le visage, lui jette son carrick sur les épaules, et dit :

— Maintenant, monsieur le préfet, vous êtes méconnaissable. »

C'était vrai, M. Pasquier passa cette fois, sans être reconnu, et put pénétrer dans ses appartements où s'étaient réunis à la hâte les commissaires de police et les officiers de paix. Il eût fallu être de pierre pour ne pas rire. Le préfet seul ne rit pas. Il saisit la perruque et la jeta dans le feu, puis il courut dans son cabinet de toilette, et put bientôt reparaître en costume convenable devant ses subordonnés.

Tout n'était pas fini. La pharmacienne voulait que le

préfet lui rendît en personne sa perruque, non qu'elle tînt à celle-là plus qu'à une autre ; mais elle tenait à montrer à M. Pasquier que s'il avait vu de faux cheveux, ce n'était pas qu'elle n'en eût de naturels qui seulement étaient d'une autre couleur. S'étant présentée dix fois chez le préfet sans pouvoir parvenir jusqu'à lui, elle lui écrivit et menaça de s'adresser à la justice. Ne sachant comment sortir de cette ridicule affaire, M. Pasquier chargea Piis, le vaudevilliste, qui était alors secrétaire général de la préfecture de police, de faire entendre raison à la terrible pharmacienne.

Piis n'était plus jeune ; mais il avait conservé sa réputation de coureur de ruelles. Il offrit d'abord le prix, puis trois fois, puis dix fois le prix de la perruque sans pouvoir obtenir une transaction.

La pharmacienne, charmée qu'on la vît en conférence avec un fonctionnaire décoré, ne voulait pas céder si promptement afin de faire durer le plaisir. Les visites se multiplièrent ; le pharmacien s'en alarma, et peu s'en fallut que cela finît par un procès en adultère.... Quand on pense que toutes ces mièvreries sont de l'histoire !

PORTS.

Énumération des ports de Paris. — Boulevard Richard-Lenoir.

La navigation de la Seine a beaucoup perdu de son importance qu'elle avait à l'époque de la hausse des bateliers parisens : les chemins de fer lui ont donné un rude coup.

Cependant la Seine possède un certain nombre de ports, dont les noms sont à peine connus des Parisiens.

Ce sont : le port aux bois, situé en face de Bercy ; le port aux fruits, anciennement le port au blé, en contre-bas du quai de la Grève ; le port aux pierres ou port d'Orsay, entre le pont Royal et le pont de la Concorde ; le port aux vins, le plus beau de tout Paris, d'un développement de près de 8000 mètres, et longeant le quai Saint-Bernard ; le port de Bercy, remarquable par son animation ; etc., etc.

Le canal de l'Ourcq et le canal Saint-Martin complètent le système de la navigation parisienne.

Le canal Saint-Martin est recouvert depuis la Bastille jusqu'auprès des Docks d'une voûte, de près de 1800 mètres de longueur et qui forme le boulevard Richard-Lenoir.

PONTS.

Ponts Napoléon III, de Bercy, Marie, de la Tournelle, d'Arcole, Notre-Dame. Le pont Neuf et la statue de Henri IV. — Pont des Arts. — Anecdote. — Pont des Saints-Pères. — Anecdote.

Les ponts de Paris, au nombre de vingt-sept, sont tous plus ou moins remarquables. Le pont Napoléon III est le premier en commençant par l'E., près des fortifications : il est composé de six arches de trente-quatre mètres d'ouverture, il sert à la route militaire et au chemin de fer de ceinture ; le pont suspendu de Bercy date de 1835 ; vient ensuite le pont d'Austerlitz, de 130 mètres de longueur, rebâti tout en pierres en 1854-1855. A l'île Saint-Louis, se trouvent le pont Marie et celui de la Tournelle ; ces deux ponts ont été construits par Marie au commencement du dix-septième siècle ; le dernier a été restauré à une époque plus récente.

Dans la Cité, nous trouvons le pont d'Arcole, ainsi nommé d'un jeune homme tué en 1830 à l'attaque de l'hôtel de ville ; le pont Notre-Dame qui, avec le Petit-Pont, a remplacé ceux qui, du temps de l'empereur Julien, reliaient l'antique Lutèce avec les bords du fleuve ; le pont au

Change et le pont Saint-Michel que nous avons déjà eu occasion de citer; enfin le pont Neuf qui longe la pointe occidentale de la Cité; ce pont a pris depuis une vingtaine d'années un aspect moderne par suite des réparations qu'on y a exécutées, et par l'expulsion des Savoyards, tondeurs de chiens, etc., qui s'y tenaient. Le pont Neuf est célèbre dans l'histoire : c'est là que Jacques Molay et plusieurs templiers furent brûlés en 1314; au dix-septième et au dix-huitième siècle il était le rendez-vous des marchands d'orviétan, des jongleurs, et fut bien souvent le théâtre de meurtres, vols, duels, etc.

En 1818, la Restauration inaugura la statue de Henri IV; elle est l'œuvre de Lemot. Elle a été faite aux frais d'une souscription, et le bronze dont elle est formée provient de la statue de Napoléon qui, sous l'Empire, surmontait la colonne Vendôme. On lit sur son piédestal une inscription latine, dont voici la traduction : « Ce monument, à la mémoire de Henri IV, roi de France et de Navarre, a été achevé et agrandi par le fils de Henri, Louis XIII, et rendu digne de la gloire de ce héros et de la grandeur de la France. Son Éminence le cardinal de Richelieu a exécuté ce que souhaitait la France entière. Deux trésoriers de l'épargne, de Bullion et Bautillier, ont présidé aux travaux en l'année 1635. » Cette inscription est la copie de celle qui se trouvait sur la première statue. La statue de Henri IV, isolée sur le terre-plein du pont Neuf, s'aperçoit sur les quais de la Seine, depuis le pont Royal. (*V.* page 90.)

Le pont des Arts, commencé en 1811, est situé plus loin que la Cité : il est destiné aux piétons seulement et relie l'Institut avec le Louvre.

A ce pont se rattache une anecdote peu connue.

Lorsque Royer-Collard fit à l'École de médecine sa première leçon sur l'hygiène, une émeute fut organisée, mais

Palais de l'Élysée. (Page 139.)

le professeur ne s'intimida pas. Le cours fini, Royer-Collard, qui avait refusé le secours de la police, sort bravement de l'École accompagné de quelques amis; plus de deux cents jeunes gens le suivent en poussant des huées. Mais arrivé au pont des Arts, où le péage existait, un mouvement se fit dans la foule; Royer-Collard pouvait lui échapper, mais celui-ci, bravant les clameurs, dépose dix francs dans la main du buraliste, et se tournant vers les étudiants :

« Je paye pour tous! leur dit-il, vous pouvez continuer à me suivre. »

Cette action hardie changea aussitôt les esprits, et les cours suivants de Royer-Collard eurent lieu sans tumulte, et plus d'une fois même il fut applaudi par ceux-là qui à sa première leçon l'avaient hué, obéissant à l'esprit de parti.

Le pont des Saints-Pères aboutit à la place du Carrousel : il est formé par des arcs en fonte supportés par des piliers de pierre; il date de 1835.

On vit pendant longtemps sur le pont des Saints-Pères, après la révolution de Juillet, un aveugle qui jouait du flageolet, et qui portait sur la poitrine une pancarte sur laquelle on lisait : « *Ayez pitié d'un pauvre aveugle qui a perdu son épouse le* 27, 28 *et* 29 *juillet.* » On riait; mais les sous tombaient dans la sébile.

— Vous êtes donc veuf? lui demanda un jour un passant qui faisait l'aumône.

— Non, monsieur, grâce à Dieu.

— Vous vous êtes donc remarié ?

— Pas si bête.

— Alors votre écriteau ment?

— Il dit vrai, monsieur, et la meilleure preuve que j'ai perdu ma femme, c'est que je l'ai retrouvée : comment l'aurais-je retrouvée, si je ne l'avais pas perdue?

L'argument était sans réplique, et le questionneur n'en fit point.

Le pont Royal est en pierres et remonte à 1665.

Le pont de Solférino, terminé en 1859, est une remarquable construction en fer.

Le pont de la Concorde, ceux des Invalides, de l'Alma et d'Iéna sont plus ou moins modernes et construits en pierres, tandis que celui de Grenelle est en bois.

En face d'Auteuil se trouve un pont, qui rivalise avec les merveilles que nous ont laissées les Romains : il est formé de deux ponts superposés ; la partie inférieure est destinée au public, et la partie supérieure est destinée au chemin de fer de ceinture.

PALAIS ET MONUMENTS PUBLICS.

Le Louvre. — Les quatre portiers du Louvre. — Les Tuileries. — Palais-Royal. — Les maisons de jeu et Marco de Saint-Hilaire. — Café Lamblin. — L'Élysée. — Le Luxembourg. — Petit Luxembourg. — Corps législatif. — Conseil d'État et Cour des Comptes. — La Légion d'honneur. — L'Institut de France. — Beaux-Arts. — Palais de Justice. — La Bourse. — Curieuse Pétition. — Aventure d'un ministre de la Restauration. — L'Hôtel de Ville. — Le tribunal de commerce. — La Monnaie. — Les Ministères. — Mobilier de la Couronne. — Archevêché.

Les palais et les monuments publics sont très-nombreux à Paris, mais la plupart ne remontent pas au delà de la Renaissance ; l'architecture des édifices privés manque de caractère, et les constructions modernes affectent généralement un faux air de caserne.

Le palais du Louvre est un des plus beaux monuments de Paris, sur la rive droite de la Seine ; il fut longtemps la demeure des rois. (*V.* page 101.)

Ce n'était d'abord qu'une grosse tour que Philippe Auguste fit construire, en 1214, pour servir de prison d'État. Ferdinand, comte de Flandre, fait prisonnier à la bataille de Bouvines, y fut enfermé la même année.

Charles V fut le premier roi qui ajouta aux constructions de Philippe Auguste, embellit le Louvre et le rendit habitable. De la tour du Louvre, qui n'était d'abord qu'une prison d'État et un arsenal, Charles V fit une bibliothèque, où il réunit 900 manuscrits, nombre assez considérable pour le temps. Cette bibliothèque, la seule qui existât alors, devint le noyau de notre Bibliothèque impériale. Un superbe escalier, chef-d'œuvre de construction et de sculpture, conduisait à la bibliothèque ; il n'a été détruit que sous Louis XIII. Charles V orna l'extérieur du Louvre d'une horloge, de terrasses et de jardins ; l'intérieur contenait, outre la bibliothèque, une chapelle, des appartements, des salles de bains, un cabinet des joyaux, etc. ; luxe prodigieux alors.

Charles VI augmenta les fortifications du Louvre ; il transforma les jardins en bastions, et cette demeure splendide fut convertie en forteresse sous les règnes de Charles VII, Louis XI, Charles VIII et Louis XII.

Abandonné pendant 150 ans, le Louvre demanda des réparations considérables pour le rendre digne de recevoir Charles-Quint, en 1539. François Ier y fit donc de nombreux perfectionnements : mais ces nouveaux travaux qui devaient être faits d'après les plans de Pierre Lescot, aidé de Jean Goujon et de Paul Ponce, ne furent complétement exécutés que sous Henri II.

Henri IV fit donner à la cour du Louvre la dimension qu'elle a aujourd'hui.

En 1664, Colbert, nommé surintendant des bâtiments du roi Louis XIV, eut ordre de procéder à l'achèvement du Louvre. De nouveaux projets furent demandés aux architectes les plus célèbres : Claude Perrault se mit sur les rangs, et présenta un dessin qui réunit tous les suffrages. Son projet fut mis à exécution, à peu de chose près tel qu'on l'a vu depuis. Les immenses travaux qu'il y eut à faire empêchèrent Louis XIV d'habiter le Louvre; il alla résider à Versailles.

De ce moment le Louvre fut abandonné, bouleversé, dévasté. M. de Marigny, nommé surintendant des bâtiments, fit dégager le Louvre de toutes les constructions étrangères qui l'obstruaient et fit reprendre les travaux de son achèvement par l'architecte Gabriel.

La Révolution vint encore une fois interrompre ces tentatives d'achèvement. Devenu propriété nationale, le Louvre fut traité en place conquise : les appartements furent morcelés, les étages coupés par des planchers, les gros murs percés ; les tuyaux de poêles et de cheminées passèrent par les fenêtres; des corridors obscurs, des escaliers infects, furent établis puis de nombreux ateliers où une jeunesse turbulente se livrait à ses travaux et à ses jeux.

Pareil désordre ne pouvait se prolonger. On ne savait d'ailleurs où placer les tableaux que nous valaient nos succès en Italie. Le Louvre fut désigné et on le disposa en conséquence.

En 1803, les architectes Percier et Fontaine furent chargés par le premier consul Bonaparte de reprendre les travaux, et c'est à ces artistes distingués que le Louvre dut d'être terminé.

Louis-Philippe avait eu le projet de réunir le palais des Tuileries au Louvre, de manière à pouvoir, en sortant par la porte du musée, parcourir de plain-pied plus d'une demi-lieue d'appartements et de galeries au milieu des chefs-d'œuvre des arts de tous les temps et de tous les pays.

Mais c'est Napoléon III qui a eu la gloire de faire du Louvre le plus vaste et le plus magnifique palais, non pas seulement de Paris, mais peut-être du monde entier.

A ce palais se rattache une anecdote peu connue que nous nous empressons de rapporter :

Deux des portiers du Louvre (il y en a quatre) tenaient chacun un restaurant dans le Louvre même ; l'un à la porte située en face du pont des Arts ; l'autre à celle du pavillon de l'horloge ; c'étaient deux suisses de la garde de Louis XVI qui avaient échappé au massacre du dix août, et qui avaient obtenu de Louis XVIII la double faveur dont ils jouissaient. L'un, nommé Koliker, avait un vaste logement ; l'autre, celui de la porte de l'Horloge, était moins grandement logé, bien qu'il pût pourtant recevoir une assez nombreuse clientèle ; il cumulait les triples fonctions de portier royal, de restaurateur et d'huissier de l'Institut. Il avait encore une quatrième corde à son arc : son logement avait issue sur l'escalier conduisant aux anciens appartements de Henri IV, et c'était sur une des marches de cet escalier que ce souverain avait rendu le dernier soupir, alors qu'on le rapportait mourant. Cet escalier était visité par un grand nombre de touristes qui ne manquaient pas d'emporter un petit morceau de cette marche que Michel leur vendait fort cher.

Koliker, qui n'avait rien de semblable, était jaloux. De là des querelles incessantes entre les deux confrères et compatriotes. Le marquis d'Autichamp, qui était gouverneur du Louvre à cette époque, tenta de les réconcilier ; mais Koliker ne voulut rien entendre ; il lui fallait absolument un *bedite marge de Henri gadre*, et il mourut de chagrin de n'avoir pu l'obtenir.

Ces singuliers restaurants, bien connus des gastronomes du temps, furent supprimés vers la fin de la Restauration. On vendait pourtant encore des liqueurs, en 1830, chez trois de ces portiers, et les combattants du 29 juillet de cette année purent s'y rafraîchir ; mais qu'ils s'y fussent bien mieux rafraîchis dix ans auparavant !

Le palais des Tuileries est la résidence ordinaire du chef de l'État depuis le 6 octobre 1789. Il est situé au centre de Paris, presque sous le méridien de l'Observatoire et sur la rive droite de la Seine, entre ce fleuve, le Louvre, la rue de Rivoli et la place de la Concorde.

Les dimensions du palais sont de 316 mèt. sur 270 ; celles du jardin de 710 mèt. sur 316..La superficie de ce dernier est de 23 hect. et demi.

Avant François Ier, il y avait en cet endroit, derrière le Louvre, des *tuileries*, qui fournirent pendant plusieurs siècles à la couverture des maisons de Paris.

François Ier acheta un enclos de 42 arpents attenant à ces fabriques, dans l'intention d'y faire bâtir un séjour pour sa mère, qui désirait quitter l'humide château des Tournelles ; il y joignit une habitation connue sous le nom d'hôtel des Tuileries, et appartenant à Nicolas de Villeroy, son secrétaire des finances.

Mais ce fut Catherine de Médicis qui, après avoir mis le marteau aux Tournelles, chargea Philibert Delorme et Jean Bullant de lui bâtir un palais sur le terrain des tuileries.

Ce fut ensuite le rêve de tous les rois de réunir les deux palais du Louvre et des Tuileries, au moyen de galeries parallèles, et de les compléter l'un par l'autre. Tous y mirent la main sur des plans différents, et avec tant de lenteur, qu'il n'y eut ni régularité, ni symétrie. « Sire, disait Dufresny à Louis XIV, son cousin de la main gauche, ce palais serait achevé si, au lieu d'appartenir au plus grand monarque de la terre, on le donnait à un des quatre ordres mendiants, pour y tenir son chapitre et loger son général. »

La galerie du bord de l'eau fut terminée lentement sous Louis XIV ; puis la cour partit pour Versailles, y demeura un siècle, et tout en resta là.

Louis XVI y rentra forcément en 1789 ; mais le pauvre

Palais du Luxembourg, côté du jardin. (Page 139.)

roi en avait assez d'étayer son trône chancelant sans s'occuper du palais.

Napoléon Ier commença la galerie destinée à relier le Louvre aux Tuileries par la rue de Rivoli; mais les travaux furent brusquement interrompus.

Sous Louis-Philippe, on fit une ébauche de construction, qu'on entoura de planches et qu'on abandonna; de sorte qu'en 1848 encore, du Carrousel au Louvre, c'était un dédale de baraques habitées par des marchands de bric-à-brac, des oiseliers, des bouquinistes et une population sinistre, hantant les cabarets borgnes et les maisons mal famées.

Le gouvernement provisoire vota à la fois l'achèvement des travaux entre les Tuileries et le Louvre et la prolongation de la rue de Rivoli. Les travaux, pourtant, ne furent poussés avec activité qu'en 1852, sous les ordres des architectes Visconti et Lefuel. Le 14 août 1857, l'ensemble était terminé; il forme aujourd'hui un des plus beaux et des plus vastes palais du monde. Ce palais, de même que le Louvre, manque d'unité de plan et de style et n'a d'autre mérite que celui de sa masse imposante.

C'est cette raison qui a déterminé Napoléon III à faire reconstruire les Tuileries : une aile est presque terminée et l'autre le sera probablement bientôt.

L'extérieur des Tuileries, résidence habituelle des souverains depuis Napoléon Ier, n'offre rien d'intéressant. La salle du Trône, malgré les beaux lustres qui l'ornent, ne produit aucune impression. La chapelle et la salle de spectacle ont été construites sous le Consulat et sont richement décorées.

Dans les pavillons et les galeries de la rue de Rivoli se trouvent la demeure de plusieurs grands dignitaires, les bureaux du ministère de la maison de l'Empereur, le ministère d'État et une caserne.

Dans la partie du sud, nous citerons la galerie d'Apollon,

construite par Lebrun sous Louis XIV, et restaurée en 1848-51 par Duban : on y remarque surtout les fresques du plafond représentant Apollon vainqueur du serpent Python, dues au pinceau de E. Delacroix. On y remarque également la salle des États.

La façade du Palais-Royal est située rue Saint-Honoré, vis-à-vis de la place du Palais-Royal. Ce palais forme un parallélogramme de 400 mètres de longueur sur 122 mètres de largeur. Au palais se trouve adossé un véritable bazar dont les constructions entourent un vaste jardin. Les constructions sont élevées au-dessus de portiques en colonnades doriques. Le Palais-Royal fut élevé en 1629, sur les plans de Jacques Lemercier. Richelieu en fit sa résidence. Le Théâtre-Français, où l'on jouait alors l'opéra, formait une dépendance du palais. Le *Palais-Cardinal*, comme on l'appelait alors, fut donné par Richelieu à Louis XIII, qui en fit sa résidence, et devint le *Palais-Royal*. Louis XIV le donna plus tard au duc d'Orléans, son frère, et depuis cette époque il a été l'apanage des princes du sang. Un incendie détruisit la façade en 1763 ; Louis-Philippe d'Orléans, petit-fils du régent, chargea Moreau de le reconstruire entièrement. Il fit aussi élever autour du jardin ces magnifiques galeries où l'industrie parisienne étale ses plus belles productions d'orfèvrerie et de bijouterie. Les vieux marronniers de Richelieu tombaient pour faire place à ces constructions. La façade donnant sur le jardin devait être édifiée sur un plan grandiose ; mais la Révolution interrompit les travaux. Pendant de longues années, cette partie du palais fut fermée par des baraques en planches, et devint l'asile d'une prostitution scandaleuse. Ce fut seulement en 1829 que les *galeries de bois* firent place à la *galerie d'Orléans* ou *galerie vitrée*. Le Palais-Royal recevait alors des maisons de jeu, et n'apparaissait que comme le réceptacle de tous les vices et de toutes les

Palais du Luxembourg, façade de la rue de Vaugirard. (Page 139.)

débauches sous des dehors de luxe qui en déguisaient l'horreur. Le Palais-Royal prit cependant un autre caractère au début de la Révolution. C'est là que se réunissaient ces hommes dont l'heureuse audace allait ouvrir des voies nouvelles à l'humanité; c'est là que Camille Desmoulins donna le signal de l'attaque de la Bastille en prenant les branches des marronniers plantés par les anciens représentants de la monarchie qui croulait pour en faire des cocardes. Quand la France fut lasse du gouvernement révolutionnaire, le Palais-Royal devint le *palais du Tribunat*. Il a repris depuis le nom et la destination qu'il avait autrefois, en traversant la période de 1848, qui amena sa dévastation. Il est habité par S. A. I. le prince Napoléon. (*V.* page 113.)

Tout Paris a connu Émile Marco de Saint-Hilaire, excellent garçon, spirituel, rieur. Saint-Hilaire était joueur. — On n'est pas parfait. — Il entre un soir dans une des maisons de jeu du Palais-Royal, au n° 113, s'approche d'une table de roulette et met une pièce de vingt francs sur un numéro; ce numéro sort; Saint-Hilaire ramasse les 36 louis que le banquier lui jette, les empoche, et pose sur le même numéro une simple pièce de deux francs; il perd cette fois. Aussitôt il lance sur la table un coup de pied à tout briser en s'écriant :

« Dire que dans ce sale tripot, je ne pourrai jamais gagner deux fois de suite! »

Grande rumeur; le coup a fait sauter en l'air tous les enjeux; les joueurs crient au voleur; deux gendarmes qui étaient, comme toujours, de planton dans l'antichambre, entrent, saisissent le perturbateur et le conduisent au poste le plus voisin, qui était celui de la banque de France. Un officier de paix s'y trouvait; il interroge le prisonnier, et demande quelle est sa profession.

« Je suis gentilhomme, répond gravement Marco, et grand bouteiller de Louis XIII.... Qu'on me conduise chez moi, hôtel de Nantes, à deux pas d'ici, et je montrerai mes parchemins.

— Soit, dit l'officier de paix, marchons; mais je vous déclare que si vous vous moquez de l'autorité, je vous flanque immédiatement à la préfecture. ».

Le drôle de l'affaire c'est que Marco avait dit presque vrai; il était réellement le descendant du grand bouteiller du fils de Henri IV et il put montrer le brevet de son ancêtre, scellé et timbré aux armes de France de ce temps. L'officier de paix est saisi de respect à la vue de ce vieux morceau de parchemin; il le lit avec émotion, fait des excuses, et se retire. Depuis ce jour, Saint-Hilaire ne sortait plus sans son brevet de grand bouteiller, et il disait le plus gravement du monde :

« Il faut avoir ses papiers dans sa poche; on ne sait pas ce qui peut arriver. »

Le café Lamblin, au Palais-Royal, fut longtemps le lieu de rendez-vous des officiers de l'Empire; aussi était-il, après les Cent-Jours, activement surveillé par la police. Un soir, en 1816, le colonel Dulac, sortant de ce café avec un de ses amis, dit en jetant un pan de son manteau sur son épaule : *Ma foi, vive l'ampleur !* Aussitôt il est saisi par quatre sbires et conduit chez le commissaire de police. Le colonel s'explique et soutient avoir dit *vive l'ampleur*. Malheureusement en ouvrant son manteau, il laissa voir au-dessous de sa cravate une petite épingle noire, prise amoureusement par lui ce jour-là même dans les cheveux d'une jolie femme. Or, on venait de découvrir la conspiration dite de l'Épingle noire. Il n'en fallut pas davantage pour faire croire au commissaire qu'il tenait un des chefs de la conspiration. Le colonel fut mis en prison; il y passa six mois, et ne dut peut-être de n'être pas envoyé à l'échafaud qu'à la petitesse de l'épingle, qui ne ressemblait pas à celles saisies sur les chefs

Vue du palais du Corps législatif. (Page 140.)

de la conspiration, et adoptées par les conjurés comme signe de ralliement.

Le palais de l'Élysée est un des plus somptueux de Paris, bâti en 1728, par l'architecte Molet, pour le comte d'Évreux.

La principale entrée est dans la rue du Faubourg-Saint-Honoré et ses jardins donnent sur les Champs-Élysées.

Parmi ceux qui l'ont habité, on peut citer la marquise de Pompadour, son frère le duc de Marigny, le financier Beaujon, la duchesse de Bourbon, le prince Murat, qui le céda enfin à Napoléon Ier.

Louis-Napoléon l'a ensuite occupé jusqu'en 1852, où l'hérédité de l'empire a été reconnue, et y a fait de nombreux changements.

Depuis que ce palais appartient aux familles régnantes de France, on l'a appelé *Élysée Bourbon* et ensuite *Élysée Napoléon*. (*V.* page 121.)

Le palais du Luxembourg est situé à Paris, dans le faubourg Saint-Germain, à l'extrémité de la rue de Tournon. C'est un des monuments les moins anciens de Paris, mais son histoire n'en est pas moins curieuse. (*V.* page 129.)

Il a été bâti en 1615, par Marie de Médicis, sur le modèle du palais Pitti, à Florence, et d'après les dessins de l'architecte Desbrosses.

Marie de Médicis n'y fit pas un long séjour, elle le céda bientôt à Gaston d'Orléans, qui lui donna le nom de *palais d'Orléans*, nom qu'il porta jusqu'à la Révolution.

Plus tard, Élisabeth de Guise le donna à Louis XIV, et après la mort du roi il retourna à la famille d'Orléans.

Le régent l'abandonna à sa fille la duchesse de Berri, qui en fit le théâtre de ses tristes orgies.

Après être retombé dans les propriétés du roi, le Luxembourg fut donné par Louis XVI au comte de Provence, son frère, qui l'habita jusqu'à sa fuite de Paris.

Sous la Terreur, le Luxembourg remplaça la Bastille démolie. Après la Terreur, le Directoire vint s'installer au Luxembourg.

Ce fut là que Napoléon Ier, au retour de sa grande campagne, apporta le traité de Campo-Formio.

Sous Napoléon, le Luxembourg devint successivement *palais du Consulat* et *palais du Sénat conservateur*.

Depuis la Restauration, il a pris le nom de *palais de la Chambre des pairs*. En 1852, le Luxembourg a été de nouveau affecté au Sénat. Une de ses galeries est consacrée à un musée de peinture des artistes vivants.

Le petit Luxembourg est un hôtel situé rue de Vaugirard et presque contigu au palais du grand Luxembourg. Le petit Luxembourg fut bâti en 1629, par Richelieu, pour lui servir de demeure en attendant que le Palais-Cardinal fût construit. Il communiquait autrefois au grand Luxembourg par un corps de bâtiment. Ce fut là que le maréchal Ney attendit sa condamnation. Depuis, ce palais resta désert. Il n'eut de nouveaux hôtes qu'à la révolution de Juillet 1830 : les ministres de Charles X y furent enfermés avant le jugement de la Chambre. Puis vinrent Fieschi et ses complices; Alibaud et Meunier ; à l'occasion du fameux procès républicain connu sous le nom de procès des accusés d'avril, on se vit forcé de construire une salle provisoire. Depuis 1852, il est l'hôtel du président du Sénat.

Le palais du Corps législatif est situé entre la place du Palais-Bourbon, où se trouve l'entrée principale, et le quai d'Orsay. (*V.* page 137.)

La façade du quai, vis-à-vis du pont de la Concorde, offre une longueur de 72 mètres 50, avec un portique au centre,

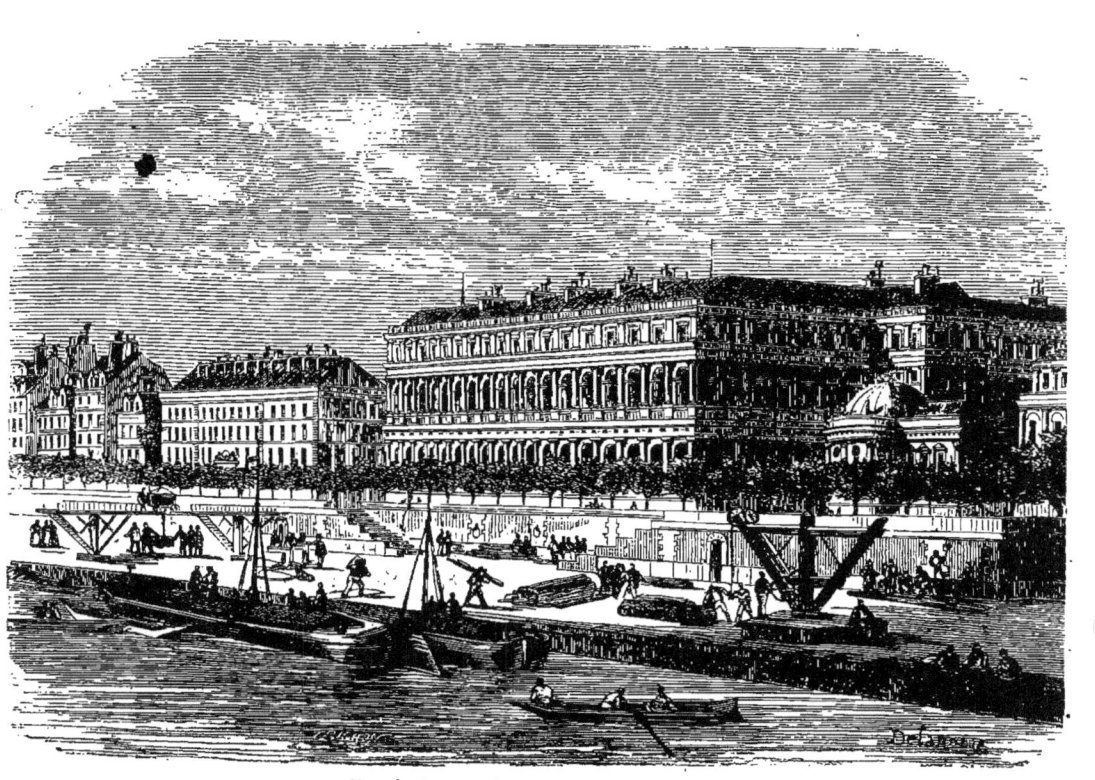

Vue de la cour des Comptes. (Page 144.)

orné de douze colonnes corinthiennes, qui supportent un fronton.

On arrive au portique par un perron de vingt-cinq marches qui se développent dans toute la largeur.

De chaque côté du perron, on voit deux statues représentant, l'une Minerve, l'autre Thémis.

Au bas du perron, quatre statues de même grandeur représentent Colbert, Daguesseau, Sully et l'Hôpital.

Du côté de la place du Palais-Bourbon, la façade donnant sur la cour ne présente qu'un seul étage surmonté d'une terrasse avec balustrade ; elle est percée de six fenêtres, et laisse voir, au centre, quatre colonnes corinthiennes surmontées d'un fronton. Les deux ailes ont une longueur de 48 mètres.

Un portique, formé de colonnes corinthiennes, sépare la cour de la place.

La porte, représentant un arc triomphal, est d'un excellent effet.

La salle des séances est disposée en amphithéâtre ; le sommet se termine par des colonnes ioniques dont les bases et les chapiteaux sont en bronze doré.

La lumière pénètre par une demi-lune pratiquée au milieu du plafond en fer. Les tribunes réservées au public se trouvent derrière les colonnes.

Ce palais, ayant été construit sur l'emplacement de l'ancien Palais-Bourbon, est souvent appelé du même nom.

Depuis 1796, il est affecté aux séances des assemblées législatives.

Les peintures de la salle du Trône sont de Delacroix, et la salle des séances renferme des sculptures d'un certain mérite.

Le palais du conseil d'État et de la cour des Comptes est situé sur le quai d'Orsay. Il forme un parallélogramme de

113 mètres de façade sur 67 de côté, avec un avant-corps sur le quai ; quatre pavillons se présentent aux angles. L'avant-garde et la façade situées rue de Lille se composent d'un rez-de-chaussée et d'un premier étage à fenêtres en arcades. (*V.* page 141.)

Au centre du palais se trouve une cour de 38 mètres carrés, autour de laquelle se développent des portiques en arcades ; de chaque côté de la cour principale, deux autres cours plus petites correspondent avec celle-ci par une arcade.

L'architecture en est à la fois simple et élégante.

Ce palais, commencé en 1810, par Bonnard, n'a été achevé qu'en 1842, par M. Lacornée. Il coûta environ onze millions.

Les deux façades du palais de la Légion d'honneur s'élèvent rue de Lille et sur le quai d'Orsay. La façade située rue de Lille laisse voir douze colonnes ioniques dont les jours sont fermés par des grilles ; la porte figure un arc triomphal. Derrière la colonnade se trouve une cour ; les bâtiments qui l'entourent forment une colonnade en portiques. Le bâtiment faisant face à l'entrée est élevé d'un rez-de-chaussée avec attique. Au centre on voit un portique de six colonnes corinthiennes. La façade donnant sur le quai ne présente qu'un rez-de-chaussée surmonté d'une demi-rotonde formée de six colonnes corinthiennes qui supportent une coupole.

Ce palais fut d'abord construit en 1786 pour le prince de Salm, par l'architecte Rousseau. Napoléon Ier en fit l'acquisition en 1802, pour lui donner la destination qu'il a encore aujourd'hui. (*V.* page 145.)

Le palais de l'Institut de France fut fondé par Mazarin sous le nom de *Collége des Quatre-Nations* pour les jeunes gens des quatre provinces italienne, espagnole, allemande et flamande, réunies à la France sous son ministère.(*V.* p. 153.)

Palais de la Légion d'honneur. (Page 144.)

PALAIS DE JUSTICE.

Il est situé quai Conti, en face du pont des Arts, et fut affecté en 1807 à l'Institut, qui tient ses séances solennelles dans l'ancienne église du collége. Le reste est occupé par les salles particulières de chaque académie, les bibliothèques, le musée. On y voit une foule de statues et de bustes de grands hommes.

On sait que la façade de l'Institut est décorée de quatre lions de bronze qui jettent de l'eau dans deux bassins. Un matin, on trouva sur la tête d'un de ces lions le quatrain que voici :

> Que fais-tu dans ce lieu, souverain du désert?
> Je suis de l'Institut, tu vois mon habit vert.
> Et quels sont tes travaux et tes moyens de plaire?
> Ami, je fais comme eux, nuit et jour, de l'eau claire.

Le palais des Beaux-Arts est situé dans la rue Bonaparte et présente une façade de 74 mètres, sur 46 mètres de côté. Le rez-de-chaussée se développe en arcades ; le premier étage avec attique est percé de onze fenêtres. Il est orné de colonnes corinthiennes d'un goût exquis qui supportent un entablement à modillons. Le rez-de-chaussée contient le musée d'études ; on y trouve les plus beaux modèles de l'antiquité égyptienne, grecque et romaine. On admire dans l'une des galeries une peinture murale due à Delaroche. Le premier étage contient une collection de médailles. Une bibliothèque est affectée à l'établissement.

Ce palais, commencé par Debret en 1820, a été achevé par M. Duban en 1833.

Une seconde entrée à l'aspect monumental et donnant sur le quai Malaquais a été ajoutée depuis peu à ce palais, c'est là qu'ont lieu les expositions des grands prix et les envois de Rome. (*V.* page 169.)

Le Palais de justice s'élève entre le boulevard de Sébastopol, où se trouve l'entrée principale, le quai de l'Horloge, la rue du Harlay, le quai des Orfévres et la rue de la Sainte-Chapelle.

Il comprend dans son enceinte la préfecture de police et la Conciergerie.

Ce palais était autrefois l'habitation des rois de France, sous le nom de *palais de la Cité*. Les fondations remontent au temps des Romains, qui construisirent un château sur le même emplacement. Les rois de la première race occupaient alternativement le palais de la Cité et celui des Thermes, qui était alors situé dans la campagne. Saint Louis y établit des constructions nouvelles; on lui doit la Sainte-Chapelle, dont on admire l'architecture gothique. Ce fut sous le règne de Henri II que ce palais cessa définitivement d'être la demeure des rois, pour devenir le siége du Parlement. En 1776, un incendie dévora presque tout l'édifice. Il fut reconstruit sur les plans de plusieurs architectes, notamment: Moreau, Desmaisons, Couture et Antoine. La principale cour est fermée par une grille qui passe pour un chef-d'œuvre de serrurerie.

La façade donnant sur la *cour du Mai* est l'œuvre de Desmaisons : elle est ornée de quatre belles colonnes doriques et surmontée d'un dôme quadrangulaire; on y arrive par un perron de trente-sept marches. Deux arcades latérales communiquent, l'une avec la Conciergerie, l'autre avec le tribunal de simple police. Ces constructions remontent à 1787.

Le Palais de justice, curieux au point de vue de l'art, parce qu'on y retrouve les vestiges de l'architecture aux divers siècles de notre histoire, n'offre pas dans son ensemble de style propre ; il semble que chaque âge y ait jeté sa pensée et imprimé son cachet.

Sous la domination romaine et jusqu'à Charles V, il avait l'aspect d'une forteresse.

Des travaux fort importants ont été entrepris en 1850,

Palais de justice. (Page 147.)

sous la direction de M. Leduc, architecte, et sont encore continués aujourd'hui.

Les galeries affectées à la police correctionnelle sont remarquables par leur heureuse disposition architecturale plus que par le style.

La *salle des Pas-Perdus* est l'une des galeries les plus célèbres par son antiquité et par les souvenirs historiques qu'elle rappelle. D'énormes piliers doriques supportent les voûtes de deux nefs parallèles; Jacques Debrosses la construisit sous Louis IX; on y voyait alors la fameuse table de marbre.

On montre encore le gros pilier où les plus fameux avocats délivraient leurs consultations. Un monument y a été élevé à Malesherbes, défenseur de Louis XVI. La salle des Pas-Perdus fut longtemps le rendez-vous des nouvellistes politiques.

A droite, c'est la Conciergerie (*V.* page 208), cette grille au-dessus de laquelle on lit : *Maison d'arrêt*, et où veille un garde de Paris, a vu passer bien des malheureux. C'est de là qu'avant 1830 sortaient les condamnés à mort pour aller à l'échafaud; c'est par cette grille que, le 20 novembre 1815, se sauva M. de Lavalette, déguisé avec les vêtements de sa femme.

Au bas du grand escalier, la célèbre comtesse de la Mothe fut marquée et fouettée; de là elle fut enfermée à la Salpêtrière, d'où elle se sauva. On prétend que la sœur qui facilita sa fuite lui dit en la voyant prête à sortir :

« Faites en sorte de ne pas vous faire *remarquer*. »

Le jeu de mots est cruel à la fois et joli, mais nous n'en affirmons pas l'exactitude.

La première pierre du palais de la Bourse fut posée, le 24 mars 1808, dans l'emplacement de l'ancien couvent des Filles-Saint-Thomas, rue Vivienne.

Les travaux furent suspendus en 1824, et ne purent être

achevés qu'en septembre 1824. C'est à Brongniart qu'on doit le plan de ce monument; il en poursuivit la construction jusqu'en 1813; mais il mourut, et Labare fut chargé de l'entier achèvement et de l'aménagement intérieur.

Le palais de la Bourse ne représente pas un monument spécialement affecté à une réunion de commerçants.

Lorsqu'on l'entreprit, on demanda à l'architecte un plan grandiose, digne de la capitale du monde, qui commandât l'admiration par la puissance de l'idée autant que par le goût artistique.

On ne peut contester que l'architecte n'ait réalisé une œuvre pure, digne d'être comparée aux plus beaux monuments de l'art antique.

La Bourse représente une sorte de temple grec périptère, d'ordre corinthien, entouré de soixante-quatre colonnes, dont quatorze sur les façades et vingt sur les côtés; elles sont élevées sur un soubassement de 2 mèt. 50, et elles ont une hauteur de 10 mèt., avec un diamètre de 1 mèt. L'édifice a 72 mèt. de long sur 50 de large. Les colonnades offrent un promenoir.

La Bourse se tient au rez-de-chaussée, dans une salle magnifique, placée au centre de l'édifice; sa longueur est de 32 mèt. et sa largeur de 18; elle reçoit la lumière par la voûte vitrée; elle peut contenir deux mille personnes. La voûte est ornée de peintures en grisaille, de Meynier et d'Abel Pujol, qui représentent des bas-reliefs d'une grande saillie et produisent une illusion parfaite. Au premier étage se trouvaient autrefois les salles du tribunal de commerce, et aux étages supérieurs les divers greffes. Le tribunal de commerce et la Bourse affectée aux opérations commerciales s'étouffant mutuellement dans ce monument, devenu trop étroit par l'affluence des commerçants et des justiciables, il fut décidé que le tribunal consulaire serait transféré dans un autre monument, en face du Palais de justice.

Institut de France. (Page 144.)

C'était en 1820 ; on construisait la Bourse dont une partie des frais était à la charge des commerçants de Paris. Les travaux n'avançaient que bien lentement ; les matériaux encombraient les rues avoisinantes et en faisaient un réceptacle d'immondices qui causaient un grand préjudice aux boutiques de ces parages. Ils pétitionnèrent longtemps inutilement ; une dernière supplique au roi eut enfin du succès ; elle se terminait ainsi :

« En définitive, Sire, on nous fait payer la Bourse qu'on ne nous donne pas, et l'on nous empêche de vivre. Nous venons demander à Votre Majesté *la bourse ou la vie.* »

Peu de jours après, le nombre des ouvriers de la Bourse était quintuplé.

Sur la place de la Bourse était, un peu avant 1830, le café des Nouveautés, près du théâtre de ce nom, café et théâtre du Vaudeville aujourd'hui. Là se rencontraient souvent plusieurs journalistes, qui fréquentaient aussi un gai cabaret en plein champ, près du Petit-Mont-Rouge, portant pour enseigne : *Au Moulin de beurre,* et tenu par la mère Saguet, connue de tous les viveurs de Paris. Un matin la mère Saguet arrive au café des Nouveautés, dont ses habitués avaient souvent parlé devant elle ; elle reconnaît plusieurs de ces derniers qui déjeunaient ensemble. « Bon ! fit-elle en s'asseyant sans façon ; je tombe bien. Vous allez me dire ce qu'est devenu votre camarade, le plus petit, celui qui a la langue si bien pendue. — Je sais, dit Malitourne qui achevait de ronger l'os d'une côtelette, c'est de X... que vous voulez parler. Eh bien, ma bonne mère, il est ministre. — Ça doit être une bonne place, ça ? — Mais oui, assez bonne : cent cinquante mille francs d'appointements.... Est-ce qu'il vous doit quelque chose ? — Dix-huit francs dix sous, mon petit, un dîner à trois.... tout vin cacheté.... cacheté vert, vous savez.... de celui qui vous a si bien tapé la dernière fois que.... — Parbleu ! interrompit tout à coup Malitourne, vous aviez raison, mère Saguet, de dire que vous arriviez bien : voilà justement sa voiture qui s'arrête devant la Bourse. »

C'était en effet le ministre qui venait en personne faire afficher à la Bourse une nouvelle de très-haute importance. La mère Saguet s'élance, attrape au vol son débiteur et lui présente sa note. Mais le ministre eut beau se fouiller ; il était sorti sans argent, et, bon gré mal gré, il fallut que la cabaretière se contentât de la promesse d'être payée ce jour même.... Et les trois déjeuneurs du café des Nouveautés riaient à se tenir les côtes.... Les journalistes sont si bons amis !

Le plus drôle de l'affaire c'est que le ministre oublia sa promesse à la mère Saguet, et ne paya pas sa note. On affirmait tout récemment en bon lieu qu'il la devait encore.

Le palais de l'Industrie est situé aux Champs-Élysées, à Paris, sur l'emplacement qui porte le nom de carré Marigny. Ce palais, qu'on éleva en 1854 pour servir aux expositions et aux fêtes nationales, fut construit sur les plans des architectes Viel et Barrault. Sa forme représente un rectangle dont la longueur est de 124 mètres et la largeur de 108. Sa façade, percée de cent fenêtres, comprend un rez-de-chaussée et un étage. Les façades latérales sont ornées de pavillons. L'intérieur du palais se compose d'une vaste salle entourée de deux rangées d'arcades reposant sur des colonnes octogones. Cette salle offre une longueur de 192 mèt. et une largeur de 48. La superficie générale du palais comprend 45 000 mètres. (*V.* page 157.)

Parmi les édifices publics ou urbains, se place en première ligne l'Hôtel de ville, où siège l'administration préfectorale et municipale de Paris. Il a été construit au sei-

Palais de l'Industrie. (Page 156.)

zième siècle, sur l'emplacement de l'hôtel du Dauphin, sur la place de Grève. Le prévôt des marchands, Étienne Marcel, avait fait l'acquisition de cet hôtel au nom de la commune, dès 1357. Avant ce temps, le corps municipal de Paris se rassemblait rue Saint-Jacques, dans un endroit qu'on appelait *parloir aux bourgeois*. On posa la première pierre de l'Hôtel de ville le 15 juillet 1533. Les plans furent donnés par Dominique Baccador. (*V.* page 161.)

Sous Louis-Philippe, on éleva une partie parallèle que l'on relia à l'ancienne par deux ailes avec un pavillon à chaque angle; de sorte que maintenant l'Hôtel de ville forme un parallélogramme de 120 mètres de longueur sur 80 de largeur, dont l'intérieur est divisé en trois cours.

La forme de cet édifice est celle d'un rectangle oblong, dont les coins seraient fixés aux quatre points cardinaux. Son entrée principale donne sur l'ancienne place de Grève, aujourd'hui place de l'Hôtel-de-Ville; la façade N. aboutit à la rue de Rivoli; celle de l'E. donne sur la rue de Lobau, et celle du S. sur le quai de la Grève. Le corps principal est d'un style lourd et pesant; les autres parties, élevées plus tard, sont dans le style de la Renaissance, et offrent plus d'intérêt. On remarque, sur les diverses façades, quatre-vingt-quatorze niches où sont placées les statues des grands hommes qui ont contribué à illustrer Paris.

Au-dessus de l'entrée principale, se trouve une statue équestre de Henri IV, en bronze, formant haut-relief.

Les salles de l'Hôtel de ville méritent d'être visitées. Outre la salle du Trône, nous citerons la galerie des fêtes, dans laquelle le préfet de la Seine donne, au nom de la ville de Paris, plusieurs bals brillants dans le cours de l'hiver. Elle a cinquante mètres sur douze, et elle est décorée blanc et or. Les fresques du plafond, dues à H. Lehmann, représentent le développement de l'humanité.

Les appartements les plus remarquables de l'Hôtel de

ville sont : la salle du Trône, où se donnent les banquets officiels ; la galerie de marbre, dont le plafond représente la ville de Paris assise devant le temple de l'immortalité, et protégeant les arts, les sciences, l'agriculture, etc. ; la salle à manger ; le salon de l'Empereur, où se trouve le portrait de Napoléon exécuté par Gérard ; et le salon de la Paix.

Ce n'est que vers 1789 que l'Hôtel de ville prend place dans l'histoire ; mais ce monument a été le témoin de tant d'événements que son souvenir est intimement lié à notre histoire nationale.

En face du Palais de justice, s'élève le Tribunal de commerce, dont le dôme a été si spirituellement comparé à un bonnet de coton par Louis Veuillot, dans ses *Odeurs de Paris*. (*V*. page 180.)

La Monnaie étend sur le quai Conti une façade de cent vingt mètres ; elle renferme dans une vaste salle, supportée par des colonnes corinthiennes, une intéressante collection de monnaies et de médailles.

Cet hôtel a été construit à Paris, sur l'emplacement de l'hôtel de Conti, en 1771. C'est là que l'on frappe les monnaies et les médailles. Dès les premiers temps de la monarchie, les rois frappaient la monnaie. Ainsi, en 864, nous voyons, par un capitulaire de Charles le Chauve, que la fabrication de la monnaie avait lieu dans le palais même du roi. Cet établissement, transporté rue de la Vieille-Monnaie, fut ensuite établi rue de la Monnaie, où il subsista jusqu'au dernier siècle. (*V*. page 265).

Le ministère d'État, rétabli par décret du 22 janvier 1852, est chargé des rapports du Sénat et du Corps législatif avec l'Empereur et le conseil d'État ; de la correspondance de l'Empereur avec les autres ministères ; du contre-seing de la nomination des ministres, des conseillers d'État, du pré-

Hôtel de Ville. (Page 156.)

sident, des vice-présidents et autres dignitaires du Sénat et du Corps législatif; des décrets de convocation, d'ajournement ou de clôture de ces deux assemblées; de la rédaction des procès-verbaux du conseil des ministres et des prestations de serment.

Ce ministère est installé dans une partie de la galerie du nouveau Louvre, sur la rue de Rivoli; les appartements du ministre sont dans le premier corps de bâtiment en retour sur la place du Carrousel et Napoléon III.

Le ministère de la Maison de l'Empereur et des Beaux-Arts, créé le 24 novembre 1860, a dans ses attributions l'administration des revenus de la couronne, les décrets de nomination de tous les emplois et fonctions de la Maison impériale, et de celles des princes et princesses de la Maison de l'Empereur; les pensions sur la liste civile; les domaines, forêts, bâtiments, bibliothèques et musées impériaux; les manufactures impériales; les prix des courses; les récompenses accordées aux beaux-arts; la conservation des monuments historiques; les théâtres; le Conservatoire de musique, etc.

Il est, comme le précédent, établi au Louvre.

Le ministère des Affaires étrangères porta, sous Napoléon Ier, le nom de ministère des Relations extérieures. Il est chargé des traités et des conventions d'alliance et de commerce avec les nations étrangères; entretient avec elles les relations au moyen d'ambassadeurs et autres agents diplomatiques; protége à l'étranger les intérêts moraux et matériels de la nation et de ses nationaux; il a encore dans ses attributions le visa et la légalisation des passe-ports à l'étranger, l'instruction de certaines réclamations relatives même aux intérêts privés, tels que successions ouvertes à l'étranger, recouvrements sur particuliers, etc.

L'hôtel du ministère des Affaires étrangères a été bâti, en 1845, par M. Lacornée; la façade principale se trouve du côté du quai d'Orsay; elle est précédée par une belle terrasse défendue par une grille et couronnée par une balustrade à jour.

Nous citerons parmi les appartements, tous richement décorés, le salon des Ambassadeurs où eut lieu, en 1856, le congrès de Paris.

Le ministère de l'Intérieur veille à la tranquillité et à la sûreté générale; il dirige l'administration départementale et municipale, les divisions territoriales, les lignes télégraphiques, les gardes nationales; surveille l'administration des hôpitaux et autres établissements publics de bienfaisance, et l'exécution des lois électorales. La Police, qui fit à plusieurs reprises un ministère spécial de 1796 à 1802, de 1804 à 1818, de 1852 à 1853, est réunie au ministère de l'intérieur.

Ce ministère est établi dans l'ancien hôtel Beauveau, en face du palais de l'Élysée, construit par le Camus de Maizières au dix-huitième siècle.

L'hôtel Beauveau est précédé d'une vaste cour, fermée par une belle grille; de chaque côté de cette grille, des colonnes supportent des aigles aux ailes éployées.

Le ministère des Finances a l'administration des revenus publics et de la dette publique, l'établissement et le règlement du budget général de chaque exercice; la comptabilité des finances de l'État; l'assiette, la répartition et la perception des impôts directs et indirects; la vérification de la fabrication et du titre des monnaies; l'exploitation des domaines de l'État, des postes, des tabacs, du timbre; la régie des douanes; les relations avec la Banque de France et la chambre syndicale des agents de change; la surveillance des caisses publiques

Ministère de l'instruction publique. (Page 167.)

et des préposés responsables ; l'inscription des rentes, pensions, cautionnements ; la nomination aux emplois de finances administratifs et comptables et à ceux d'agents de change.

Le ministère des Finances occupe le carré immense compris entre les rues de Rivoli, Castiglione et de Luxembourg.

Le ministère de l'Agriculture, du Commerce et des Travaux publics, situé rue Saint-Dominique-Saint-Germain, a dans ses attributions la répartition des encouragements et récompenses au commerce, à l'industrie, à l'agriculture ; les expositions et les concours ; les écoles professionnelles ; les conseils supérieurs du commerce et de l'agriculture ; les chambres de commerce et les chambres consultatives des manufactures ; les conseils de prud'hommes, les haras, le conservatoire des arts et métiers, les poids et mesures, les ponts et chaussées, mines, bâtiments civils, chemins de fer, canaux, cours d'eau : le desséchement des marais, etc.

Le ministère de la Guerre occupe, dans la rue Saint-Dominique-Saint-Germain, l'ancien couvent des Filles-Saint-Joseph ; il a la haute main sur tout le personnel et le matériel de l'armée ; les hôpitaux et prisons militaires, les mouvements des troupes, les fortifications, les arsenaux, forges, fonderies, manufactures d'armes, poudreries ; les écoles militaires, polytechnique, d'état-major et d'application ; l'hôtel des Invalides, le dépôt de la guerre, les gendarmeries, la garde de Paris, les sapeurs-pompiers de la même ville, et enfin le gouvernement de l'Algérie.

Le ministère de l'Instruction publique a dans ses attributions l'administration et la surveillance des facultés, écoles normales, lycées, établissements scientifiques et littéraires ; écoles primaires ; le Bureau des longitudes ; l'Observatoire.

L'entrée de ce ministère est décoré de deux colonnes ioniques. (*V.* page 165.)

Le ministère de la Justice et des Cultes est installé dans un fort bel hôtel de la place Vendôme; il était, sous l'ancienne monarchie, dans les attributions du grand chancelier; et, sous le premier empire, dans celles du grand juge. Aujourd'hui le ministre a le titre de garde des sceaux, et a pour fonctions l'installation des juges et magistrats et des officiers ministériels; la distribution de la justice; les demandes en grâce et en commutation de peine; les dispenses pour mariage, les lettres de naturalisation. Comme ministre des cultes, fonctions qui ont plusieurs fois fait un ministère séparé, et qui, souvent aussi, ont été réunies au ministère de l'instruction publique, il a les relations avec Rome, la nomination des archevêques, évêques et curés; l'application des lois protectrices de la liberté de conscience et des cultes reconnus.

Le ministère de la Marine et des Colonies a l'administration des ports et des arsenaux, le mouvement des forces maritimes, la nomination des officiers de marine; les bagnes et lieux de déportation; l'école de marine; les consulats et l'administration des colonies françaises, excepté celle de l'Algérie, qui dépend du ministère de la guerre.

Ce ministère occupe l'un des palais qui bordent au nord la place de la Concorde, élevés en 1760, par Gabriel.

Le dépôt du mobilier de la couronne est situé entre la rue de l'Université et le quai d'Orsay, et renferme, entre autres objets précieux, les diamants de la couronne, d'une valeur totale d'environ vingt et un millions de francs.

Le palais archiépiscopal, rue Grenelle-Saint-Germain,

École des Beaux-Arts. (Page 147.)

est l'ancien hôtel du Châtelet, propriété particulière construite sous le règne de Louis XIV.

ÉGLISES.

Notre-Dame. — Sainte-Chapelle. — Anecdote. — Panthéon. — Saint-Eustache. — Saint-Étienne du Mont. — Saint-Germain des Prés. — Chapelle des Invalides. — Sainte-Clotilde. — Église du Val-de-Grâce. — La Madeleine. — Saint-Germain l'Auxerrois. — Saint-Vincent de Paul. — Notre-Dame de Lorette. — Cultes différents.

Paris possède 65 églises paroissiales dédiées au culte catholique, et un grand nombre de chapelles; parmi elles, il en est peu qui, par leur antiquité et leur valeur artistique, soient dignes d'attention.

La cathédrale de Notre-Dame, à l'extrémité orientale de de la cité, fut bâtie par Maurice de Sully, sur l'emplacement d'une église élevée en 365. (*V.* page 176.)

Les travaux, dit Dulaure, en furent commencés vers l'an 1163. On conjecture que le pape Alexandre III posa, en cette année, la première pierre de l'édifice. En 1182, le grand autel fut consacré par Henri, légat du saint-siége; ce qui fait présumer qu'alors le chœur, ou du moins le chevet, était achevé.

On ne connaît pas l'époque de l'entier achèvement de cette église; mais on peut dire que les travaux ont duré près de deux cents ans.

Cet édifice est fondé sur pilotis: sa longueur, dans œuvre, est de 130 mètres; sa largeur, prise à la croisée entre la nef et le chœur, de 45 mètres; sa hauteur, depuis le sol jusqu'à la partie la plus élevée de la voûte est de 35 mètres.

La façade, vaste et imposante, a 40 mètres de développement.

Elle présente au rez-de-chaussée trois portiques de forme et de hauteur inégales : ces portiques, chargés d'une multitude d'ornements, l'étaient aussi de statues dont plusieurs ont, pendant la Révolution, été dégradées ou détruites.

Un de ces portiques, celui qui est placé au-dessous de la tour septentrionale, est remarquable par un zodiaque qui a cela de particulier que onze signes seulement, chacun accompagné de l'image des travaux champêtres ou attributs qui y correspondent, sont sculptés tout autour de la voussure du portique; et que le douzième signe, celui de la Vierge, au lieu d'être rangé parmi les autres, suivant l'usage, se trouve, en une bien plus grande proportion, adossé au pilier qui sépare les deux portes de ce portique, et représenté sous la figure de la Vierge Marie, figure dont depuis 1793 on ne voyait que la place et le piédestal, mais qui, en 1818, a été rétablie.

Les portiques qui se voient aux deux extrémités de cette façade sont surmontés par deux grosses tours carrées, hautes de 68 mètres depuis le sol jusqu'à leur terrasse supérieure. Ces portiques, qui occupent les deux tiers de la façade, ont des portes remarquables par leurs ornements en fonte de fer. Cet ouvrage parut alors si merveilleux que l'on crut que le diable s'en était mêlé.

Dans la tour du sud est la fameuse cloche dite le Bourdon, qu'on ne sonne que dans les grandes fêtes. Elle pèse près de trente-deux milliers. Fondue en 1682, et refondue en 1685, elle fut alors solennellement baptisée ou plutôt bénite. Louis XIV et la reine son épouse furent ses parrain et marraine. Elle reçut le nom d'Emmanuel-Louise-Thérèse. Le battant qui, mis en mouvement, frappe les bords intérieurs de cette cloche et fait retentir des sons graves et lugubres, pèse neuf cent soixante-seize livres.

Au-dessus de l'ordonnance inférieure on voit, sur toute la ligne de la façade, vingt-sept niches où, avant la révolu-

Notre-Dame de Paris. (Page 171.)

tion, étaient placées vingt-sept statues plus grandes que nature, représentant une suite de rois francs depuis Childebert jusqu'à Philippe Auguste.

Au-dessus de ce rang de niches se présente la fenêtre circulaire, appelée rose. Chaque face latérale de cette église offre une pareille fenêtre, délicatement travaillée. Ces trois roses ont chacune 14 mètres de diamètre.

L'intérieur de l'église est vaste et imposant. il présente une nef, un chœur et un double rang de bas côtés, divisés par cent vingt gros piliers qui supportent les voûtes en ogive. Tout autour de la nef et du chœur, et au-dessus des bas côtés, règne une galerie ornée de cent petites colonnes, chacune d'une seule pierre; c'est là que se placent les spectateurs lors des cérémonies extraordinaires.

L'église est éclairée par cent treize vitraux, sans y comprendre les trois grandes roses, dont l'une est à la façade principale, et les deux autres aux faces latérales. Ces roses ont souvent été réparées. Quarante-cinq chapelles entouraient et servaient comme de rempart à cet édifice. Des réparations, exécutées à différentes époques, ont fait réduire ce nombre de beaucoup.

Les peintures des anciens vitraux, faites dans un temps où l'art était dans l'enfance, n'offraient rien de remarquable.

Le chœur, pavé en marbre, a 38 mètres de long sur 9 de large ; il présente de chaque côté, au-dessus de la corniche des stalles, quatre grands tableaux. D'un côté est l'Assomption de la Vierge, par Laurent de la Hire; la Présentation de la Vierge au temple, par Philippe de Champagne; une Fuite en Égypte, par Louis de Boulogne ; et la Présentation de Jésus-Christ au temple par le même. De l'autre côté, est l'Adoration des Mages, par Lafosse; la Naissance de la Vierge, par Philippe de Champagne; le *Magnificat,* ou la Visitation de la Vierge, par Jouvenet ; et l'Annonciation de la Vierge, par Hallé.

Six anges en bronze, portant chacun des instruments de la passion, et posés sur des socles de marbre blanc, sont aux côtés de l'autel. Ce sanctuaire est entouré d'une belle grille en fer poli et doré, exécutée en 1809 par MM. Vavin, serrurier, et Forestier, fondeur-ciseleur, d'après les dessins de MM. Fontaine et Percier.

L'autel principal n'est remarquable que par les bas-reliefs exécutés d'après M. Deseine.

Derrière cet autel et sous l'arcade du milieu est un groupe en marbre, qu'on appelle le Vœu de Louis XIII. Ce roi fit, en 1638, vœu de mettre son royaume sous la protection de la sainte Vierge, et de réparer le principal autel de cette église.

Ce Vœu, ou le groupe qui le compose, présente une grande croix en marbre blanc, sur laquelle est jetée une draperie. Au bas, on voit la sainte Vierge Marie assise tenant sur ses genoux le corps mort de Jésus.

Aux deux côtés sont placées, sur des piédestaux, les figures à genoux de Louis XIII et de Louis XIV. Ces figures, enlevées pendant la révolution, furent rétablies en 1816. Elles tiennent chacune une couronne des deux mains, et les offrent à la Vierge.

Au dehors du chœur, sur les faces de son mur de clôture, on voit des figures en plein relief, qui représentent divers sujets de l'Ancien Testament. Avant les réparations, le chœur était entièrement entouré de pareilles sculptures, ouvrage de Jean Ravy, maçon de l'église de Notre-Dame, et de son neveu, maître Jean Bouteiller, qui les termina en 1351.

Dans les chapelles situées derrière le chœur sont divers tombeaux remarquables. Je ne citerai que celui de Henri Claude, comte d'Harcourt, mort en 1779. Sa veuve le fit élever, en 1776, sur les dessins de Pigalle. On avait, pendant la révolution, transféré ce mausolée au Musée des monuments français. En 1820, il fut rétabli dans la chapelle qu'il occupa primitivement, laquelle avait été concédée par le chapitre à la famille d'Harcourt.

Dans une autre chapelle, située derrière le chœur, réparée en 1818, on a placé le mausolée en marbre du cardinal de Belloi, archevêque de Paris, qui mourut presque centenaire. Ce mausolée, composé de plusieurs figures, est l'ouvrage de Deseine.

Une autre chapelle, située au rond-point de l'église, et correspondant à l'axe de l'édifice, est consacrée à la Vierge. On y a placé la belle figure en albâtre représentant la Vierge Marie, sculptée à Rome par Antoine Raggi, d'après le modèle du cavalier Bernin.

Dans une chapelle du côté droit, est, sur l'autel, un tableau fort estimé, représentant le Saint-Esprit descendant sur les apôtres ; il est l'ouvrage de Blanchard.

L'église est tout entière pavée de carreaux blancs et noirs ; le chœur et le sanctuaire le sont en compartiments de marbre de diverses couleurs.

Les façades latérales de cette église, moins imposantes que la principale, sont hérissées d'une infinité d'obélisques fleuronnés, et d'autres ornements qui appartiennent au genre de l'architecture sarrasine.

Depuis 1669, cet édifice subit une foule de changements et de modifications, jusqu'en ces derniers temps où on s'est appliqué à restituer à l'église Notre-Dame son caractère primitif. L'intérieur, qui avait été mutilé, présente maintenant un coup d'œil imposant. Cette cathédrale est, avec celles de Reims et d'Amiens, l'un des plus beaux spécimens de l'art gothique que possède la France, et excite surtout l'admiration par le grandiose et l'ensemble de sa façade principale[1].

1. Dulaure, *Histoire de Paris*.

La Sainte-Chapelle, située près du Palais de justice, est peut-être le plus bel édifice religieux de Paris. Elle fut d'abord consacrée sous le titre de Sainte-Couronne ou de la Sainte-Croix, et fut construite par Pierre de Montereau. Il la commença en 1242 ou 1245 et la termina en 1247 ; plus tard on la désigna sous le nom de la Sainte-Chapelle. Cette église est longue de 35 mètres dans œuvre et large de 8, haute de 35 mètres depuis le sol jusqu'au sommet de l'angle du fronton, et la flèche a 33 m. 25 c. Le portail est formé par deux porches superposés, en avant-corps, ouverts par plusieurs arcs en ogives, et décorés de colonnettes et de voûtes à nervures. De beaux vitraux, admirables par l'expression du dessin et de la vivacité des couleurs, garnissent les croisées : ils représentent l'histoire de l'Ancien et du Nouveau Testament. Les douze Apôtres adossés aux principaux piliers sont remarquables par la pureté du dessin, l'élégance et le bon goût des draperies, ainsi que par le fini de l'exécution. De la base au faîte, la Sainte-Chapelle est entièrement bâtie en pierre dure de choix ; les tailles et la pose sont exécutées avec une précision rare ; la sculpture en est composée et ciselée avec un soin particulier. 800 000 livres tournois furent employées à sa construction ainsi qu'à sa décoration, et 2 000 000 de francs à l'acquisition des reliques ou à la confection des châsses où elles furent déposées.

La Sainte-Chapelle forme deux églises l'une sur l'autre ; l'église souterraine, consacrée par Philippe Bernier, archevêque de Bourges, était dédiée à la Vierge et était la paroisse de tous les officiers, domestiques, attachés au service du roi, et de toutes les personnes qui demeuraient dans le palais. L'église supérieure, consacrée par Eudes de Chateauroux, évêque de Tusculum et légat du pape, était dédiée à la Sainte-Couronne et à la Sainte-Croix. Rien de plus riche, de plus élégant, de plus splendide que l'intérieur ; toutes les parties

Tribunal de commerce. (Page 160.)

de l'édifice disparaissent sous les dorures et les enluminures.

Le clergé de l'église se composait de cinq chapelains et de deux marguilliers, diacres ou sous-diacres.

Une guerre de préséance s'étant élevée entre le trésorier et le chantre, devint le sujet du *Lutrin* de Boileau.

Ce poëte ne se figurait guère, à cette époque, qu'il aurait été enterré sous le lutrin même de cette église.

Depuis 1853, on y célèbre chaque année, le 3 novembre, la messe dite du Saint-Esprit pour la rentrée de la magistrature.

La Sainte-Chapelle possédait la couronne d'épines, un morceau de la vraie croix, le fer et la lance dont le côté de Jésus fut percé, une partie de l'éponge qui servit à lui donner à boire, un fragment du roseau; toutes ces reliques furent retirées en 1791 et déposées dans l'église Notre-Dame.

L'entrée de la Sainte-Chapelle n'est pas publique, mais on obtient facilement du ministère des cultes l'autorisation de la visiter.

En 1811, l'imprimerie de la préfecture de police était située cour de la Sainte-Chapelle; son prote, qui se nommait T***, était père de deux jolies filles. Un nommé D***, portier de la Morgue, alors tout nouvellement construite sur le quai du Marché-Neuf, s'éprit de l'une de ces filles, parvint à s'en faire aimer et la demanda en mariage à son père qui la lui refusa, sans la consulter et sans même en dire un mot à sa femme, tant il lui répugnait de songer seulement à une telle alliance. Grand chagrin des deux amoureux, chagrin d'autant plus vif chez l'amoureuse, que déjà elle n'avait plus rien à accorder ni à refuser. D*** finit par émettre l'opinion très-paradoxale qu'en pareille occurrence le maire et le curé n'étaient pas d'une nécessité absolue. La jeune fille, qui avait été trop loin pour pouvoir et pour vouloir revenir sur ses pas, se laissa persuader; elle quitta la maison paternelle; mais avant de partir, elle écrivit quelques mots pour sa mère qu'elle savait très-indulgente, et qu'elle croyait instruite de la demande régulière que D*** avait faite. Le billet qu'elle laissa se terminait ainsi: « J'espère, ma bonne mère, que nous ne sommes pas séparées pour l'éternité; console-toi donc ; tu me trouveras à la Morgue. »

La pauvre femme ne doute plus que sa fille ait mis fin à ses jours; elle court à la Morgue, et à peine a-t-elle jeté les yeux sur les cadavres exposés que sa fille vient pour se jeter dans ses bras. La secousse que la mère éprouva fut si violente qu'elle tomba à la renverse et resta sans mouvement. On parvint à la rappeler à la vie; mais quand elle rouvrit les yeux, elle était folle. Elle mourut très-peu de temps après.

Sur la rive gauche, le Panthéon ou église Sainte-Geneviève est l'édifice le plus remarquable du siècle dernier. Commencé sous la direction de Soufflot, il ne fut achevé qu'en 1790. La disposition de ce monument semble répondre fort peu à sa destination primitive. En effet, ses formes sévères et grandioses rappellent les temples de l'antiquité romaine. Il figure une croix grecque. La façade se compose d'un portique qui se développe sur 42 mètres d'étendue; les colonnes corinthiennes de ce portique ont une hauteur de près de 20 mètres. Le fronton est l'œuvre de David. L'édifice est entouré d'une terrasse avec balustrade. Au milieu s'élève une tour surmontée d'un dôme dont le diamètre est à peu près de 24 mètres. Le dôme est terminé par une lanterne qui présente six arcades. A l'intérieur, la coupole s'élève à une hauteur de 58 mètres; elle est appuyée sur des colonnes corinthiennes. Les voûtes sont enri-

Le Panthéon. (Page 182.)

chies de peintures religieuses dues au pinceau de Gros. La Révolution affecta ce temple à la sépulture des grands hommes (4 avril 1791). Ce fut à l'occasion de la mort de Mirabeau que l'Assemblée constituante décréta cette substitution. Le fronton reçut l'inscription suivante : *Aux grands hommes la patrie reconnaissante*, et le nom de *Panthéon français* resta au monument jusqu'en 1822. A cette époque, le Panthéon fut replacé sous l'invocation de sainte Geneviève. La Révolution de 1830, qui réagit si vivement contre les tendances cléricales, rouvrit le Panthéon français avec son inscription patriotique. En 1852, le gouvernement impérial le rendit au culte catholique. (*V.* page 188.)

L'église Saint-Eustache est située entre les Halles et la rue du Jour. L'emplacement de Saint-Eustache paraît avoir été anciennement consacré à la déesse Cybèle. On établit en ce lieu, on ne sait à quelle époque, une chapelle de Sainte-Agnès. (*V.* page 188.)

Un bourgeois de Paris, nommé Guillaume Poin-l'Asne, y fonda deux chapellenies; quelques autres dévots ajoutèrent à cette fondation. On croit et il est probable que, dès l'année 1222, le vocable de Saint-Eustache prévalut sur celui de Sainte-Agnès; mais il est fort douteux que cette chapelle fût alors érigée en église paroissiale. On ignore pourquoi elle reçut le nom de Saint-Eustache, saint très-peu connu.

Le docteur Jean Delaunoy, surnommé *le Dénicheur de saints*, parce qu'il avait démontré la fausseté de plusieurs de leurs légendes, était redouté par les curés dont les églises avaient des patrons suspects. Le curé de Saint-Eustache disait : « Lorsque j'aperçois M. Delaunoy, je lui ôte mon chapeau bien bas, et lui tire de grandes révérences, afin qu'il laisse tranquille le saint de ma paroisse. »

Le 9 août 1532, le prévôt de Paris posa la première pierre de l'église actuelle. Cette construction devait être avancée en 1549, puisqu'en cette année quatre autels furent bénits. Le chœur ne fut commencé qu'en 1624; en 1637, on consacra l'église entière, quoique imparfaite; elle ne s'acheva qu'en 1642.

Cette église, très-vaste et très-élevée, offre le bizarre assemblage de l'architecture gothique qui, lorsqu'on entreprit sa construction, passait de mode, et de l'architecture grecque, qui commençait à prévaloir. Elle offre un genre neutre qui ne servira jamais de modèle.

A la partie orientale, et dans l'intérieur de l'église, est une crypte ou chapelle souterraine, dédiée à sainte Agnès.

La chaire à prêcher fut exécutée sur les dessins du célèbre Lebrun, et l'œuvre sur ceux de Cartaud. Le duc d'Orléans, régent, ayant acheté de cette église, au prix de vingt mille francs, un tableau de saint Roch, dont il désirait enrichir son cabinet, cette somme fut destinée à la fabrication de cette œuvre.

Plusieurs personnes distinguées ont leurs monuments funèbres dans cette église, ou y furent inhumées : tels sont Bernard de Girard, seigneur du Haillan, historiographe de France, mort en 1610; Marie Jars de Gournay, fille adoptive de Michel de Montaigne, qui a rassemblé et publié ses *Essais;* Vincent Voiture, poëte, courtisan, bel esprit, mort en 1648; Claude Faure, sieur de Vaugelas, célèbre grammairien, mort en 1650; François de la Motte-le-Vayer, de l'Académie française, qui n'a pas craint, au dix-septième siècle, d'écrire avec liberté contre des préjugés encore fort respectés de son temps; Isaac Benserade, poëte; Antoine Furetière, de l'Académie française; Charles Lafosse, peintre, élève de Lebrun; François d'Aubusson de la Feuillade, pair et maréchal de France, fameux par son idolâtrie pour Louis XIV; Anne Hilarion de Constantin, comte de Tourville, dont la mémoire a été honorée par une statue publique.

Église Saint-Eustache. (Page 185.)

Un autre monument, qui, quoique plus somptueux, était aussi le monument d'un grand homme, décorait l'intérieur de cette église : c'est celui de Colbert, auquel le règne de Louis XIV doit presque tout ce qu'il eut de grandeur. Ce ministre est représenté à genoux sur un sarcophage de marbre noir; devant lui est un livre ouvert que supporte un Génie; la Religion et l'Abondance, figures grandes comme nature, se dessinent sur un fond noir, et accompagnent d'une manière heureuse le groupe principal. Coizevox a sculpté les statues de Colbert et de l'Abondance, et Tuby, celles de la Religion et du Génie.

Dans des cartouches de bronze doré, on voit, en bas-relief, Joseph distribuant du blé en Égypte, et Daniel donnant des ordres aux satrapes de la Perse. Au bas du sarcophage on a placé l'épitaphe latine de Colbert.

On voyait aussi, en face du monument de Colbert, le tombeau, beaucoup plus simple, de Martin Cureau de la Chambre, médecin ordinaire de Louis XIV, membre de l'Académie française, mort en 1669, âgé de soixante-quinze ans.

L'église Saint-Étienne du Mont est située sur la rive gauche, à peu de distance du Panthéon, et doit son origine à une chapelle basse attenante à l'ancienne église Sainte-Geneviève.

La façade principale affecte la forme pyramidale et se compose d'un mélange de styles grec et gothique. La première pierre fut posée, en 1610, par Marguerite de Valois, femme de Henri IV.

Le jubé, avec ses ornements, ses deux escaliers qui s'élèvent, chacun en contournant le fût d'une colonne, jusqu'aux galeries supérieures sont des modèles de légèreté et de délicatesse.

Les vitraux, du seizième siècle, méritent l'attention des

visiteurs. Mgr Sibour, archevêque de Paris, fut assassiné dans cette église le 3 janvier 1857.

L'église de Saint-Germain des Prés fut construite par Childebert, sur l'emplacement de la basilique de Saint-Vincent, ravagée à diverses reprises par les Normands au neuvième siècle, et reconstruite au commencement du onzième par l'abbé Molard. Mais sa reconstruction ne s'acheva qu'en 1163, époque où le pape Alexandre III en fit la dédicace.

La longueur hors d'œuvre, y compris l'espace occupé par la tour carrée qui s'élève à son entrée, est d'environ 100 mètres. Sa largeur, sans y comprendre les chapelles qui l'entourent, est de 23 mètres.

L'intérieur présente d'abord une nef séparée des bas-côtés par cinq piliers à droite et autant à gauche. Chaque pilier se compose d'un massif où sont engagées quatre colonnes de diverses dimensions. Ces piliers supportent des arcades à plein cintre.

Vers les deux tiers de la longueur de cette église est un grand autel, et plus loin, à l'extrémité du chœur, en est un autre consacré à la Vierge, derrière lequel s'élève une construction en pierres de Conflans, nommée contre-retable, dont le dessin est d'une belle simplicité. Elle présente une niche couronnée d'un fronton, lequel est supporté par deux colonnes d'ordre corinthien. Dans la niche on a placé une figure de la Vierge. Les travaux de cette construction, commencés en 1816, ont été achevés en 1819.

Le chœur est entouré de colonnes isolées, qui, sur les côtés, supportent des arches à plein cintre, et, au rond-point du chœur, des arches en ogives. Les fenêtres du rond-point, et même du chœur, sont aussi en ogives.

Les différences de caractère que l'on trouve dans l'ensemble de cette construction indiquent les époques diverses auxquelles ses parties appartiennent.

La grosse tour carrée, simple et dépourvue d'ornements, qui s'élève à l'entrée et qui lui donne l'aspect d'une forteresse ou d'une prison, plutôt qu'un caractère religieux, est évidemment la partie la plus ancienne de l'église. Quelques savants ont cru qu'elle datait du temps de la fondation, c'est-à-dire du sixième siècle.

Les deux tours latérales, placées à l'autre extrémité de l'église, offraient un genre de construction différent de celui de l'intérieur, et leur architecture était plus recherchée. Elles paraissaient appartenir au temps de l'abbé Morard, au commencement du onzième siècle. En 1822 et 1823 ces tours, qui menaçaient ruine, ont été démolies.

Les piliers de la nef sont aussi du même temps : leurs colonnes engagées, leurs chapiteaux imités du corinthien, et chargés de figures et d'ornements bizarres, leurs bases doriques, les doubles arceaux séparés et soutenus au milieu par une colonne qui leur est commune, signalent l'architecture du onzième siècle.

La construction du rond-point du chœur, dont les arches sont en ogives, est d'un temps moins ancien.

On a remarqué que l'axe de la nef et celui du chœur ne forment pas une ligne droite ; que l'axe du chœur s'écarte de celui de la nef d'une manière peu sensible, et incline du côté du sud.

Dans les journées des 6 et 7 prairial an VII (25 et 26 mai 1799), des fouilles furent faites sous le grand autel de cette église, où Montfaucon et dom Bouillard indiquaient un tombeau intact qu'ils croyaient être celui de Charibert, roi de Paris.

Le 26 février 1819, on transféra, en cérémonie, du Musée des monuments français, les cendres de Montfaucon, de Mabillon et de René Descartes, et on les déposa dans la chapelle dite de Saint-François de Sales, où des tables en marbre noir portent des inscriptions qui attestent l'époque de leur mort et celle de leur translation en ce lieu.

Les cendres de Boileau Despréaux furent, le 14 juillet 1819, pareillement déposées dans la chapelle de Saint-Paul, située en face de celle de Saint-François de Sales. Une inscription latine, gravée sur une table de marbre noir, marque l'époque de la mort et de la translation des cendres de l'auteur de l'*Art poétique* et du *Lutrin*.

L'enclos du monastère contenait plusieurs édifices. Il s'y opéra, après l'an 1368, de grands changements. Charles V, craignant l'attaque des Anglais, ordonna que cet enclos fût fortifié. On répara les murailles, les tours, et on creusa des fossés tout autour.

L'intérieur de cet enclos offrait plusieurs places vides, plusieurs édifices construits à diverses époques, dont voici la notice. Au sud et à l'entrée de l'église existait et existe encore la chapelle de Saint-Symphorien, que saint Germain avait fait construire, et où, en l'an 576, il fut enterré. En l'an 754, on transféra son corps dans la grande église. Cette chapelle de Saint-Symphorien fut souvent reconstruite ou réparée.

Au nord de l'église étaient la sacristie, le cloître, le réfectoire et la chapelle de la Vierge.

Saint-Germain des Prés a été l'objet d'importantes restaurations tant au point de vue des sculptures que de la peinture. M. H. Flandrin l'a orné de fresques touchées à la manière antique.

Aux quinzième et seizième siècles, il s'opéra de grands changements dans l'intérieur de l'enclos de Saint-Germain des Prés. Charles de Bourbon, cardinal, archevêque de Rouen et abbé de Saint-Germain des Prés, en 1585, céda les fossés aux religieux qui les enserrèrent dans l'enclos, et firent élever des murs sur le bord extérieur. Le même cardinal commença, en l'année suivante, la construction du

Dôme des Invalides. (Page 195.)

palais Cardinal, orné de beaux jardins que le cardinal de Furstemberg, aussi abbé de Saint-Germain, fit, en 1699, considérablement embellir. Ce fut lui qui fit construire les écuries et la rue qui, de celle du Colombier, se dirige en face de ce palais, rue qui porte encore son nom.

La bibliothèque, qui faisait partie d'un des corps de bâtiments du cloître, et dont l'extrémité septentrionale était adhérente au réfectoire, ne devint considérable qu'au commencement du dix-huitième siècle ; elle était une des plus curieuses de Paris, et fut enrichie, en 1708, de celle de l'abbé d'Estrées ; en 1710, de celle de l'abbé Renaudot ; des bibliothèques de M. de Coislin, évêque de Metz, etc.

En 1699, l'abbé-cardinal de Furstemberg aliéna des parties de son enclos abbatial à divers particuliers, pour y bâtir des maisons à leurs frais. Par suite de cette aliénation furent établies les petites rues Abbatiale et Cardinale. Dans l'enclos des religieux on fit ouvrir, en 1715, la rue Childebert, et celle de Sainte-Marthe qui est en retour, établir un porche et un parvis devant la principale entrée de l'église. Tous les fossés étaient comblés, et des masses de maisons s'élevaient à leur place.

Le dôme des Invalides est célèbre dans le monde entier ; il renferme le tombeau de Napoléon Ier. (*V.* page 193.)

Cette coupole atteint avec sa lanterne une hauteur de 105 mètres et devait former le chœur de l'église des Invalides ; mais il en est encore séparé.

Par une ouverture assez longue, de forme circulaire, on aperçoit dans la crypte, éclairé par la lumière qui tombe de la coupole, le sarcophage de granit rose qui, depuis 1840, renferme les restes du capitaine qui fit trembler l'Europe. Dans les chapelles latérales, sont situés les tombeaux de Turenne et de Vauban. L'église est tout ornée des drapeaux conquis pendant les guerres de la République et de l'Empire. Le dôme date du commencement du dix-huitième siècle.

Nous citerons encore sur la rive gauche :
Sainte-Clotilde, construite par l'architecte allemand Gau, dans le style du quatorzième siècle ; Saint-Sulpice, commencé en 1646 et terminé en 1749 par Servandoni, remarquable surtout par sa façade ; l'église du Val-de-Grâce, avec une coupole fort élégante.

Parmi les églises de la rive droite, la Madeleine se place au premier rang ; bâtie sur le plan d'un temple grec, elle subit plusieurs changements fâcheux. Destinée par Louis XV au culte catholique ; elle devait être transformée, sous Napoléon Ier, en un temple de la Renommée en l'honneur de l'armée française. La Restauration la rendit au culte catholique ; mais elle ne fut terminée que sous le règne de Louis-Philippe ; l'édifice a 103 mètres de longueur sur 43 mètres de large ; l'intérieur est d'une magnificence extrême et forme un vaisseau à trois voûtes. (*V.* page 197.)

Saint-Vincent de Paul, dans le style des anciennes basiliques avec un péristyle grec, fut bâti de 1824 à 1844. L'église Notre-Dame de Lorette est construite en un style analogue et donne son nom à un certain genre de femmes qui habitent le quartier avoisinant et dont les mœurs sont loin d'être religieuses. Commencée en 1824, sous les plans et sous la direction de l'architecte Lebas, elle fut terminée en 1836. Elle a la forme d'une basilique et a trois nefs, six chapelles latérales et deux autres au bras de la croix. C'est une imitation de la magnifique basilique Sainte-Marie Majeure de Rome ; et, comme toutes les églises d'Italie, elle est décorée avec un luxe un peu mondain. On y trouve un grand nombre de tableaux dus à nos meilleurs artistes et

La Madeleine. (Page 196.)

peints sur place; toutes les parois sont couvertes de peintures, de dorures ou de sculptures.

L'église Saint-Germain l'Auxerrois, place Saint-Germain l'Auxerrois, en face la colonnade du Louvre, désignée d'abord sous le nom de Saint-Germain le Rond, à cause de sa forme, fut achevée, selon toute apparence, par Chil-

Tour Saint-Germain l'Auxerrois.

péric Iᵉʳ et détruite par les Normands, lorsqu'ils quittèrent les bords de la Seine. Le roi Robert le Pieux la rebâtit, mais l'édifice actuel est de beaucoup postérieur. (*V.* p. 261.)

Saint-Germain-l'Auxerrois, un curieux spécimen de l'art gothique, a été nouvellement restaurée et grattée, afin d'être en harmonie avec la mairie, son pendant, avec laquelle elle est reliée par une tour d'un goût plus que douteux.

Sous le règne de Charlemagne, et peut-être bien avant il existait dans le cloître Saint-Germain une école célèbre qui est encore mentionnée en 1292 et qui a donné son nom au quai de l'École.

Il y a deux dates mémorables dans l'histoire de Saint-Germain l'Auxerrois : le 24 août 1572, le 14 février 1831. Le 24 août 1572, la cloche de cette église donna le signal de la Saint-Barthélemy. Le 14 février 1831, elle fut saccagée par le peuple au moment où le clergé de la paroisse célébrait l'anniversaire de la mort du duc de Berry. Rendue au culte en 1838, Saint-Germain nous apparaît avec de récentes restaurations. M. Mottez en a décoré le porche en peignant une série de tableaux à fresque.

L'église de Saint-Severin a été bâtie à différentes époques : on y travaillait en 1347, on l'agrandit en 1489 ; quelques parties de l'intérieur datent du onzième siècle, presque tout date du quinzième ; cependant la trace du dix-septième se fait aussi sentir dans plusieurs détails de l'ornementation.

Le maître-autel, dont il ne reste qu'un débris, a été exécuté par Baptiste Tubi, sur les dessins de Charles le Brun.

Le magnifique buffet d'orgues date de 1447.

Les cendres de Pasquier et des frères Sainte-Marthe reposent dans cette église.

L'église Saint-Gervais, commencée vers l'an 1212, fut terminée en 1430, et le portail actuel, que Jacques Desbrosses y fit appliquer, date de 1616. Ce portail, peut-être un peu lourd, est d'une élégance mâle et robuste. On reconnaît à son cachet l'architecte du palais du Luxembourg. Sur la façade de Saint-Gervais on a placé récemment des statues dans des niches : celle de droite, saint Protais, est de A. Moine ; celle de gauche, saint Gervais, de A. Préault.

Saint-Germain l'Auxerrois, vue prise avant la démolition de l'ancien presbytère. (Page 199.)

Dans l'intérieur de cette église, on admire la plus grande partie des vitraux, de Cousin et Pinaigrier, et quelques bons tableaux : une *Assomption*, du dix-huitième siècle, et une *Décollation*, du dix-septième, sont surtout remarquables.

La chapelle de la Vierge offre encore un beau spécimen du gothique flamboyant. Tout près de la sacristie, on lit cette inscription sur une pierre scellée dans la muraille :

« Bonnes gens, vous plaise savoir que ceste présente église de saint Gervais et saint Protais fut dédiée le dimanche devant la feste de saint Simon et saint Jude, l'an mil quatre cens et vingt, par la main du révérend père en Dieu, maistre Gourbut, évêque d'Agrence, et sera toujours la feste de la sainte dédicace, le dimanche devant la dicte feste de saint Simon et saint Jude, si vous plaise y venir.... et les grans SS. dons et priez pour les biens faicteurs de cette église et aussi pour les trespassez. Pater noster. Ave Maria. »

Saint-Gervais n'a pas conservé les tombeaux du chancelier Voisin, du poëte Scarron et de l'acteur tragique Lafosse, qui y furent inhumés.

L'église Saint-Merri fut commencée sous François Ier et terminée seulement en 1612.

On remarque à l'intérieur une ceinture de chapelles presque toutes décorées de boiseries et d'autels exécutés au dix-huitième siècle ; deux tableaux de Vanloo, représentant une Vierge et l'Enfant Jésus, et un Saint Charles Borromée ; enfin, on s'arrête encore devant l'autel qui a la forme d'un tombeau et devant le tabernacle au-dessus duquel est la châsse de saint Merri.

Le cloître Saint-Merri fut le théâtre d'une lutte terrible pendant l'émeute des 5 et 6 juin 1832.

Jadis les sépultures de Chapelain et de Arnaud, marquis de Pomponne, étaient à Saint-Merri.

C'est sur l'emplacement de la petite chapelle de la maison professe des Jésuites que Louis XIII fit construire l'église Saint-Paul-Saint-Louis; elle eut pour architecte le père François Derrand. On en posa la première pierre en 1227. Le roi ayant fait tous les frais de la construction, les jésuites frappèrent une médaille avec cette inscription : « Vicit ut David, ædificat ut Salomon.» (Il a vaincu comme David, il bâtit comme Salomon). Ce fut Richelieu qui fit élever le portail exécuté par le jésuite Marcel Ange, et une inscription, placée sur la façade du monument, consacre cette munificence. L'église, terminée en 1641, prit le nom de Saint-Paul-Saint-Louis après la démolition de l'église Saint-Paul, qui eut lieu en l'an v.

La maison professe des jésuites, attenante à l'édifice religieux, est actuellement occupée par le lycée Charlemagne. Saint-Paul renferme les cendres de Bourdaloue. Le cœur de Louis XIII, ainsi que le corps du grand Condé et de son père H. de Bourbon, y furent aussi déposés dans de somptueux tombeaux; mais ces monuments ont disparu, et à Saint-Paul, la seule œuvre d'art qui mérite aujourd'hui l'attention, est le tableau de E. Delacroix, le Christ au jardin des Olives.

Le portail de cette église a 48 mètres de haut sur une base de 24 mètres.

L'église Saint-Jacques du Haut Pas, située tout à côté de l'établissement des Sourds-Muets, fut commencée en 1630, sur les dessins de Giffard, et terminée en 1684. Gaston d'Orléans, frère de Louis XIII, en posa la première pierre. Elle ne put être achevée que grâce au zèle des ouvriers maçons et carriers de la paroisse, qui firent d'énormes sacrifices pour satisfaire Mme la duchesse de Longueville, dont les libéralités étaient encore insuffisantes pour payer les dépenses que suscita ce monument. On remarque à Saint-Jacques quatre tableaux de Lesueur : la Foi, l'Espérance, la Charité et la Religion ; un Saint Pierre de Restout, et un Christ aux enfers de Gérard. Cochin, fondateur de l'hôpital de ce nom, et Cassini, l'astronome, sont inhumés dans cette église.

L'église du Val-de-Grâce prit son nom d'un monastère fondé par Anne d'Autriche en 1624. En 1645, Louis XIV en posa la première pierre. François Mansart, qui fut son premier architecte, mena sa construction à douze mètres au-dessus du sol. Ch. Lemercier l'éleva jusqu'à la hauteur de la corniche, et Pierre Lemuet et Gabriel Leduc l'achevèrent en 1665.

Le dôme du Val-de-Grâce est une des imitations les mieux réussies de Saint-Pierre de Rome. A l'intérieur, la coupole de ce dôme a été peinte par Pierre Mignard ; elle représente la sainte Trinité, Anne d'Autriche, et les principaux personnages du catholicisme. Molière a fait dans un poëme l'éloge de cette peinture ; mais on remarque encore d'autres œuvres d'art dans cette église : ce sont les peintures de Philippe de Champagne et les sculptures de Michel Augier, le sculpteur de la Porte Saint-Denis.

L'abbaye du Val-de-Grâce fut supprimée en 1790 et rendue au culte en 1826. Elle contient les restes de la reine Henriette, fille de Henri IV et femme de Charles Ier.

L'église Saint-Thomas d'Aquin, située sur la place qui porte son nom, fut commencée en 1682 et terminée en 1740. Le portail, rebâti en 1787, par le frère jacobin Bullet, est surmonté d'un fronton orné d'un bas-relief représentant la Religion. Le plan du monument a la forme d'une croix grecque. On voit à Saint-Thomas d'Aquin une Transfiguration peinte à fresque, dans la coupole du chœur, par Lemoine ; une Descente de croix, de Guillemot ; saint Thomas apaisant la tempête, de Ary Scheffer. Les peintures murales sont de M. Blondel.

La première pierre de Saint-Roch fut posée en 1735. C'est de l'escalier du portail de cette église que Bonaparte fit tirer le canon sur les sections insurgées, en vendémiaire, contre la Convention nationale.

La chapelle de la Vierge de Saint-Roch est d'un singulier aspect; on y remarque un Christ en croix, de Michel Augier, au milieu de soldats et de rochers en pierre enluminés.

Sur l'un des piliers de la galerie des orgues, on voit un médaillon de Pierre Corneille, avec une inscription rappelant son inhumation à Saint-Roch et le jour de sa mort arrivée rue d'Argenteuil, le 1er octobre 1684.

Parmi les morts illustres qui furent enterrés à Saint-Roch, on compte Mme Deshoulières, de Pontchartrain, le président Hénault, l'abbé de Mably et l'abbé de l'Épée.

L'abbé Olivier, qui fut longtemps curé de Saint-Roch et qui est mort évêque d'Évreux, était l'homme le plus doux et le plus tolérant qu'on pût voir; il aimait toutes les belles choses, et particulièrement la musique et les fleurs, et sa charité vraiment évangélique s'étendait sur tous et sur *toutes*. Comme un haut fonctionnaire de l'autorité civile lui représentait que la célébration de la messe de minuit dans une paroisse, où les courtisanes abondent, avait de graves inconvénients, et que ces pécheresses ne manquaient pas d'assister à toutes ces solennités nocturnes, « Mon Dieu ! répondit-il, je le sais bien; mais où seraient, s'il vous plaît, pendant la messe, celles qui n'y viendraient pas? C'est donc toujours quelque chose de gagné, et puis qui peut répondre qu'il n'y ait parmi elles quelques Madeleines ? »

Saint-Roch n'eut pas toujours un curé de si belle et de si douce humeur. Mlle Raucourt, une des artistes célèbres du Théâtre-Français, faisait de fréquents et riches présents

à l'église Saint-Roch, près de laquelle elle demeurait, et ses présents étaient toujours reçus avec un nouveau plaisir. Cependant lorsqu'elle mourut, vers la fin de 1814, le curé refusa l'entrée du saint lieu aux restes mortels de la comédienne. Tout le peuple du quartier s'en émut; l'émeute gronda; on menaça de faire le siége de l'église, et quelques voix firent entendre le terrible cri : *A la lanterne!* On ne saurait dire ce qui serait arrivé si Louis XVIII, informé de ce qui se passait, ne se fût empressé de donner des ordres pour que l'église fût ouverte aux restes de la grande artiste. Le peuple satisfait se retira; mais le curé jugea prudent de se tenir caché pendant quelque temps.

En 1646, le duc Gaston d'Orléans posa la première pierre de l'église Saint-Sulpice, que Servandoni acheva presque un demi-siècle plus tard; nous disons acheva presque, parce que cet architecte a laissé, sans être terminées, les deux tours placées aux extrémités de la façade.

L'église Saint-Sulpice a 140 mètres de longueur sur 32 mètres d'élévation et 56 mètres de largeur. Les deux tours ont 70 mètres d'élévation, 3 mètres de plus que les tours Notre-Dame. Le portail a été achevé vers 1745.

Henri Sully établit en 1743, à Saint-Sulpice, une méridienne pour fixer l'équinoxe du printemps et le jour de Pâques.

Sous la Révolution, on nomma cette église le temple de la Victoire; plus tard elle devint le principal temple des Théophilanthropes. En 1799, on y donna, le 15 novembre, un banquet par souscription au général Bonaparte.

L'église des Petits-Pères ou Notre-Dame des Victoires, dont Louis XIII posa la première pierre, le 8 décembre 1629, ne fut terminée qu'en 1740. Le portail, construit par Cartaud, l'architecte du roi, en 1739, imite les formes pyramidales de Mansard. L'église de Notre-Dame des Victoires, telle qu'elle est aujourd'hui, se compose d'une seule nef. Les chapelles sont au nombre de six. A l'entrée de la basilique, à gauche, près du bénitier, on remarque gravé un vers grec rétrograde, c'est-à-dire qu'on peut le lire de gauche à droite et de droite à gauche ; mais comme peu de personnes savent le grec, on a eu le soin de mettre la traduction latine que voici :

Ablue peccata non solam faciem.

Ce qui signifie : Ne lavez pas seulement votre visage, lavez surtout vos péchés.

Primitivement, on avait aussi gravé sur le parement d'une table de marbre les motifs qui déterminèrent Louis XIII, vainqueur des protestants de la Rochelle, à dédier l'église des Petits-Pères sous le vocable de Notre-Dame des Victoires.

« Louis XIII, par la grâce de Dieu, roi très-chrétien de « France et de Navarre, vainqueur de l'hérésie et des enne- « mis de l'État, a voulu élever ce monument à la piété des « Augustins déchaussés de Paris, et leur ériger un temple « sous la protection de la Vierge Marie, et sous l'invocation « de Notre-Dame des Victoires, lequel il dédia l'an du Sei- « gneur 1629, le 9 mai, de son règne le xx. »

Dans la chapelle, à gauche, est le tombeau de Lulli par Cotton, et dans la première chapelle, à droite, celui de Jean Vassal, secrétaire du roi, par le même artiste.

Saint-Vincent de Paul, commencée en 1824 par M. Lepère, a été terminée par M. Hittorf. Elle a 80 mètres de long sur 37 de large. Le péristyle formant avant-corps est orné de trois rangs de colonnes supportant un fronton décoré d'un bas-relief qui représente *l'Apothéose de saint Vincent de Paul*, par M. Lemaire.

La Synagogue. (Page 213.)

On remarque dans cette église les boiseries du chœur, par MM. Millet et Molchnët, et les vitraux de M. Maréchal (de Metz).

On a construit, rue Sainte-Cécile, sur l'emplacement de l'ancien Garde-Meubles, une nouvelle église appelée Saint-Eugène. Cette église, dont le projet est de M. Boileau, est conçue dans le style du quinzième siècle. Toute l'ornementation extérieure et intérieure est en fonte de fer, ainsi que les piliers qui soutiennent les voûtes et séparent la nef principale des deux collatérales prolongées tout autour de l'édifice. La flèche et les morceaux des fenêtres et des roses sont également en fonte; les chapelles sont accusées à l'extérieur par une succession de frontons aigus. Vingt mois ont suffi pour la construction de ce monument. Le décret d'érection est daté du 6 mars 1854, et le 20 décembre 1855, Mgr l'archevêque de Paris inaugurait l'église, et procédait à l'installation de M. l'abbé Coquand comme curé de la paroisse. Les sculptures, tant sur bois que sur pierre, sont de MM. Boileau fils et Bernard; les vitraux de MM. Laurent, Gsell, Lusson et Oudinot; le magnifique buffet d'orgue est sorti des ateliers de MM. Merlin et Schutze.

Paris compte en outre quatre chapelles anglicanes et huit églises et chapelles protestantes, parmi lesquelles l'Oratoire est la plus importante.

L'église russe (catholique grecque), dans le voisinage de l'arc de triomphe de l'Étoile, a été construite, en style byzantino-moscovite, d'après les plans de Cusmine de Strolnn.

Enfin la synagogue, dont l'ensemble est composé de motifs orientaux et byzantins, a pour auteur l'architecte Thierry. (*V.* page 211.)

THÉATRES.

Opéra. — Opéra-Comique. — Italiens. — Théâtre-Lyrique. — Théâtre-Français. — Odéon. — Porte-Saint-Martin. — Ambigu. — Variétés. — Gaîté. — Théâtres divers.

Les théâtres sont beaucoup plus nombreux à Paris, proportion gardée, que les églises, et depuis que la liberté des théâtres a été proclamée, le nombre des petites scènes s'augmente de jour en jour.

Le véritable Parisien s'impose volontiers les plus grandes privations, pour savourer le dimanche, avec sa famille, les émotions épicées d'un drame à effet, ou admirer les trucs et les décors de la féerie à la mode.

On compte environ trente théâtres véritablement dignes de ce nom : nous ne mentionnerons que les principaux.

Le Grand-Opéra ou Académie impériale de musique est situé rue Lepeletier; son extérieur est mesquin, mais nulle scène du monde ne saurait rivaliser avec la sienne. C'est à Mazarin qu'il faut attribuer la fondation de l'Opéra; il fût établi en 1645, dans la rue du Petit-Bourbon.

Il prit le nom d'Académie royale de musique, lors de sa translation rue Mazarine, sous la direction de Lulli. Après la mort de Molière, en 1673, son théâtre, situé au Palais-Royal, fut concédé à Lulli.

Peu de temps avant la Révolution, l'Opéra fut deux fois incendié (1763, 1781). Après ce dernier incendie on éleva sur le boulevard Saint-Martin, en soixante-quinze jours, une salle appropriée aux besoins de ses représentations grandioses. Cette salle existe encore sous le nom de théâtre Saint-Martin.

Le nouvel Opéra. (Page 213.)

Sous la Révolution, les acteurs formèrent pendant quelque temps une association dont tous les membres participaient aux bénéfices. L'Opéra était alors devenu le théâtre de la Nation.

Sous le Directoire, il changea encore de nom et fut appelé Théâtre de la République et des Arts.

L'assassinat du duc de Berry (1820) provoqua la fermeture et bientôt après la destruction de la salle de la rue Richelieu. Le 19 août 1821 eut lieu l'ouverture du nouveau théâtre de la rue Lepeletier.

Le gouvernement impérial a entrepris, sur le boulevard des Capucines, la construction d'une salle aux proportions gigantesques et vraiment digne de notre première scène lyrique, et dont notre gravure donnera une idée. (*V.* page 215.)

Sous l'empire, les succès furent rares; il en fut de même sous la Restauration; avant la Révolution, la subvention de l'État était de 300000 francs; mais, il faut bien le dire, à aucune époque l'Opéra n'a pu se suffire et les dépenses ont toujours dépassé les recettes; sous la Restauration, la subvention accordée par l'État a monté jusqu'à 950000 francs. Un décret de juillet 1854 a fait passer l'Opéra dans les attributions du ministère d'État, il est régi par la liste civile moyennant une subvention de l'État de 820000 francs.

L'Opéra-Italien, place Ventadour, occupe la salle construite en 1829 pour l'Opéra-Comique : il occupe une place artistique fort distinguée, la subvention de 100000 francs qui lui est accordée n'est pas suffisante et le force de tenir le prix de ses places à un taux très-élevé. (*V.* page 219.)

On avait donné le nom de Comédie-Italienne à une troupe de comédiens italiens qui vinrent s'établir à Paris en 1659. Mazarin leur céda le théâtre de l'hôtel de Bourgogne, qui était alors situé dans la rue Mauconseil. Là on ne représentait guère que des farces et des arlequinades. Ces comédiens furent constamment en lutte avec Messieurs de la Comédie-Française, qui voyaient dans l'établissement de ce théâtre une atteinte à leur privilége. Les comédiens italiens essayèrent de jouer des pièces françaises. Les Français s'en plaignirent à Louis XIV. Ce roi voulut être juge de ce différend; Baron plaida en faveur de sa troupe ; quand il eut achevé, Dominique, l'Arlequin des Italiens, dit au roi, avant de commencer son plaidoyer : « Sire, comment parlerai-je? — Parle comme tu voudras, lui répondit le roi. — Il n'en faut pas davantage, reprit Dominique; j'ai gagné ma cause. » En 1697, ils se virent expulsés de l'hôtel de Bourgogne. Le régent les rétablit plus tard. En 1762, les comédiens italiens se réunirent à la troupe de l'Opéra-Comique. Le nouveau théâtre représentait des vaudevilles, des opéras et des comédies. Cependant le public cessa de se porter à la Comédie-Italienne et donna la préférence à l'Opéra-Comique. En 1780, les comédiens italiens se retirèrent; mais la troupe continua à exploiter le théâtre sous le nom de Comédie-Italienne. En 1785, ce théâtre fut transporté dans la salle occupée aujourd'hui par le théâtre de l'Opéra-Comique, sur le boulevard des Italiens.

Le théâtre de l'Opéra-Comique succéda à ceux de la Foire, où les comédiens italiens représentaient des pièces à ariettes. Il fut installé en 1716, à l'hôtel de Bourgogne.

Le succès de cette nouvelle scène éveilla la jalousie des comédiens français et d'une autre troupe de comédiens italiens. Cette lutte, qui dura pendant de longues années, appela de misérables persécutions sur les comédiens de l'hôtel de Bourgogne; le chant leur fut interdit.

Ce théâtre mit alors en scène des personnages muets qui gesticulaient pendant que le chanteur, placé dans la salle, faisait entendre les morceaux.

Théâtre des Italiens. (Page 217.

La Comédie-Française combattit cette forme de l'esprit d'opposition en faisant défendre à l'Opéra-Comique et au théâtre de la Foire, de représenter autre chose que les danses de corde ; les monologues furent cependant permis. Lesage et quelques autres eurent recours à la satire, l'arme des vaincus : à l'aide de marionnettes, ils parodiaient les pièces de la Comédie-Française et même le jeu de ses acteurs. L'Opéra-Comique fut fermé jusqu'en 1724.

A cette époque, l'Académie royale de musique donna à Favart le privilége de l'Opéra-Comique Ce théâtre fut de nouveau fermé en 1745 et rétabli en 1752. La fusion de l'Opéra-Comique et de la Comédie-Italienne eut lieu en 1726.

La Comédie-Italienne avait cru qu'elle dominerait et effacerait l'autre troupe ; mais la vogue de l'Opéra-Comique ne tarda pas à faire oublier la Comédie-Italienne. L'Opéra-Comique était d'ailleurs admirablement secondé par les Berton et les Grétry. En 1783, l'Opéra-Comique s'installa dans la salle Favart. Il trouva un concurrent dans le théâtre Feydeau, qui fut inauguré en 1791. Cette rivalité qui fut heureuse pour l'art musical, devint funeste aux deux entreprises ; les salles Favart et Feydeau furent fermées en 1801. Il y eut bientôt après fusion des deux troupes. Cependant la salle Feydeau rouvrit en 1806, comme théâtre d'opéra-comique. Plus tard, l'Opéra-Comique chercha un asile dans la salle Ventadour, en 1829 ; il s'installa sur la place de la Bourse en 1832 ; en 1840, il revint à la salle qu'il occupe encore aujourd'hui. (*V.* page 223.)

Le Théâtre-Français est regardé comme le premier de France dans l'ordre littéraire, les acteurs ont le titre de *Comédiens ordinaires de l'Empereur.*

Il est destiné à perpétuer le goût de la saine littérature, en ne jouant que les chefs-d'œuvre dramatiques anciens et modernes.

C'est du 25 août 1680, que date véritablement la création de la Comédie-Française. Louis XIV, en fusionnant les acteurs de la troupe de Molière, dite *troupe royale,* avec les comédiens de l'hôtel de Bourgogne, en fixant par une déclaration le nombre des acteurs, en partageant les gains suivant les talents, en réglant lui-même l'ordre intérieur de la nouvelle société, à laquelle il accorda une pension annuelle, introduisit pour l'avenir l'action souveraine du pouvoir dans l'administration du Théâtre-Français.

Tous les gouvernements qui lui ont succédé, même celui de la Terreur, ont entendu conserver la haute surveillance d'un théâtre appelé à exercer sur l'opinion publique une si grande influence.

En 1689, les comédiens, alors installés rue Mazarine, furent forcés, par la Sorbonne, de quitter son voisinage, et s'établirent rue des Fossés-Saint-Germain-des-Prés (de l'Ancienne-Comédie), vis-à-vis le café Procope.

Leur séjour dans ce théâtre, jusqu'en 1770, fut l'époque la plus brillante de la Comédie-Française. On y vit réunis, au milieu du dix-huitième siècle, Grandval, le Kain, Bellecour, Préville, Molé, Monval, les Dugazon, les Duménil, les Clairon, les Contat et tant d'autres. La salle étant devenue insuffisante par l'affluence des spectateurs français et étrangers, on en construisit une spéciale sur l'emplacement actuel de l'Odéon, et la Comédie-Française s'y installa en 1782, après avoir joué pendant douze ans aux Tuileries.

La liberté des théâtres, en 1791, brisa les liens de la société qui unissait les acteurs. Plusieurs l'abandonnèrent pour la nouvelle scène de la rue Richelieu, asile actuel du Théâtre-Français. Attachée par des souvenirs de reconnaissance au gouvernement royal déchu, la nouvelle troupe fut rangée par le gouvernement de la Terreur dans la classe des suspects. Les acteurs furent arrêtés et jetés en prison

Opéra-Comique. (Page 218.)

en septembre 1793, et ne furent délivrés qu'après le 9 thermidor.

Dispersés sur différents théâtres, ils furent réunis par le premier Consul, qui leur fit passer un acte d'association, reconstituant l'ancienne organisation du Théâtre-Français (27 germinal an VIII).

L'Empire fut une nouvelle période de gloire pour la Comédie-Française, qui accompagnait l'Empereur, non-seulement dans ses résidences impériales, mais à Erfurt, à Dresde, où elle jouait devant des *parterres de rois*.

Elle citait avec orgueil les noms de Talma, Joly, Monrose, Fleury, Baptiste aîné, Michot, Mars, Duchesnois. La salle du Théâtre-Français, longtemps négligée sous le rapport matériel, vient enfin de recevoir des agrandissements et des embellissements vraiment urgents. (*V.* page 227.)

L'Odéon, construit en 1782 sur l'emplacement de l'ancien hôtel de Condé, fut incendié en 1799 et 1818; c'est un bâtiment isolé qui a 18 toises et demie de largeur, 29 de profondeur et 9 d'élévation. Huit colonnes doriques formant péristyle décorent sa façade principale; trois galeries publiques, percées de 46 arcades, se lient avec le porche; la forme extérieure de ce théâtre est ovoïde; son grand axe est de 56 pieds, le petit de 47; il est orné de 8 pilastres composites. (*V.* page 231.)

Enfin, l'aspect extérieur et intérieur de cette salle est d'un style sévère; le vestibule, d'une magnificence majestueuse, attire l'admiration. Le genre de ce théâtre est le même que celui des Français, qui, sous certaines conditions, peut lui enlever ses pièces et ses acteurs.

L'Odéon est subventionné par le gouvernement pour encourager les jeunes talents artistes et auteurs. Depuis Picard, qui fut directeur du théâtre en 1798, l'Odéon a vu passer beaucoup de directions, mais aussi beaucoup de succès.

Disons en terminant que le second Théâtre-Français a conserve le nom de l'Odéon parce que dans l'origine on avait décidé que des opéras et des pièces mêlées de chant formeraient le fonds de son répertoire. L'homme propose et Dieu dispose.... C'est le cas de citer une fois de plus ce proverbe.

Le Théâtre-Lyrique, situé en 1846, sur le boulevard du Temple, est aujourd'hui sur la place du Châtelet; il fut construit pour Alexandre Dumas, sous le nom de Théâtre-Historique; ouvert depuis cinq ou six ans aux chanteurs, le Théâtre-Lyrique est à l'Opéra-Comique, ce qu'est l'Odéon au Théâtre-Français.

Le Gymnase, boulevard Bonne-Nouvelle, construit en 1820 sur les dessins de Bougevin et Guerchy, fut appelé le théâtre de Madame, à cause de la duchesse de Berry; aujourd'hui, bien que le Gymnase soit sous le patronage de Sa Majesté l'Impératrice, on lui conserve son nom populaire. M. Scribe fit représenter la plupart de ses vaudevilles au Gymnase, et l'on peut dire que cette salle fut le berceau du vaudeville sérieux, pour devenir plus tard celui de la comédie de mœurs. Ses premiers succès : *le Secrétaire et le Cuisinier*, *les Deux précepteurs*, *Michel et Christine*, *la Marraine*, *etc.;* un nombre infini de petites pièces amenèrent leur auteur sur le chemin de l'Académie, et lui donnèrent le droit de mettre cette inscription sur une propriété qu'il acheta à Sericourt :

> Le théâtre a payé cet asile champêtre,
> Vous qui passez, merci ! Je vous le dois peut-être.

Le Vaudeville, fondé en 1791; les premiers directeurs du Vaudeville furent les auteurs Piis et Barré, qui se consacrèrent à leurs théâtres comme les Piron, les Fizelier, les Le-

Théâtre Français. (Page 221.)

sage, s'étaient jadis consacrés au Théâtre de la Foire. On exploitait l'à-propos, l'allusion politique, toutes les pièces commençaient par un couplet d'annonce et avaient leur couplet final, chanté par chaque personnage de l'ouvrage. Une allusion imprudente faite au procès de Louis XVI, dans une pièce intitulée la *Chaste Suzanne*, fut cause de la fermeture du théâtre et de l'emprisonnement de Radet et Desfontaines, ses deux directeurs. Sous l'Empire on interdit la politique au Vaudeville, qui entra alors dans sa période la plus gaie en donnant ses pièces de *Galerie*. Ce théâtre passa successivement en revue tous les littérateurs de la Nation. Vint ensuite la direction de Désaugiers, qui fit connaître Rougemont, Théaulon, Mélesville, Bayard, Ancelot, Lockroi, Paul Duport. — Cependant les flonflons étaient vieux; les refrains joyeux, les couplets villageois, les épigrammes piquantes cédèrent la place aux grands airs, aux morceaux à prétention, contre lesquels Arnal se récriait et faisait oublier dans les pièces de Dupaty, Duvert et Varin. Les succès se multiplièrent.... Un incendie qui éclata dans la nuit du 16 au 17 février 1838, mit fin à cette prospérité et anéantit le théâtre qui était alors rue de Chartres. Le Vaudeville dut se transporter dans la salle du café-spectacle, boulevard Bonne-Nouvelle, où il resta jusqu'en 1840, époque à laquelle les directeurs crurent devoir poursuivre, place de la Bourse, les succès *dits* de grandes pièces.

L'origine du théâtre des Variétés remonte à Mlle de Montansier, et la salle actuelle s'est ouverte le 24 juin 1808. La pièce d'inauguration intitulée le *Panorama de Momus*, était de Désaugiers, Moreau et Francis. Elle eut un immense succès. Une foule d'acteurs se sont rendus célèbres à ce théâtre; parmi eux, nous citerons Brunet, Tiercelin, Potier, Vernet, Odry et Arnal. Potier y eut un procès qui révéla à M. Séguier que cet acteur avait un engagement portant un dédit de cent mille francs. « Cent mille francs! s'écria le président; mais où donc est ce monsieur qui vaut cent mille francs? — Me voilà, dit timidement Potier, souffreteux et malingre. — Diable! » reprit avec une moue incrédule et étonnée M. Séguier.... Et toute la salle de partir d'un éclat de rire. Le magistrat avait rappelé, bien sans le vouloir, le *Bourgmestre de Saardam*, rôle dans lequel le célèbre acteur se montrait d'une inimitable naïveté.

Le Palais-Royal, qui garde la tradition des pièces bouffonnes et grivoises, fut ouvert en 1831 dans l'ancienne salle de la Montansier. Les acteurs de ce théâtre sont aimés du public, disait dernièrement un critique, parce que ce sont de drôles de corps. Le théâtre du Palais-Royal est situé dans le Palais-Royal, à côté des boutiques où les dorlotières ou modistes vendaient jadis :

> Nœuds argentés, lacets, écharpes,
> Bouillons en nageoires de carpes,
> Porte-fraises en entonnoir,
> Oreillettes de velours noir,
> Doublures aux masques huilées,
> Des mentonnières dentelées,
> Des sanglets à roidir le busc,
> Des endroits où l'on met du musc, etc.

Le tout en permettant une foule de privautés aux chalands, que les étrangers voudraient en vain prendre à notre époque. Aujourd'hui chacun peut conduire sa femme ou sa fille se promener au Palais-Royal, aussi bien le soir que le jour.

La Porte-Saint-Martin. Ce berceau du drame moderne fut d'abord bâti en 1681, en soixante-quinze jours, pour représenter l'opéra, dont la salle venait d'être incendiée. — Victor Hugo, Alexandre Dumas, Casimir Delavigne, Lamartine ont donné leurs plus belles pièces à ce théâtre, où l'on voit encore de temps à autre se dérouler de magnifiques

Odéon. (Page 225.)

éeries. On se rappellera longtemps des *Petites Danaïdes*, de *la Biche au Bois* et des grands spectacles machinés des frères Cogniard. Frédérick-Lemaître et Mme Dorval ont trouvé leurs plus beaux triomphes sur cette grande scène.

La Gaîté, considéré comme le doyen des théâtres de mélodrame était, en 1760, un des théâtres de la foire. Nicolet, qui a laissé son nom dans l'acrobatie, fut son fondateur.

L'ancienne salle de la Gaîté, bâtie en 1808 sur le boulevard du Temple, fut brûlée et reconstruite en 1835, sous la direction de M. Bourlat. Aujourd'hui la salle de la Gaîté, située en face le square des Arts-et-Métiers, a essayé un nouveau mode d'eclairage. Des becs de gaz entre la coupole et une nappe de verre dépoli, éclairent ses acteurs et ses spectateurs. Cette lumière est un peu blafarde, mais elle fatigue moins les yeux que le lustre adopté anciennement.

L'Ambigu-Comique, fondé en 1667 par un nommé Audinot, ne donna d'abord que des pièces jouées par des marionnettes, et ensuite par des enfants. Enfin, en 1828, on construisit la salle que l'on admire maintenant et où on applaudit chaque soir une véritable troupe de drame. Le théâtre de l'Ambigu est situé boulevard Saint-Martin, à l'angle de la rue de Bondy.

Dans le nombre des acteurs que les habitués du théâtre aiment à voir jouer, Mme Marie Laurent, MM. Castellano, Faille et Renard sont au premier rang.

Le Cirque impérial du Châtelet, construit en 1862 pour remplacer le Cirque Impérial du boulevard du Temple, démoli pour faire place au boulevard du Prince-Eugène, a pour spécialité les pièces militaires et féeries. On se souvient et on se souviendra encore longtemps des *Pilules du Diable*, qui tinrent plus de dix-huit mois l'affiche du Cirque.

Le théâtre du Luxembourg est appelé vulgairement *Bobino*, à cause du nom d'un paillasse, le Bobèche de la rive gauche, qui attirait jadis la foule par ses lazzis et grimaces qu'il exécutait à la porte de cette salle, avant l'heure des représentations d'acrobates, des jongleurs et d'équilibristes qui en firent à son origine une véritable baraque foraine.

Aujourd'hui, le Luxembourg est un vrai théâtre, et si la littérature n'y brille pas souvent d'un vif éclat, de temps à autre il sort aussi de cette scène des artistes distingués. Nous citerons Geoffroy, qui s'est essayé dans les rôles d'Alcide Touzez, Montdidier, enfin Clairville, qui a débuté sur cette scène comme acteur et comme auteur. Le Luxembourg, situé rue de Fleurus, réunit chaque soir les étudiants viveurs, ils viennent là passer leur soirée après avoir bien dîné, et c'est un grand plaisir pour ces messieurs quand, des avant-scènes, ils peuvent empêcher les acteurs et les actrices de garder leur sérieux dans une scène bien pathétique. Les observateurs aiment beaucoup Bobino.

Les Bouffes-Parisiens, théâtre concert, occupe l'ancienne salle de M. Comte, passage Choiseul; on y joua d'abord la pantomime, comme aux Funambules, mais avec cette différence que les costumes, l'orchestre et les décors satisfaisaient les critiques les plus difficiles. On chante aujourd'hui aux Bouffes des scènes, des chansonnettes comiques, et l'on y joue même de grandes opérettes. Mme Ugalde n'a point dédaigné de s'y faire entendre dernièrement dans *Orphée aux Enfers*, un des plus grands succès de l'endroit.

Les Folies-Nouvelles au Théâtre-Déjazet.— Le genre qu'on voulut exploiter à l'ouverture de ce théâtre fut absolument le même que celui des Bouffes. Heureusement Mlle Déjazet est venue le diriger et souvent on y applaudit maintenant la célèbre actrice dans des comédies mêlées de chant. C'est à

Mlle Déjazet que le monde littéraire doit M. Victorien Sardou, qu'elle fait encore si souvent applaudir dans *Monsieur Garat*. La troupe de Mlle Déjazet est excellente ; ses principaux artistes sont Leriche, Oscar, Tourtois, Legrenay et Mmes Christiane, Dupuis, Julie et Antony.

Le Théâtre Beaumarchais, ouvert en 1837, sous le nom de la Porte-Saint-Antoine, a absorbé les capitaux de bon nombre de directeurs ; mais enfin il paraît avoir aujourd'hui de grandes chances de succès. La troupe est meilleure qu'elle ne l'a jamais été, et son directeur a l'intelligence de ne point recevoir que les ouvrages des auteurs connus ; il lit tous les manuscrits et ceux qui lui paraissent bons sont mis à l'étude, qu'ils soient de Paul ou de Jacques ; le nom ne fait rien à l'affaire.

Le Théâtre des Nouveautés, faubourg Saint-Martin, 60. — De tous les théâtres fondés depuis l'abolition des priviléges, aucun ne s'est présenté dans d'aussi bonnes conditions. M. Delalande a réussi à créer une bonbonnière sur laquelle devront prendre modèle ceux qui voudront édifier de nouvelles salles. — On joue aux Nouveautés des opérettes, des vaudevilles et des études de mœurs ; MM. Bosquette et Gothi s'y font remarquer par leur verve et leur entrain.

L'Empereur fit la concession du Cirque Napoléon et du Cirque de l'Impératrice à M. Dejean, en 1855. Chacun des deux Cirques a son semestre. L'habile directeur des spectacles équestres n'est plus obligé, comme par le passé, d'aller donner des représentations en province pour utiliser son nombreux personnel.

Le Cirque du prince Impérial, est situé rue de Malte, du côté qui avoisine le plus près le boulevard des Filles-du-Calvaire. Outre les exercices du manége, on y représente des drames militaires.

L'Hippodrome a été construit en 1856. Son genre de spectacle est tout à fait hippique. Les jeux de l'antiquité, les carrousels, les tournois, les cortéges y sont figurés avec un luxe admirable. Des écuyers habiles et d'intrépides écuyères y font tous les exercices de l'ancien manége, mais dans un espace trente fois plus grand.

M. Arnault, directeur de l'Hippodrome, a toujours l'art de dépister de nouveaux sujets, et il les recrute au plus grand profit de l'habile ordonnance de ses fêtes et des terreurs nerveuses de sa splendide assistance.

Le Panorama national, aux Champs-Élysées, est très-curieux à visiter : M. le colonel Langlois y représente nos grands épisodes militaires. (*V.* page 251.)

Le Théâtre Séraphin fait les délices des petits enfants. On y montre la classique ombre chinoise et l'on y donne des pièces jouées par des marionnettes que quelques comiques du Palais-Royal et des Variétés ne dédaignent pas d'imiter dans certains rôles [1].

ÉTABLISSEMENTS DIVERS.

Imprimerie impériale. — Les Gobelins. — École militaire. — Musées du Louvre, du Luxembourg, des Thermes et de Cluny, d'artillerie.

Parmi les établissements publics, nous citerons l'Imprimerie impériale, la manufacture de tapis des Gobelins, les deux manufactures de tabac, l'arsenal renfermant la direction des poudres et salpêtres, une raffinerie de salpêtre, une fabrique de capsules.

---

1. Nous avons emprunté la plupart des renseignements relatifs aux théâtres et aux églises à l'intéressante notice de M. Fréville, *Nouveau-Paris*, Bernardin-Béchet, éditeur.

L'Hippodrome. (Page 236.)

L'Imprimerie impériale prit naissance au temps de François Ier: ce prince faisait graver des poinçons de caractères hébreux, français, grecs et latins et les mettait à la disposition des imprimeurs de la capitale afin d'encourager leur industrie.

L'Imprimerie du gouvernement ne fut vraiment constituée que par Louis XIII. Elle était alors placée à l'entre-sol de la grande galerie du Louvre.

Sous la République on lui donna le nom d'Imprimerie nationale exécutive. Napoléon l'appela ensuite Imprimerie impériale, et l'établit rue Vieille-du-Temple dans l'ancien palais Cardinal, qui avait appartenu autrefois au cardinal Rohan-Soubise. (*V.* page 245.)

Cette imprimerie est chargée de l'impression du *Bulletin des lois* et de toutes celles qui sont nécessaires pour le service de l'État. On imprime aussi, dans cet établissement, les ouvrages de sciences et d'arts. L'Imprimerie impériale est surtout riche en caractères orientaux; elle a du reste tous les différents types de caractères employés chez les diverses nations. On y trouve divers ateliers affectés au clichage, à la fonderie, à la lithographie, au séchage, au pliage, à la rognure, à la reliure, etc.

La célèbre manufacture de tapisseries des Gobelins, est ainsi nommée du nom de son fondateur, Gilles Gobelin, habile teinturier en laines, qui vivait au temps de François Ier. Ce Gilles Gobelin était de Reims et était venu s'établir avec ses frères à Paris. Dès 1450, il avait ses ateliers sur la Bièvre, dans le faubourg Saint-Marcel. La fabrique des frères Gobelin avait acquis une telle supériorité, que leurs contemporains attribuèrent le talent de ces célèbres artistes à un pacte que l'un d'eux aurait fait avec le diable. Cette anecdote n'est pas controuvée; elle se trouve très-sérieusement racontée dans le *Parfait Teinturier*, imprimé en 1716.

Cependant cette fabrique, qui luttait avec avantage contre les manufactures de tapisseries de Flandres et de Bruges, Gobelin fut forcé de l'abandonner, faute de ressources suffisantes, et elle passa en d'autres mains. Plus tard on y fabriqua des tapisseries de haute lisse. En 1663, Louis XIV acheta les Gobelins, et en 1667, Colbert les convertit en manufacture royale. Le peintre Lebrun, et après lui Mignard, en furent les premiers directeurs. Au milieu du xviiie siècle, Vaucanson perfectionna les procédés de fabrication. La manufacture des Gobelins, qui avait été déclarée nationale en 1789, et qu'on avait réservée uniquement à la confection des tapisseries, fut bientôt après fermée, et demeura vacante jusqu'à l'an ix. En 1793, on livra à la république des États-Unis, en payement du blé qu'elle avait fourni à la France, de belles tapisseries de Beauvais et des Gobelins. Le premier Consul rouvrit les Gobelins. On y copia des tableaux de Gros, de Gérard et de Girodet sous l'Empire, et des peintures de Rubens sous la Restauration. En 1826, l'établissement de la Savonnerie fut réuni à la manufacture des Gobelins. Depuis lors, cette dernière n'a cessé de travailler pour l'ameublement des différents châteaux de l'État, concurremment avec l'établissement de Beauvais, destiné au même travail, excepté à la teinture, qui a toujours été faite exclusivement aux Gobelins, sous l'habile direction de M. Chevreul.

L'École militaire, près du champ de Mars est la plus importante des casernes de Paris. Richelieu eut le premier l'idée d'une école militaire pour l'instruction des jeunes officiers. Mazarin la réalisa en partie par la création du collége des Quatre-Nations, destiné à l'éducation des jeunes gentilshommes des provinces récemment conquises. Louis XIV et Louis XV complétèrent cette idée par la création de compagnies de cadets. Ces compagnies, composées

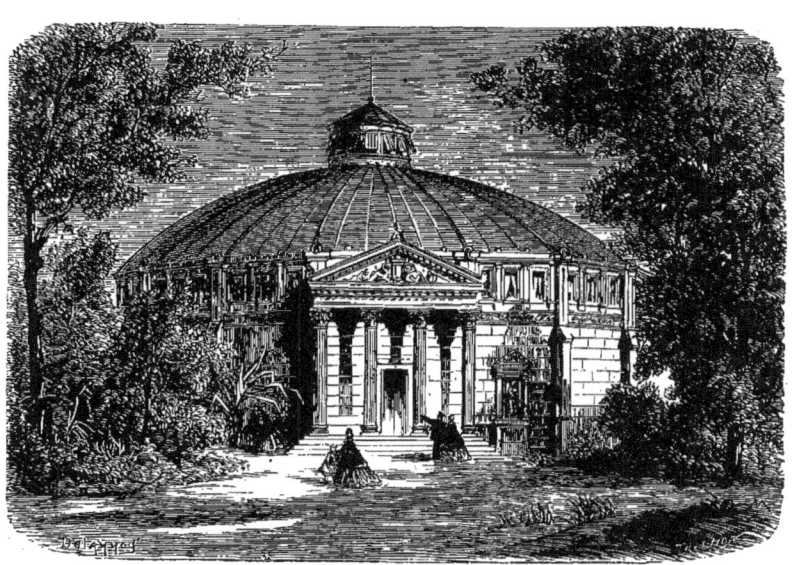

Panorama national. (Page 236.)

MUSÉE DU LOUVRE. 243

exclusivement de jeunes gentilshommes et dont le nombre variait suivant les circonstances, furent remplacées, en 1751, par une véritable et unique école militaire, bâtie sur un plan monumental à l'extrémité du champ de Mars, à Paris. 500 élèves furent reçus dans cette maison, qui conserve encore le nom d'École militaire, bien qu'elle ait changé de destination. La Flèche lui fut donnée comme annexe, en 1762. En 1771, les élèves furent répartis dans une foule de colléges provinciaux, tels que Dôle, Pont-le-Voy, Sorèze, Vendôme, Brienne, qu'illustra Napoléon, etc. Toutes ces écoles furent supprimées en 1793, remplacées, en 1795, par l'école de Mars, et, en 1802, par l'école militaire de Fontainebleau, transférée à Saint-Cyr en 1809. (*V.* page 249.)

Le musée du Louvre, placé au palais du Louvre, a été fondé par la Convention nationale, le 10 août 1793. Il est ouvert au public tous les jours, le lundi excepté. Il se compose de 12 musées particuliers, qui sont les musées : de Peinture, de Dessin, des Gravures, de Sculpture antique, de Sculpture moderne, Assyrien, Égyptien, Américain, Étrusque, Algérien, de la Marine et des Souverains. Le musée de Peinture contient environ 1900 tableaux, dont 680 de l'école française, 560 de l'école italienne, 640 des écoles allemande, flamande et hollandaise, et une vingtaine seulement de l'école espagnole. Le Louvre ne contient que les tableaux des artistes morts. — Le musée de Dessin contient les dessins signés ou non de tous les grands artistes des différentes écoles, des aquarelles et des pastels. — Le musée des Gravures ou de la Chalcographie, renferme des échantillons de gravures choisies pour leur exécution : la plupart sont de l'école française. — Le musée de Sculpture antique contient les précieux débris de l'art antique, recueillis à diverses époques et dans différents lieux, statues grecques et romaines, bas-reliefs, autels, trépieds, sarcophages, inscriptions. Ce musée, enrichi, ainsi que celui de la peinture, par nos victoires, a été appauvri par nos revers. 1815 nous a dépouillés de la Vénus de Médicis, de l'Apollon pythien, du groupe de Laocoon; mais il y reste assez de chefs-d'œuvre pour faire du Louvre la gloire de la France et la consolation des arts. — Le musée de Sculpture moderne ou de la Renaissance se compose de cinq salles distinguées par le nom de nos cinq plus grands artistes : J. Cousin, J. Goujon, Francheville, Germain Pilon et Puget. La plupart des objets proviennent de l'ancien musée des Monuments français. Il y a d'ailleurs des morceaux de sculpture étrangère, provenant du ciseau de Michel-Ange. Benvenuto Cellini, Canova, etc. — Le musée Assyrien, renferme quelques spécimens d'une civilisation fondée 4500 ans avant la nôtre, entre autres deux énormes taureaux à tête humaine. — Le musée Égyptien, anciennement musée Charles X, comprend des statues colossales, des momies, des sarcophages, couverts d'hiéroglyphes et de peinture murales. — Le musée Étrusque se compose de productions de l'ancien art italien, contemporain de l'art grec primitif. — Le musée Américain contient des fétiches, des instruments et autres objets enlevés aux temples péruviens et à ceux de Mexico. — Le musée Algérien est à peine formé et ses antiquités sont peu nombreuses; mais il s'enrichira. — Le musée de la Marine renferme une collection de petits modèles servant à faire connaître les progrès et les révolutions de l'art nautique; des collections d'armes, parures, idoles indiennes recueillies par les missionnaires scientifiques. — Le musée des Souverains renferme un grand nombre d'objets, meubles, armes, vêtements, ayant appartenu, ou qu'on croit avoir appartenu à des souverains français; le peuple s'y presse surtout autour des gants, de la tunique et du petit chapeau de Napoléon Ier.

Le musée du Luxembourg, situé au palais du même nom,

Cour d'entrée de l'Imprimerie impériale. (Page 239.)

rue de Vaugirard, a été créé par Louis XVIII en 1818. C'est le musée des artistes vivants : il est ouvert tous les jours au public, excepté le lundi. On y admire les œuvres d'Ingres, de Couture, Deveria, Daubigny, Rosa Bonheur, L. Coignet, Isabey, Gudin, etc.

Le musée des Thermes et de l'hôtel de Cluny, est une précieuse collection d'antiquités nationales. Ce musée est situé à Paris, boulevards Saint-Michel et Saint-Germain. C'était dans l'antiquité une maison royale construite par Constance Chlore, sur le versant du mont Leucotutius, et qui prit le nom de *palais des Thermes*, à cause de l'étendue de ses bains, où un aqueduc amenait directement les eaux de Rungis et d'Arcueil. Julien, qui y fut proclamé Auguste par ses soldats, aimait à en faire sa résidence. Les premiers rois de France occupèrent ce séjour, dont la position était si riante et si salubre, et dont les jardins s'étendaient jusqu'à la Seine. Les Normands le saccagèrent au neuvième siècle. Philippe Auguste en renversa une partie qui n'entrait pas dans sa nouvelle enceinte de Paris, et donna le palais ainsi écorné à son chambellan. De main en main, il parvint, en 1340, jusqu'à Pierre de Chalus, abbé de Cluny, qui le fit détruire tout à fait, pour bâtir à sa place ce que nous appelons l'*Hôtel de Cluny*. Ce qui reste des débris du vieux palais consiste en une salle formée de deux parallélogrammes antiques, ayant dans œuvre 20 mètres sur 14, et 10 sur 6 ; le sol, percé au centre d'un trou circulaire, laisse voir de vastes souterrains ; 3 arcades ornent les parois. Les débris d'un bassin, des traces d'aqueducs, de fourneaux, de conduits, une poupe de navire sculptée sur une des consoles, indiquent la destination de ce *tepidarium*. Les voûtes, qui ont résisté aux ravages de quinze siècles, étaient si solides, qu'avant leur acquisition par l'État, la terre végétale s'y était amassée, et qu'un jardin suspendu s'y était naturellement formé. Dans le percement des boulevards, la ville de Paris a menagé autour de ces ruines un square où des sculptures moyen âge, éparses au milieu des arbres, sont d'un bon effet. Ce musée a pour origine la collection particulière du baron du Sommerard, achetée par la ville de Paris en 1843. On y voit une foule d'objets précieux : armes, meubles, vêtements, parures, peintures, sculptures, etc., de l'époque gallo-romaine, du moyen âge et de la Renaissance. (*V.* page 253.)

Le musée d'Artillerie, place Saint-Thomas-d'Aquin, est composé de six grandes salles et de galeries, tournant autour d'une cour, et où l'on remarque les armes et armures de toutes les époques et de tous les modèles, haches eu silex, francisques, framées, pertuisanes, masses d'armes, hallebardes, épées, espadons ; une série curieuse de tous les modèles d'armes à feu, depuis l'arquebuse à rouet jusqu'au fusil à platine percutante. Les objets les plus précieux par la beauté du travail, la singularité des formes ou leur importance historique sont dans des armoires vitrées. On y voit l'armure de Godefroy de Bouillon, celle de saint Louis, celle donnée par Charles VII à la Pucelle d'Orléans, celles de Louis XI et de François Ier, le casque de Bajazet II, le fauteuil du comte de Fuentès à la bataille de Rocroy, le poignard de Ravaillac, le mousquet de Richelieu, etc. Ce musée est ouvert au public muni de cartes tous les jeudis. Il a été inauguré en 1794. A la révolution de 1830, le peuple s'empara des armes de ce musée pour combattre, mais tout a été rendu. En 1815, les rois alliés en avaient pris aussi un certain nombre, mais ils les ont gardées.

Musée de Cluny. (Page 247.)

HOPITAUX.

Hôtel-Dieu. — Anecdote. — La Charité. — La Pitié. — Sainte-Eugénie. — Necker. — Lariboisière. — Saint-Louis. — Midi. — Lourcine. — Quinze-Vingts. — Salpêtrière. — Bicêtre. — Enfants-Trouvés. — Hôtel des Invalides. — Jeunes-Aveugles. — Sourds-Muets. — Asile impérial de Vincennes. — Orphelinat impérial. — Assistance publique.

On compte à Paris huit grands hôpitaux et sept destinés aux maladies spéciales.

Parmi les premiers, l'hôtel-Dieu est le plus remarquable par son antiquité. On en attribue la fondation à saint Landri, évêque de cette ville au septième siècle. Il est situé au bras gauche de la Seine ; son entrée principale donne sur la place du parvis Notre-Dame. C'est une longue suite de bâtiments sans régularité aucune, qui ont été construits à des époques différentes. L'hôtel-Dieu comprend 12 salles pour les hommes et 16 pour les femmes ; il renferme environ 800 lits. Il était autrefois administré par le chapitre de Notre-Dame et portait d'abord le nom d'*Aumônerie de Sainte-Marie*. On l'appela ensuite *Maison de Dieu*, et enfin *hôtel-Dieu*. Louis IX est le roi de France qui a contribué le plus à la prospérité de cet établissement ; il l'avait exempté de tout impôt, lui avait accordé le droit de prisée sur toutes les denrées vendues à la halle, et enfin avait augmenté ses bâtiments. L'hôtel-Dieu est aujourd'hui desservi par les sœurs de l'ordre de Saint-Augustin. Dix médecins et cinq chirurrurgiens, qu'on choisit parmi les célébrités, viennent tous les matins, accompagnés de leurs aides, faire la visite des malades, dont le nombre s'élève ordinairement de 12 à 13 000 par an.

L'annexe de l'hôtel-Dieu, située quai Montebello, occupe sur son autre façade la plus grande partie de la rue de la Bûcherie. C'est dans cette annexe que se trouve la salle des morts, où on transporte ceux du bâtiment principal par un pont couvert jeté sur le petit bras de la Seine.

Il se faisait dans cette salle, vers 1830, un assez grand commerce occulte de têtes, de bras, de jambes, etc., entre les infirmiers d'une part, les étudiants, les dentistes, les fabricants de squelettes articulés de l'autre. Un beau râtelier humain s'y vendait jusqu'à 100 francs; pour le reste, les prix variaient suivant la plus ou moins grande abondance de la marchandise. Un jour, la femme d'un jeune et riche propriétaire des environs de Paris apprend que son mari, grièvement blessé en duel, a été transporté à l'hôtel-Dieu. Elle accourt éplorée : son mari était mort; elle réclame le corps; on le cherche; il a disparu, et cependant la date de la mort ne remonte pas à plus de quatre heures. La jeune femme se plaint, menace; on fait une enquête, et l'on découvre que le cadavre réclamé a été vendu à un jeune chirurgien nommé V..., tout nouvellement pourvu de son diplôme. Ce dernier avoue avoir fait cette acquisition; mais il ne peut restituer le cadavre, dont il n'a conservé que le squelette. Il témoigne à la jeune veuve tous ses regrets; il prodigue les paroles de consolation; on entre en arrangement : il est convenu que le détenteur du squelette le fera articuler et qu'il le tiendra ensuite à la disposition de la veuve. Quelques jours après il faisait à cette dernière une visite de remercîment. A cette visite en succèdent plusieurs autres; les consolations vont leur train, et, au bout d'un an, la veuve *inconsolable* épousait son consolateur, qui est aujourd'hui en assez grand renom et qui conserve précieusement *les deux maris de sa femme*.

La Charité, reconstruite en partie dans ces dernières années, a subi d'importantes modifications.

L'École militaire. (Page 240.)

La Pitié, un des plus beaux hôpitaux de Paris, contient 624 lits, dont 324 pour les hommes et 300 pour les femmes. La plupart des salles, vastes et bien aérées, le voisinage du Jardin des plantes, ne contribuent pas peu au prompt rétablissement des malades. Il y a à la Pitié une chaire de clinique chirurgicale.(*V.* page 257.)

L'hôpital Sainte-Eugénie a été ouvert le 1er février 1820. En 1854, l'Impératrice, l'affectant aux enfants malades, lui a donné son nom.

L'hôpital Necker était précédemment un couvent de Bénédictines. Louis XVI ayant accordé, en 1779, une somme annuelle de 42 000 fr. pour y faire l'essai d'un hôpital de 120 lits, Mme Necker se chargea de le diriger. L'établissement, ayant porté les noms de l'hospice des paroisses de Saint-Sulpice, du Gros-Caillou et de l'Ouest, porte aujourd'hui le nom de sa première directrice. On vient de le reconstruire dans des conditions plus favorables qu'il n'était précédemment.

L'hôpital Lariboisière doit le nom qu'il porte aujourd'hui à Mme la comtesse Lariboisière, à l'occasion d'un legs considérable fait par cette dame aux pauvres de Paris. Il contient 612 lits, 408 de médecine et 204 de chirurgie.

L'hôpital Saint-Louis est destiné aux traitements des affections de la peau. Les malades du dehors, qui ne réclament pas leur admission dans cet établissement, y reçoivent tous les jours des consultations, des médicaments et des bains de toute sorte. On y a créé récemment 25 chambres particulières pour les malades (hommes) qui consentent à payer 2 fr. par jour.

L'hôpital du Midi, affecté aux vénériens, que jadis on

fouettait avant et après le traitement, est situé faubourg Saint-Jacques, champ des Capucins. Il contient 336 lits d'hommes.

L'hôpital de Lourcine, ouvert pour les vénériennes le 1ᵉʳ février 1836, contient 270 lits, veillés par treize sœurs de la Compassion.

L'établissement des Quinze-Vingts, un des plus curieux à visiter, fut fondé, dit-on, par Louis IX, pour trois cents aveugles qu'il avait ramenés de terre sainte. Il est encore affecté au même usage.

La Salpêtrière, le plus vaste établissement hospitalier de l'Europe, contient 4369 lits, dont 3048 pour les femmes âgées ou infirmes, et 1321 pour les aliénées. La salle de bains, la lingerie de cet établissement, attirent l'attention ; la buanderie, construite dans de vastes proportions, blanchit chaque année 1 500 000 pièces de linge pour l'hospice, et en outre tout le linge de l'hôtel-Dieu, de la Charité, situé rue Jacob, n° 47, et de l'hôpital des Cliniques, élevé place de l'École de Médecine, créé par de Lamartinière, chirurgien de Louis XV. On a créé récemment à la Salpêtrière cinq grands réfectoires, de l'aspect le plus satisfaisant, où les administrés prennent leurs repas. L'alimentation se compose de dix décagrammes de pain, treize décagrammes de viande, quarante-cinq centilitres de bouillon, un plat de légume, un dessert et douze centilitres de vin. Le coucher consiste en un lit de fer, deux matelas, une paillasse, un traversin et deux couvertures.

Bicêtre est aujourd'hui dans les mêmes conditions que la Salpêtrière. Cet hospice contient 2725 lits, dont 1871 pour les vieillards et les infirmes, et 854 pour les aliénés. Les

Hôpital de la Pitié. (Page 255.)

vieillards valides, moyennant une petite rétribution, sont assujettis à un travail proportionné à leurs forces.

L'Hospice des Enfants Trouvés et des Orphelins est dû à l'ardente charité de saint Vincent de Paul. On reçoit dans cet hospice, depuis le jour de leur naissance jusqu'à leur douzième année, les enfants trouvés, les enfants abandonnés et les orphelins pauvres. On ne conserve que ceux qui sont malades, les autres sont confiés à des nourrices qui les conduisent dans les départements; les parents ignorent toujours où les enfants sont placés; quand ils veulent en avoir des nouvelles, ils sont tenus de payer 5 fr. S'ils désirent les reprendre, ils doivent rembourser 100 fr par année. Quelquefois aussi la remise est faite gratuitement en faveur des familles indigentes et dignes d'intérêt. Jusqu'à vingt et un ans, les enfants restent sous la tutelle de l'administration.

Citons encore l'hôtel des Invalides. (*V.* page 261.)

Les militaires de tous grades, officiers, sous-officiers et soldats qui, ayant des droits à la retraite, par leurs blessures ou par leurs services, préfèrent, à la pension que l'État leur offre, la vie commune, avec d'anciens frères d'armes, peuvent être admis, sous certaines conditions, à l'Hôtel impérial des invalides, à Paris. Ils y sont logés, nourris et entretenus aux frais de l'État.

L'origine de cette belle institution remonte au règne de Louis XIV. Lorsque la révolution de 1789 eut éclaté, divers décrets de l'Assemblée nationale s'occupèrent de l'établissement des Invalides. Un décret du 25 mars 1791 disposa qu'il ne serait désormais reçu à l'Hôtel des invalides que des militaires qui auraient été estropiés, ou qui auraient atteint l'âge de caducité, étant sous les armes, au service de terre ou de mer, et qui n'auraient d'ailleurs aucun moyen de subsister. Le même décret régla la pension de retraite de ceux qui, étant alors dans l'hôtel, voudraient en sortir, et supprima l'état-major de l'hôtel. Cet état-major a été rétabli depuis.

Dans la cour d'honneur se trouvent des canons, glorieux trophées conquis sur l'ennemi, qui servent à annoncer les fêtes et les événements joyeux aux Parisiens.

Parmi les autres établissements de bienfaisance, nous citerons encore :

L'institution des Jeunes-Aveugles, qui dépend du ministère de l'intérieur, est située sur le boulevard des Invalides, n° 56. Le prix de la pension est de 1000 fr. Le ministère y entretient 120 bourses pour les enfants aveugles des deux sexes, de 9 à 13 ans.

L'institution des Sourds-Muets, fondée par l'abbé de L'Épée et l'abbé Sicard, se trouve rue Saint-Jacques, n° 254. Elle est, comme la précédente, sous la dépendance du ministère de l'intérieur. Les bourses du gouvernement, divisibles par fractions, sont au nombre de 100, et destinées aux enfants de 10 à 15 ans. Le prix de la pension des élèves à leurs frais est de 1000 fr.

L'Asile impérial de Vincennes, qui a coûté 2 600 000 fr., est situé sur la lisière du bois de Vincennes; il est destiné aux ouvriers convalescents qui sortent des hospices. L'édifice, formé de plusieurs corps de logis se rattachant à un pavillon central, est à la fois imposant et pittoresque. L'établissement peut contenir 500 pensionnaires, et est chauffé par un calorifère; il possède une belle cuisine avec un énorme fourneau en fonte où sont placées des marmites en cuivre d'une vaste dimension; l'eau est amenée par une

Hôtel des Invalides. (Page 259.)

machine à vapeur, et les services économiques sont entièrement séparés du principal corps de bâtiment. L'inauguration de l'asile de Vincennes a eu lieu le lundi 31 août 1857.

L'Orphelinat impérial du faubourg Saint-Antoine a été édifié sur les plans de M. Hittorf, architecte, et porte au-dessous de son fronton l'inscription suivante : « Maison Eugène-Napoléon, fondée en 1856, par Sa Majesté l'Impératrice. » Cet établissement a été érigé aux frais de notre bienfaisante et gracieuse souveraine.

L'impératrice Eugénie a voulu consacrer à la fondation d'un orphelinat les 80 000 fr. provenant d'une souscription ouverte à Paris et dans le département de la Seine, dont le chiffre avait été limité de 5 à 25 cent., et qui étaient destinés à offrir un cadeau au prince impérial. Cette somme fut placée en rentes sur l'État, et le revenu, joint à l'allocation annuelle de 30 000 fr. faite par Sa Majesté l'Empereur, sera employé à payer des pensions de 100, 200 et jusqu'à 300 fr. à des jeunes orphelins de père et de mère nés dans le département de la Seine, et confiés, par les soins d'une commission, à d'honnêtes ménages d'ouvriers. Là , l'orphelin retrouve une famille, il est traité comme l'enfant de la maison et apprend un état. La commission s'assure, au surplus, qu'il y reçoit l'instruction et les soins convenables, et elle surveille sa conduite.

L'Assistance publique est parfaitement organisée : elle est administrée, sous la surveillance du préfet de la Seine, par un directeur, assisté d'un conseil de surveillance composé de vingt membres; le budget annuel de l'Assistance publique est de dix-sept millions.

Nous passerons ici sous silence les établissements de bienfaisance dus à l'initiative privée.

ÉTABLISSEMENTS SCIENTIFIQUES.

Institut de France. — Collége de France. — Facultés diverses. — Université. Sorbonne. — Écoles diverses. — Instruction publique.

Les établissements scientifiques et d'instruction publique sont presque tous centralisés à Paris.

L'Institut peut être considéré comme le foyer intellectuel de la France : il est formé par la réunion des cinq grandes académies, *française*, des *inscriptions et belles-lettres*, des *sciences physiques et morales*, des *beaux-arts*, des *sciences morales et politiques*.

Les quatre premières de ces académies existaient en 1789, et avaient été créées par Richelieu, Mazarin et Colbert.

Mais l'invasion toujours croissante des grands seigneurs, des généraux, des princes de l'Église dans les académies, compromit ces corps aux yeux de la Révolution.

L'Assemblée constituante les laissa vivre, mais sous le coup d'une réforme indiquée par Talleyrand, le 10 septembre 1791.

La Convention, après un rapport de Grégoire, les supprima enfin, le 8 août 1793 ; mais ce n'était que pour les reconstituer sur de nouvelles bases.

La Constitution de l'an III déclara qu'il y aurait « un Institut national chargé de recueillir les découvertes, de perfectionner les arts et les sciences. » On le partagea en trois classes : sciences physiques et mathématiques, sciences morales et philosophiques, littérature et beaux-arts. Le 11 avril 1796, il fut établi et tint sa première séance au Louvre, dans la salle des Suisses, ornée à cet effet des statues de la Fontaine, de d'Aguesseau, Rollin, Sully, Molé, L'Hôpital, Corneille, Molière, Bossuet, Pascal, Descartes, Montesquieu, Fénelon et Racine. 48 membres avaient été élus par le Di-

Hôtel des Monnaies. (Page 160.)

rectoire, 16 dans chaque classe, et ils se complétèrent par l'élection jusqu'au nombre de 144 membres résidents, 144 associés correspondants en France, et 24 correspondants étrangers.

La plupart des hommes dont l'Institut fut composé à cette époque ont laissé leurs traces dans l'histoire des sciences et des arts, et quel qu'ait été à différentes époques l'éclat répandu sur nos diverses académies par leurs sociétaires, il est difficile de trouver une réunion plus brillante que celle de 1796.

Un arrêté consulaire du 3 pluviôse an XI (23 janvier 1803) supprima la classe des sciences morales et politiques, qui s'était montrée si antipathique au futur empereur, et rétablit quatre divisions correspondant aux quatre anciennes académies: classe des sciences physiques et mathématiques, de langue et littérature françaises, de langue et littérature anciennes, des beaux-arts; et en 1807, l'Institut, ainsi organisé, fut installé dans l'ancien collége des Quatre-Nations.

En 1816, le nom d'Académie fut substitué à celui de Classes pour les quatre divisions de l'Institut. Enfin, en 1832, sur la proposition de M. Guizot, ministre de l'instruction publique, l'Académie des sciences morales et politiques fut reconstituée et ce qui vivait encore des anciens académiciens vint reprendre place dans les fauteuils après vingt-neuf ans d'absence. Parmi eux étaient Talleyrand, Dacier, Daunou, Garat, Merlin, Lacuée, Rœderer, Siéyès, Pastoret, Reinhard. Ainsi fut complété le nombre des académies. Chacune d'elles a ses séances particulières, et chaque année se tient une séance générale. Un décret impérial du mois d'avril 1855 a modifié l'organisation de l'Institut, redevenu impérial après avoir été quelques années national : il a été ajouté une section de politique, administration et finances à l'Académie des sciences morales et politiques.

L'Institut a deux bibliothèques, l'une de cent mille, l'autre de cent trente mille volumes.

Enfin, il dispose de plusieurs récompenses annuelles, fondées par des particuliers, tels que le prix Montyon, pour la vertu modeste et pauvre ; un autre prix Montyon, pour l'ouvrage le plus utile aux mœurs ; le prix Gobert, pour le meilleur ouvrage sur l'histoire de la France ; enfin, d'autres prix de poésie, d'éloquence, de médecine, de statistique, de gravure, de peinture, etc., etc.

Le Collége de France est l'établissement fondé par François Ier en 1530, dans le but de donner une vigoureuse impulsion à la science. Cet édifice fut d'abord bâti sous Henri II, puis rebâti sous Louis XIII; enfin, depuis cette époque, on l'a encore reconstruit sur son ancien emplacement, la place de Cambrai.

Ce collége a porté différents noms. On l'appela d'abord collége des trois Langues, parce que le latin, le grec et l'hébreu, étaient les seuls objets de l'enseignement. Il prit le nom de collége royal sous Louis XIII. Il subit ensuite bien des modifications; les cours y sont gratuits. Tantôt ce collége a dépendu de l'Université, tantôt il en a été détaché.

Aujourd'hui le programme du Collége de France renferme l'enseignement de toutes les connaissances et de toutes les langues; il comprend les mathématiques, l'astronomie, la physique mathématique et la physique expérimentale, la médecine, la chimie, l'histoire naturelle, le droit de la nature et des gens, la morale de l'histoire, les langues hébraïque, chaldaïque et syriaque, l'arabe, le persan, le turc, le chinois et le tartare mantchou, le sanskrit, le grec, la philosophie grecque et latine, la poésie latine, la littérature française, l'économie politique, l'archéologie, l'histoire des législations comparées, les langue et littérature germani-

Église de la Sorbonne. (Page 271.)

ques, les langues et littératures de l'Europe méridionale. Le nombre des professeurs varie de vingt-cinq à trente.

On peut dire que cet établissement forme le dernier échelon de l'enseignement national. Il justifie cet éloge du rapporteur de la loi qui en ordonna le rétablissement en l'an III : « La Sapience à Rome, le collége de Gresham à Londres, les Universités d'Oxford et de Cambrigde, celles d'Allemagne, ne présentent point un système d'enseignement aussi vaste, aussi complet, aussi propre à conserver le dépôt des sciences et des arts. »

L'Université, d'après sa constitution de 1808, renferme l'ensemble de l'instruction publique en France.

Les établissements qui en dépendent sont :

La Sorbonne, fondée à Paris en 1253, par Robert de Sorbon, chapelain de saint Louis. Ce collége recevait un certain nombre d'ecclésiastiques qui se consacraient à l'enseignement de la théologie. La Sorbonne brilla bientôt d'un tel éclat qu'elle effaça la faculté de théologie. La congrégation était dirigée par un proviseur qui avait sous ses ordres un prieur, chargé de l'administration intérieure; des procureurs chargés de l'économat, et un certain nombre de docteurs, qui occupaient les diverses chaires et conféraient les grades en théologie.

La Sorbonne joua un grand rôle dans les temps où les questions religieuses dominaient les questions politiques ; elle fut souvent consultée par les rois de France, qui n'osaient rien entreprendre contre le pouvoir spirituel sans son avis. Elle combattit vivement la Réforme et soutint la Ligue; des intrigues et des cabales l'agitèrent dans les querelles du jansénisme, mais elle eut une certaine part à la proclamation des libertés de l'Église gallicane. Elle fut assez puissante pour lutter plusieurs fois ouvertement contre les papes et les rois. Cet établissement fut supprimé en 1790.

272   ÉCOLES DE DROIT ET DE MÉDECINE.

Depuis 1808, le bâtiment de la Sorbonne est devenu le chef-lieu de l'Académie universitaire de Paris, et est affecté aux cours des facultés des lettres, des sciences et de théologie.

Le monument de la Sorbonne est situé à Paris, sur la place de la Sorbonne. Construit au treizième siècle par Sorbon, il fut réédifié par le cardinal de Richelieu, sur les plans de Jacques Lemercier. Commencée en 1629, la construction ne fut achevée que trente ans après. La chapelle, dont l'intérieur est orné de pilastres corinthiens, et où l'on voit de belles peintures de Philippe de Champagne, contient le mausolée en marbre de Richelieu, chef-d'œuvre de Girardon. La façade de la chapelle, sur la place Sorbonne, se compose d'un portail de quatre colonnes corinthiennes, d'un excellent effet. Au-dessus s'élève une tour circulaire couverte d'une coupole. La Sorbonne a été deux fois restaurée, en 1816 et en 1857. (*V.* page 269.)

La Faculté de droit, place du Panthéon, possède quatre chaires pour l'enseignement du droit romain, six pour celui du code Napoléon et huit chaires diverses. (*V.* page 273.)

L'École de Médecine, érigée en faculté vers le treizième siècle, fut réorganisée par le décret de 1808 et renferme vingt-huit chaires : divers établissements de clinique et autres s'y rattachent.(*V.* page 277.)

Huit professeurs sont attachés à l'école de Pharmacie.

L'instruction secondaire compte cinq lycées impériaux et deux colléges municipaux : il existe en outre un grand nombre d'établissements particuliers, parmi lesquels nous citerons spécialement l'institution Sainte-Barbe, fondée en 1460.

Les écoles supérieures sont le collége Chaptal et l'école Turgot.

École de droit. (Page 272.)

Le nombre des écoles primaires de garçons et de filles s'élevait en 1865 à 118, contenant un total de 67 000 élèves. La moitié de ces écoles sont dirigées par des professeurs appartenant aux corporations religieuses.

On compte environ 100 salles d'asile fréquentées par 19 140 enfants.

Si on ajoute aux chiffres précités les écoles d'adultes et de dessin, on trouve un chiffre total de 522 écoles élémentaires fréquentées par 104 540 élèves.

Voici, en outre, les diverses écoles existantes à Paris :

L'École des beaux-arts, dont le seul but est de récompenser le mérite et d'encourager les artistes, fut fondée par le cardinal Mazarin, en 1648. Elle se divise en deux sections : l'une comprend la peinture et la sculpture, l'autre l'architecture. Pour être élève de la première section, il faut produire quelques dessins ou figures modelées; ceux qui aspirent à la seconde doivent subir un examen pour la peinture et la sculpture. Il y a douze professeurs, tous membres de l'Académie; quatre professeurs, pour l'architecture, enseignent la théorie de cet art, son histoire et ses principes. Des *concours annuels* sont établis outre les *concours d'émulation;* ceux qui obtiennent le prix peuvent aller à l'Académie française de Rome, et sont entretenus aux frais de l'État. Il y a dans les provinces plusieurs écoles où l'on enseigne les beaux-arts. Les villes de Lyon, Nancy, Bordeaux, Rouen, Nantes, Strasbourg, etc., possèdent les plus remarquables. On cite hors de France l'école des beaux-arts à Florence, qui porte le nom d'*Académie de Saint-Luc*, et celle de Bologne, qu'on appelle *Académie Clémentine*.

L'École centrale des arts et manufactures se propose de former des ingénieurs, des directeurs d'usines ou des professeurs de sciences appliquées. Les aspirants doivent avoir seize ans au moins et vingt et un ans au plus. L'examen d'admission se passe à Paris une fois par an. Il faut être capable de faire une composition en français et de construire à une échelle donnée, avec le compas, quelques problèmes de géométrie élémentaire. On répond ensuite à certaines questions sur l'algèbre, la géométrie des lignes et les surfaces courbes. Le prix des études est de 775 fr. par an. Les élèves qui ont satisfait à toutes les épreuves de sortie reçoivent un diplôme d'ingénieur civil, tandis que ceux qui ont échoué sur certaines matières n'ont qu'un brevet de capacité. Cette école a été fondée à Paris en 1829, sous la protection du ministre de l'agriculture, du commerce et des travaux publics. (*V.* page 281.)

L'École supérieure du commerce, située à Paris, rue Saint-Pierre-Popincourt, n° 24, fut fondée avec le concours de Casimir Périer, Laffitte, Chaptal, etc.; elle a pour but de former des jeunes gens à la carrière commerciale. On y reçoit les jeunes gens de quinze à vingt-cinq ans; l'enseignement se divise en trois comptoirs, qui correspondent aux trois années d'études qu'on y fait. Il comprend : la navigation, les changes, la comptabilité, l'économie industrielle, la géographie, et jusqu'à la grammaire et l'écriture. Parmi les autres écoles de commerce qui se font remarquer, on doit distinguer le collège Chaptal et l'école Turgot que nous avons mentionnés plus haut.

L'École d'état-major a été fondée à Paris en 1818, dans le but de former des officiers pour *le corps d'état-major*. On y admet annuellement, après examen, vingt-cinq élèves qui remplacent les vingt-cinq qui sortent. Les trois premiers sont pris parmi les élèves qui ont terminé leurs études à l'école polytechnique; les vingt-deux autres sont choisis par un concours qui a lieu entre trente élèves sortis de

École de médecine. (Page 272.)

Saint-Cyr et trente sous-lieutenants, ayant au moins vingt-cinq ans d'âge et un an de grade. La durée des études est de deux à trois ans. Ceux qui ont satisfait aux examens reçoivent le brevet de *lieutenant du corps d'état-major* ; ceux qui sont reconnus inadmissibles reviennent dans les régiments auxquels ils appartiennent.

On désigne par École des jeunes de langues une école annexée au lycée Louis-le-Grand ; elle consiste en un cours de langues orientales que l'on enseigne à un petit nombre de jeunes gens qui se proposent d'aller comme interprètes soit dans le Levant, soit dans la Turquie. Les élèves qui se destinaient au métier de drogmans étaient autrefois étrangers ; une ordonnance de Louis XIV déclara qu'ils seraient Français. On envoya d'abord à Smyrne et à Constantinople six jeunes gens qui furent entretenus aux frais de l'État; mais plus tard le roi préféra transférer cet enseignement à Paris, en créant l'école des jeunes de langues.

Les écoles de langues, établies par un décret du 8 pluviôse an II de la République, étaient destinées à établir dans certains départements, où l'on parlait des dialectes étrangers, des instituteurs de langue française qui pussent traduire et expliquer aux citoyens les lois de la République et les décrets de la Convention. Ces institutions ne furent jamais mises en vigueur.

L'école des langues orientales se tient à Paris, dans l'enceinte de la bibliothèque Impériale. Un décret de la Convention l'institua d'abord le 13 germinal an III; elle fut ensuite réorganisée en 1838. Les cours sont gratuits; on y est admis sans condition. Chaque professeur tient un registre sur lequel tout élève peut prendre des inscriptions. A la suite d'un examen public et de quatre inscriptions, on a le titre d'*élève des langues orientales*; si l'on prend encore huit inscriptions, on passe *étudiant de* 2* *année;* enfin, après douze inscriptions, on est *gradué des langues orientales*. On peut être alors employé à la bibliothèque impériale ou dans les consulats à l'étranger. Le programme de l'enseignement comprend le grec, le persan, l'arabe littéral, le turc, l'hindoustan, l'arménien, le chinois moderne, le malais et le javanais.

L'École de médecine et de pharmacie militaires, établie à Paris, à l'hôpital militaire du Val-de-Grâce, a pour but de former des élèves pour le corps de santé des armées de terre. Les élèves admis à suivre les cours de cette école ont le rang d'officier, et, par une exception unique, ont droit à un traitement, qui est de 2160 francs. Après avoir satisfait aux examens, ils obtiennent le grade de médecin ou de pharmacin aide-major et sont répartis dans les armées ou les hôpitaux de l'intérieur ou des colonies.

L'École des mines, créée en 1783, supprimée en 1793, rétablie en 1816, est destinée à former des ingénieurs des mines pour l'État, pour les grandes exploitations métallurgiques, pour la direction et le contrôle des chemins de fer, etc. On est admis à cette école, de dix-huit à vingt-six ans, et la durée des études est de trois années. De cette école dépend un bureau d'essai où tout industriel peut demander à faire l'expérience des nouvelles substances minérales utiles qu'il a pu découvrir.

L'École normale ou cours pratique des directrices de salles d'asile, a été fondée à Paris en 1837, et constituée sous son régime actuel en 1849. Elle a pour but de former des directrices de salles d'asile selon l'esprit et la méthode de ces institutions. Les cours sont au nombre de deux par année et. ne durent que quatre mois pour des élèves internes et externes, âgées de vingt à quarante ans.

École centrale des arts et manufactures. (Page 275.)

L'École normale supérieure, située à Paris, rue d'Ulm, est destinée à former des professeurs, dans les lettres et les sciences, pour les lycées. Imaginée, en 1763, pour suppléer aux jésuites, récemment expulsés, et qui avaient à peu près la haute main sur toutes les études en France, elle ne fut fondée que le 31 octobre 1794, par la Convention nationale, mais sur un plan trop gigantesque pour se soutenir. Aussi, malgré le talent des premiers directeurs, Laplace, Lagrange, Haüy, Monge, Daubenton, Volney, Bernardin de Saint-Pierre, La Harpe, etc., les 1500 élèves que comprenait cette école se dispersèrent le 17 mai 1795. Un décret du 18 mai 1808 la rétablit, et, après diverses suppressions et changements de nom, elle fut définitivement constituée par le ministre Salvandy, en 1847, dans le local qu'elle occupe aujourd'hui. Les élèves, admis de dix-huit à vingt-quatre ans, y font un stage de trois ans au moins avant d'être reçus comme professeurs. Ils sont exempts du service militaire, moyennant l'engagement pris par eux de consacrer dix années à l'instruction secondaire.

Les écoles de pharmacie sont destinées à former des pharmaciens après quatre années d'étude, qui peuvent être compensées par un an d'étude et six ans de stage dans une officine. Connus avant la Révolution sous le nom de *Colléges des apothicaires*, ces établissements subirent le même sort que les écoles de médecine. Ils sont établis maintenant dans les mêmes villes que les écoles de médecine modernes ; celle de Paris est située rue de l'Arbalète.

L'École polytechnique a été fondée par l'initiative des savants : Monge, Fourcroy, Lagrange, Berthollet, le 26 novembre 1794, sous le nom d'*École centrale des travaux publics*. Le 1er septembre 1795, elle prit son nom actuel. Napoléon, en 1804, interna les élèves dans l'ancien collége de Navarre et les soumit au régime militaire. Il s'en faut de beaucoup pourtant que tous les élèves de l'École polytechnique s'adonnent à la carrière des armes. Les ponts et chaussées, les mines, les tabacs, la télégraphie, le corps des ingénieurs hydrographes, reçoivent autant de sujets que l'artillerie ou le génie. Le délai d'admission est de seize à vingt ans, et la durée des études est de deux années. L'École polytechnique de Paris est regardée comme le premier établissement de ce genre en Europe. En outre, les élèves jouissent en France d'une certaine popularité, sans doute pour s'être toujours mêlés au mouvement national aux grandes époques de 1814, 1830 et 1848. Le fond de leur caractère est d'ailleurs un grand sentiment de solidarité, de camaraderie même, qu'ils conservent toujours, quelle que soit la position sociale où leurs talents et la fortune les portent.

L'École des ponts et chaussées, dont les élèves se recrutent parmi ceux qui sortent de l'École polytechnique, a pour but de former des ingénieurs chargés de la construction et de l'entretien des grandes voies de communication. Fondée en 1767, sous les auspices de Trudaine et Perdonnet, elle fournit actuellement à tous les États civilisés ou qui sont en voie de le devenir les ingénieurs les plus distingués.

Il faut encore ajouter le Conservatoire de musique et le Conservatoire des arts et métiers.

Le Conservatoire de musique est une école où l'on forme des sujets pour la musique et la déclamation. C'est en Italie que les conservatoires de musique ont pris naissance ; le premier fut établi à Naples en 1537. Celui de Paris ne remonte guère au delà de 1784. Ce n'était d'abord qu'une école de chant; mais on y ajouta, en 1786, des classes de déclamation. Après avoir été fermé (1789), rouvert (1793)

Hôpital du Val-de-Grâce. (Page 280.)

et réorganisé (1795), il contribua beaucoup, sous l'habile direction de Sarrette et sous celle de Chérubini, aux progrès de l'art musical et de la déclamation en France. Il a été institué des prix annuels aux élèves qui se distinguent le plus dans un concours. Le Conservatoire de musique a plusieurs succursales dans les départements : à Toulouse, à Lille, à Marseille, à Metz, à Dijon et à Nantes ; elles sont régies par des règlements analogues. Les principales capitales de l'Europe, Vienne, Prague, Berlin, Londres, Bruxelles, ont aussi des conservatoires de musique.

Le Conservatoire des arts et métiers est établi à Paris dans l'ancienne abbaye de Saint-Martin des Champs. L'enseignement qui y est donné comprend la géométrie et la mécanique appliquées aux arts, la statistique industrielle, la démonstration des machines, les procédés d'agriculture, les constructions civiles, la chimie appliquée aux arts, et la législation industrielle. Le directeur du Conservatoire et les professeurs de l'enseignement supérieur sont nommés par décret impérial, sur la proposition du ministre de l'agriculture. Les machines et les appareils sont exposés dans de grandes salles qui sont ouvertes au public les jeudis et les dimanches. La bibliothèque renferme un grand nombre d'ouvrages sur les arts et les sciences appliquées. Le Conservatoire possède, en outre, une collection dite *Portefeuille industriel*, qui renferme des dessins de machines cotés à l'échelle, ainsi qu'une collection de tous les originaux des brevets d'invention ou de perfectionnement.

Tous les soirs, il se tient, dans ce dernier, des cours publics ayant trait à l'histoire naturelle et à l'industrie. Il possède une magnifique collection d'engins et de machines. (*V*. page 289.)

Ces cours publics, relatifs à l'histoire naturelle, se tiennent tous les jours dans le Muséum d'histoire naturelle.

Celui-ci possède de magnifiques collections et appartient au Jardin des Plantes, fondé, en 1635, par le médecin de Louis XIII, Guy de la Brosse, sur les revenus de la maison du roi.

Parmi les jardins publics, si nécessaires à la salubrité d'une grande ville et à la distraction de ses habitants, se place en première ligne le Jardin des Plantes.

Complétement dégagé de tous les côtés, il est limité au N. E. par le quai Saint-Bernard et la place Walhubert; au N. O., la rue Cuvier, au S. O., la rue Geoffroy-Saint-Hilaire, et au S. E., la rue Buffon. Une magnifique grille en fer forgé l'entoure tout le long de la rue Buffon et du quai Saint-Bernard; une terrasse ombragée et les bâtiments de la galerie zoologique, ainsi que les maisons qui servent au logement de ses nombreux employés sont situées du côté de la rue Cuvier.

Divisé naturellement en deux parties, le Jardin des Plantes renferme dans sa partie supérieure une butte, qui était autrefois surmontée d'un moulin, et qui, aujourd'hui, est plantée d'arbres verts et coupée par des allées sinueuses aboutissant à une petite plate-forme, où s'élève un élégant belvédère en bronze, sur lequel on lit cette inscription : *Horas non numero nisi serenas* (je ne compte que les heures heureuses).

De ce point, on a Paris à ses pieds; la reine du monde est couchée voluptueusement et fait briller aux rayons du soleil ses coupoles dorées, ses flèches hardies, pendant que de toutes parts les vitres, scintillant de mille feux, semblent faire croire qu'on a réuni là tous les diamants de Golconde.

Sur un des flancs du labyrnthe se trouve le monument élevé à la mémoire de Daubenton; de l'autre côté, s'élève le fameux cèdre du Liban, le premier que l'on ait vu en France et qui fut planté par de Jussieu, en 1734.

Conservatoire des arts et métiers. (Page 287.)

En avançant du côté du quai Saint-Bernard, on rencontre la ménagerie, qui est fort belle et magnifiquement installée dans un jardin anglais, coupé par une petite rivière qui répand une agréable fraîcheur et fait les délices des milliers de palmipèdes qui hantent ses bords.

L'hôte qui reçoit le plus de visites est, sans contredit, l'éléphant, qui, avec sa trompe, fait le bonheur des petits enfants qui se hasardent, non sans trembler un peu, à lui présenter un fruit ou un morceau de gâteau. Malgré sa physionomie impassible, il aime qu'on le flatte, qu'on lui prodigue les épithètes mignardes, et l'on voit alors s'agiter ses vastes oreilles en signe de plaisir, tandis que sa trompe se dresse devant le public comme un gigantesque point d'interrogation.

Son voisin l'hippopotame est le type parfait du gourmand gorgé d'aliments. Flottant à la surface du bassin qui lui est destiné, ses yeux abêtis regardent stupidement le public, cherchant à comprendre, mais en vain, l'empressement dont il est l'objet.

Mais les héros du jour, ceux qui attirent le public d'une façon irrésistible, ce sont les singes avec leurs tours de trapèze à faire le désespoir de Léotard.

La fosse aux ours ne manque pas non plus d'admirateurs : c'est de ce côté que l'on rencontre plus volontiers la bonne d'enfants avec l'inévitable *pays*. On comprend que le voisinage de ces hôtes velus doit faire taire les marmots, disposés à trouver trop longue la conversation du troupier.

Le Jardin des Plantes a été créé sous Louis XIII, par les ordres de Richelieu, par Guy de la Brosse, médecin du roi, dont la statue, par Daviot, se trouve dans la cinquième salle du Muséum.

Protégé par les ministres, cet établissement, grâce au zèle de Fagon et de Valot, acquit une grande importance et en peu de temps de magnifiques collections en tous genres.

Parmi les surintendants de ce jardin, on voit figurer Colbert, en 1671.

Le Jardin des Plantes, sous les auspices de Buffon, nommé intendant en 1739, prit un développement considérable, auquel prirent part les Thouin, les Jussieu, les Lemonnier, les Bernardin de Saint-Pierre, développement qui ne fait que croître de nos jours, grâce à l'intelligente impulsion des savants professeurs qui y sont attachés.

La superficie du Jardin des Plantes comprend 225 430 mèt. On a institué dans cet établissement une foule de cours gratuits : cours de géologie, de minéralogie, de botanique et d'histoire, d'anatomie naturelle de l'homme, d'anatomie comparée, de physiologie comparée, de culture, de chimie organique, de chimie inorganique, et de physique appliquée à l'histoire naturelle. (*V.* page 293.)

Les bibliothèques publiques sont au nombre de six, sans compter celles qui sont attachées à divers établissements, telles que celles du Conservatoire des arts et métiers, de l'École de droit, etc.

La Bibliothèque impériale est installée dans un immense bâtiment situé entre la rue Vivienne et la rue Richelieu : on estime le nombre des livres qu'elle renferme à 2 millions, et celui des manuscrits à 150 000. Cette bibliothèque contient en outre d'importantes collections de gravures, de cartes, de monnaies et autres curiosités. La grande salle contient tous les jours de trois à quatre cents travailleurs. Le budget de la Bibliothèque impériale est d'environ 400 000 francs par an.

La bibliothèque Sainte-Geneviève est ouverte au public jusqu'à six heures du soir : elle possède 110 000 volumes. (*V.* page 297.)

La bibliothèque Mazarine, dans le palais de l'Institut, contient 150 000 volumes, dont 4000 manuscrits.

Jardin des Plantes. (Page 288.)

La bibliothèque de l'Arsenal compte 230 000 volumes, appartenant la plupart à l'ancienne littérature française.

La bibliothèque de la ville de Paris date d'un siècle, et renferme 45 000 volumes.

La bibliothèque de l'Université possède 100 000 volumes, et celle du Louvre environ 90 000.

Les archives de l'Empire sont à l'ancien hôtel Soubise.

Avant 1789, la France ne possédait aucun dépôt général et spécial des actes, titres et autres pièces originales concernant l'histoire de la nation, le gouvernement, les administrations, les cours souveraines, etc. Elles furent établies par un décret de l'Assemblée constituante, le 24 août 1789, et confiées à Camus, l'un de ses membres. Elles furent d'abord placées aux Capucins de la rue Saint-Honoré. Après, le 10 août 1792, elles furent transférées au Louvre, et de là au palais Bourbon ; enfin, en 1809, on les transporta à l'hôtel Soubise. En 1812, on commença la construction d'un palais spécial destiné aux archives, entre le pont de la Concorde et celui d'Iéna, mais il fut interrompu en 1812, et les archives durent rester à l'hôtel Soubise, où elles sont encore. Les archives de l'Empire formaient, en 1812, trois divisions : française, italienne et allemande. La première, la seule qui nous soit restée, se composait de six sections : législative, administrative, historique, topographique, domaniale et judiciaire. Il n'en reste plus que trois aujourd'hui : la section historique, la section administrative et la section judiciaire. La première contient le trésor des chartes et son supplément, les monuments historiques, dont quelques-uns remontent au septième siècle ; les monuments plus spécialement ecclésiastiques, les mélanges relatifs aux ordres militaires, aux anciens établissements d'instruction publique, aux titres généalogiques. La deuxième renferme les archives du conseil d'État, du conseil de Lorraine, lettres patentes, ordonnances, bons et brevets du roi, enfin tout ce qui appartient au régime constitutionnel de 1791, à la Convention, au Directoire exécutif, au Consulat, etc. ; elle se compose encore de mémoriaux, aveux et dénombrements de l'ancienne chambre des comptes de Paris, des papiers relatifs aux domaines des princes, aux déshérences, etc. La troisième contient les lois, ordonnances, édits, arrêts, décrets impériaux, les copies authentiques et minutes des procès-verbaux de l'Assemblée des notables et des Assemblées nationales, les papiers des représentants en mission, et des comités de la Constituante de 1789, et de la Convention ; les archives du sénat, de la Chambre des pairs, de la Chambre des députés, de la Constituante de 1848, de l'Assemblée législative, etc. On y trouve également les pièces et titres de la grande chancellerie, secrétairerie de l'Empereur, prévôté et requêtes de l'hôtel, tribunaux criminels, civils et extraordinaires. Les pièces les plus précieuses, munies de sceaux d'or et d'argent, sont renfermées dans une armoire de fer, ainsi que des clefs de villes, les étalons du mètre et du kilogramme, et divers modèles, etc. Les pièces les plus importantes sont celles qui ont trait à l'histoire de France, à la géographie, à l'histoire ecclésiastique, au droit français, au droit public.

Citons enfin l'Observatoire, dont la construction n'est peut-être pas appropriée aux exigences de la science moderne, mais qui possède une riche collection d'excellents instruments, et le Bureau des longitudes auquel on doit le célèbre annuaire ayant pour titre : *la Connaissance des temps*. C'est un vaste édifice rectangulaire flanqué de deux tours octogones situées dans les angles de la façade méridionale avec un avant-corps, au milieu duquel se trouve la porte d'entrée. Il y a en outre un dôme de cuivre rotatif qui sert aux observations. La ligne de la façade du sud de

Bibliothèque Sainte-Geneviève. (Page 292.)

l'édifice se confond avec la latitude de Paris ; la ligne méridienne passe au milieu du monument; elle est tracée sur les dalles de la principale salle du deuxième étage et s'étend au nord jusqu'à Dunkerque. Des cours d'astronomie sont ouverts à l'Obse r vatoire.(*V.* page 301.)

APPROVISIONNEMENT.

Aperçu de la consommation de Paris. — Halles centrales. — Halles et marchés divers. — Autres aperçus sur la ville de Paris.

L'approvisionnement d'une ville qui, comme Paris, compte près de deux millions d'habitants, est une tâche assez compliquée, rendue plus facile par le réseau de chemins de fer aboutissant à Paris.

Voici un aperçu de la consommation de l'année 1863 :

Vins en cercles....................	2 680 195 hectol.
Vins en bouteilles..................	16 343 —
Alcool et liqueurs..................	109 836 —
Bière.............................	357 104 —
Vinaigre..........................	37 059 —
Viande de bœuf, taureau et vache....	109 318 026 kilogr.
Viande de porc et lard..............	23 000 761 —
Fromage..........................	2 968 967 —
Raisin............................	7 920 162 —
Poissons de mer, pour..............	11 880 672 francs.
Poissons de rivière, pour...........	1 489 909 —
Huîtres, pour......................	2 652 652 —
Houille et coke....................	629 863 191 kilogr.
Avoine............................	147 092 712 —
Sel...............................	11 386 057 —
Pain..............................	26 6000 000 —

Les halles sont des emplacements consacrés à l'exposition et à la vente des denrées et marchandises amenées des divers points pour les approvisionnements journaliers. Philippe Auguste fut le premier qui assigna une place fixe aux échoppes des marchands. Il établit, en 1183, deux halles, entourées de murs, au lieu dit les Champeaux, entre les rues Saint-Denis, de la Tannerie, de la Ferronnerie et la pointe Saint-Eustache. Correzet prétend que ce lieu fut appelé *halles* ou *alles*, parce qu'il était public, et que tout le monde pouvait y aller. A la même époque, Henri II, roi d'Angleterre, en élevait dans plusieurs villes de son royaume.

Sous Louis IX et ses successeurs, on vit s'établir un grand nombre de halles et de foires. La grande halle, qui a subsisté jusque dans ces derniers temps, fut bâtie par Henri II, au seizième siècle ; les noms des diverses rues rappelaient le genre de commerce qui s'y faisait ; ce sont les rues de la Grande et de la Petite-Friperie, de la Cordonnerie, de la Poterie, de la Fromagerie, du Marché au porc frais, de la Chanvrerie, etc. On distinguait, outre le Marché des Innocents, la Halle au beurre et aux œufs, le Marché à la volaille, à la viande, etc. Avant 1789, on voyait, sur l'emplacement des halles, un pilori où avaient lieu les exécutions criminelles.

On appelle Halles centrales le vaste marché dont la construction a été commencée en 1851, et qui a été établi sur l'emplacement des anciens piliers des halles pour la vente en gros, demi-gros et détail des denrées alimentaires. Les Halles centrales ont la forme d'un échiquier à douze compartiments ; chaque compartiment est formé d'un pavillon à jour, supporté par de hautes colonnes en fer fondu. La hauteur des pavillons est de 25 mètres. La toiture est couverte en zinc. Les pavillons forment des arcades fermées par des persiennes en fer ; les ouvertures sont garnies de glaces dépolies, qui laissent passer la lumière, mais non la chaleur. 40 fontaines sont disposées à l'intérieur ; chaque pavillon est éclairé par 100 becs de gaz. Au-dessous des pavillons sont disposées des caves, hautes de 3 mèt. 80 c., servant de magasins. Les Halles sont entourées de rues

Observatoire. (Page 296.)

d'une largeur de 20 mètres. Elles ont été construites sur les plans de MM. Victor Baltard et Collet, architectes. Dès 1811, Napoléon Ier avait conçu le projet d'établissement des Halles centrales. Napoléon III reprit l'étude de ce projet, en décréta l'exécution, et posa lui-même la première pierre de ce monument le 15 septembre 1851. Les travaux, interrompus jusqu'en 1854, ne furent achevés qu'en 1857. Les pavillons qui doivent composer les Halles centrales ne sont pas encore tous ouverts; on a calculé qu'ils couvriront une superficie de 40 000 mètres. (*V.* page 305.)

Les Halles centrales sont le principal entrepôt de l'approvisionnement de Paris : à côté se trouve l'ancien marché des Innocents, transformé aujourd'hui en un square fort pittoresque.

Les dames de la halle ont suivi le torrent de la civilisation; on peut se hasarder auprès d'elles sans risquer ces bordées de sottises qui faisaient les délices des Collé et des Vadé.

Les transactions commencent vers minuit, et le tapage, le mouvement, le tohu-bohu se prolonge jusqu'au matin. Les acheteurs en gros revendent ensuite leur marchandise en détail en la colportant dans les rues de Paris, sur de petites voitures à bras. La vente au détail se poursuit jusqu'à la nuit.

On évalue les fruits et les légumes qui se vendent aux Halles centrales à la somme de 50 000 francs.

Un certain nombre de marchés secondaires, régis par la ville ou par des compagnies concessionnaires, subviennent aux besoins des quartiers éloignés des Halles centrales, ou répondent à des besoins spéciaux.

Ce sont la halle au blé, véritable bourse des grains et farines (*V.* page 309); l'entrepôt des vins, dont les caves peuvent contenir un million d'hectolitres de vin et 150 000 hectolitres d'eau-de-vie.

Les divers abattoirs de Paris vont être supprimés et centralisés dans les abattoirs généraux de la Villette.

Le vieux Temple est encore une de ces parties du vieux Paris qui ont disparu au grand regret des amateurs de vieilleries.

Ces bâtiments informes, sorte de ruche du faux luxe et de la pauvreté, ont vu leurs alvéoles éventrés et ont dû céder le pas aux gigantesques colonnes de fer supportant des charpentes titanesques. (*V.* page 313.)

Établi dans l'ancien enclos du Temple, ce marché fut créé pour remplacer les marchés aux vieux effets d'habillement et de literie, qui se tenaient autrefois sur divers points de Paris.

Il était composé de quatre grands pavillons en bois, séparés par des rues, se coupant à angles droits : divisés en une multitude de petites échoppes, ils offraient aux regards du penseur de nombreux sujets de méditations. Ici un habit noir, soigneusement brossé, et luisant aux coudes et au collet, rappelait cette misère honteuse qui cherche à se dissimuler sous des dehors convenables; on croyait voir le solliciteur affamé qu'on rencontre dans toutes les antichambres, ou le débris de quelque catastrophe industrielle et commerciale.

Cette robe de soie, ornée de pompons, à côté de cette modeste robe de paysanne, révélait ces métamorphoses nombreuses dans la grande ville : métamorphoses qui commencent par le déshonneur et qui finissent par le désespoir, et quelquefois par le suicide.

La Rotonde, démolie depuis deux ans environ, se trouvait à l'extrémité des pavillons.

On trouve au Temple une collection immense de tous objets de luxe et de nécessité, et il ne faudrait pas croire que tout ce que l'on y vend se trouve dans cet état intermédiaire

Halles centrales. (Page 300.)

qui n'est ni l'existence ni le néant; on y trouve beaucoup de marchandises neuves, et bon nombre de jeunes femmes, héroïnes de bals publics et autres lieux semblables, viennent chercher en cet endroit le complément nécessaire de leurs séductions.

La population du Temple forme également un monde à part, ayant son langage spécial. Nous n'essayerons pas d'initier nos lecteurs aux beautés et aux finesses de cette langue; nous nous bornerons à constater qu'elle renferme de ces formes énergiques qu'on ne trouve que dans les langues primitives.

Pour se hasarder à acheter en cet endroit, il faut être rompu depuis longtemps aux habitudes de la vie parisienne et être doué d'un courage à toute épreuve.

Malheur à vous si vous acquiescez au premier prix que l'on vous fait, vous êtes certain de payer au moins trois fois trop cher. Prenez pour règle d'offrir le quart de ce qu'on vous demande et ne démordez pas, sans quoi vous serez *refait*, pour nous servir d'un terme consacré au marché du Temple.

FONTAINES.

Quantité d'eau employée dans Paris. — Puits artésiens de Grenelle et de Passy. — Fontaines Gaillon, Molière, des Innocents, Notre-Dame. — Éclairage. — Établissements financiers.

Jusqu'à ces dernières années, Paris a été assez mal approvisionné d'eau : la production totale était d'environ, 170 000 mètres cubes fournis par diverses sources des environs, par l'eau de la Seine, élevée à l'aide de la pompe à feu de Chaillot et répartie par la ville; à cela il faut ajouter les eaux du puits artésien de Grenelle, de 547 mètres de profondeur, terminé en 1841 (*V.* page 321), et de celui de

Passy, de 586 mètres de profondeur, percé de 1855 à 1861 par Kind, ingénieur allemand; la plus importante des prises d'eau est celle du canal de l'Ourcq terminé sous le Consulat.

Dans ces derniers temps on a admis un projet qui fournira 170 000 mètres cubes d'eau à la ville et fera cesser la gêne qu'on éprouve chaque année : on établira trois conduites qui amèneront les eaux de la Dhuys, de la Somme-Sourde et de la Vanne. La première de ces conduites est terminée et a coûté 62 millions de francs.

Le produit total des abonnements particuliers à l'eau fournie par la ville de Paris, s'est élevé, en 1860, à 2 094 500 francs.

Le service des voies publiques emploie, surtout en été une quantité d'eau considérable pour abattre la poussière fournie par le macadam.

D'après le budget de la ville de Paris pour 1866, il a été dépensé :

Pour l'entretien et le nettoyage des rues et voies publiques...........................	13,500,000 fr.
Pour la conduite des eaux et les égouts....	2,900,000
Pour les promenades et jardins publics.....	3,000,000

La fontaine Gaillon, qui a été faite sur les dessins de Visconti, représente un petit génie qui frappe un dauphin d'un trident. L'enfant surmonte un socle orné de détails sculptés représentant des plantes et des animaux aquatiques. Le socle et la statue sont abrités par une niche pratiquée dans la façade d'une maison dont la décoration a été mise en harmonie avec la fontaine.

La fontaine Molière, élevée par une souscription nationale, suscitée par M. Régnier de la Comédie-Française, fut inaugurée le 15 janvier 1844. La statue en bronze de Molière est l'œuvre de M. Seurre. Ce grand poëte est représenté assis; à ses côtés, au-dessous de lui, sont les Muses de la Comédie sé-

Halle au blé. (Page 303.)

rieuse et de la Comédie légère, par Pradier. Sur la face septentrionale du piédestal, on lit l'inscription suivante : « A Molière, né à Paris le 15 janvier 1622, mort à Paris le 17 février 1673. »

Bouchardon fournit et exécuta les dessins de la fontaine de Grenelle, une des plus belles de Paris : l'ensemble de la décoration arrête longtemps les curieux et les artistes; l'avant-corps est décoré d'un groupe en marbre blanc représentant la Ville de Paris assise avec les figures de la Seine et de la Marne couchées à ses pieds. On lit sur l'imposte une inscription latine dont voici la traduction : « Tandis que Louis XV, le père et les délices de son peuple, le gardien de la tranquillité publique, qui, sans verser le sang, a reculé les frontières de France, et qui a rétabli la paix entre l'Allemagne, la Russie et les Turcs, poursuivait le cours de son règne à la fois glorieux et pacifique, le prévôt des marchands et les échevins ont fait construire cette fontaine pour la commodité des habitants et l'ornement de la ville, en 1739. »

La fameuse fontaine des Innocents, qui occupe le centre du marché des légumes à la halle, a été construite en 1550 sur le plan de Pierre Lescot, et ornée de sculptures par Jean Goujon. En 1788, l'ingénieur Six et les architectes Poyet et Molinos se chargèrent d'en faire une fontaine colossale, et de lui donner quatre faces qu'ils élevèrent sur trois gradins. Au faîte des gradins est un vaste bassin carré sur lequel repose un soubassement décoré aux angles de quatre lions qui lancent de l'eau. Ils surmontèrent le tout d'une coupole; au centre, une vasque laisse échapper un jet d'eau qui retombe en nappe dans les auges placées sur les quatre faces du soubassement.

Paris s'en va, au grand désespoir des archéologues, qui regrettent les noirs ruisseaux, les affreuses ruelles, les immenses gargouilles qui inondaient le passant, les jours de pluie, qui, en un mot, préfèrent le tohu-bohu du moyen âge à la ligne droite et au macadam du dix-neuvième siècle.

Le marché des Innocents a disparu dans cette immense bagarre qui rajeunit la vieille Lutèce, et un beau square a remplacé ce carreau de la halle si pittoresque, fréquenté par une population unique, formant une société à part dans la société.

Sur l'emplacement qu'occupait ce marché se trouvait autrefois le cimetière des Innocents, célèbre par son charnier et sa fameuse *danse macabre*, espèce de tragi-comédie pleine de philosophie. Ce cimetière, entouré de maisons de toutes parts, situé dans un quartier très-populeux, prit, malgré le lugubre aspect de ses tombes, un air animé qui lui faisait ressembler plutôt à un champ de foire qu'à un champ de repos.

Il était encadré par une espèce de galerie dallée, recouverte d'une voûte soutenue par des colonnes; cette galerie devint un passage fréquenté, on y installa de nombreuses boutiques et ce fut bientôt le rendez-vous à la mode.

En 1785, on convertit l'enclos des Innocents en une place publique destinée à servir de marché aux légumes et aux fruits. On détruisit l'église et on se servit des parties de la fontaine construite par Pierre Lescot et sculptée par Jean Goujon, pour la nouvelle fontaine que l'on établit au milieu du marché.

Les marches entourant la fontaine furent bientôt envahies par des cuisines en plein vent, installées sous d'immenses parapluies rouges et offrant à un bas prix impossible la soupe et le bœuf, des saucissons, des pommes de terre frites et des beignets; pendant que tout alentour les marchandes, également installées sous des parapluies, offraient leurs marchandises aux chalands dans un lan-

Le Temple. (Page 304.)

gage trivial, affectant des formes rudes, un accent rauque que l'on retrouve encore dans certains quartiers de Paris.

Les marchands de vin qui entouraient le marché des Innocents restaient ouverts toute la nuit. Aussi, vers minuit, on voyait se rabattre de ce côté toute une population de flâneurs, d'élégants débauchés ; et il fut un temps où Paul Niquet, Bordier, Chandelier et autres jouissaient, dans la jeunesse dorée, d'une réputation que le Café Anglais ou la Maison Dorée ont acquise depuis, mais à d'autres titres, hâtons-nous de le dire.

Il fallait un certain courage et une grande curiosité pour se hasarder dans la boutique de Paul Niquet. Près d'un comptoir en étain luisant se tenait toute une population hâve, décharnée, déguenillée, sans domicile et ayant abdiqué, avec un certain orgueil, toutes les vaines puérilités du confort de la vie.

Dans tout ce monde, composé principalement de chiffonniers, se faufilaient de temps en temps des voleurs, et il n'était pas rare d'avoir le spectacle de la police enlevant un assassin, ou d'une bataille en règle.

Des ouvriers venaient dépenser en une nuit, à la halle, tout le gain d'une semaine et remportaient le dégoût et l'ennui.

Maintenant on a établi un beau jardin qui purifie l'air de ce quartier. Les marchands de vins ne jouissent plus de l'immunité d'avoir leur établissement ouvert toute la nuit. La fontaine, restaurée et arrangée, tient la place d'honneur du square, et tous les bambins des environs s'y donnent rendez-vous.

Sur une petite place, abritée par le chevet de la cathédrale de Paris, se trouve la petite fontaine Notre-Dame élevée en 1845, et dont les trois frêles colonnettes supportent une aiguille entourée de clochetons ; sous les colonnettes est une statue de la Vierge, posée sur un socle triangulaire décoré de trois Anges foulant aux pieds les Hérésies qui laissent tomber par la bouche des filets d'eau dans deux bassins superposés. L'ensemble de ce monument est une des meilleures imitations du style gothique.

La fontaine Cuvier, adossée à une maison formant l'angle des rues Cuvier et Saint-Victor, se compose d'un piédestal semi-circulaire, sur lequel repose l'Histoire naturelle, à ses côtés, sont un lion et un hibou, elle tient des tablettes avec cette inscription : *Rerum cognoscere causas* (Heureux qui peut approfondir les principes des choses). Autour d'une calotte de sphère sur laquelle elle pose ses pieds, on a sculpté plusieurs animaux amphibies. M. Feuchères a sculpté la figure de l'Histoire naturelle, les ornements et les animaux sont de M. Pomateau, mort il y a quelques années, presque inconnu du public et dans toute la force de l'âge et de son talent.

Fontaine Saint-Sulpice. — Cette fontaine, construite sur la place Saint-Sulpice, sur les dessins de Visconti, et inaugurée en 1847, se compose de trois bassins, dont le plus élevé sert de base à une construction quadrangulaire, terminée par une calotte sphérique ; sur chaque face de cette construction est une niche renfermant une statue ; quatre magnifiques lions de F. Derre décorent le premier bassin. Les quatre statues représentent Bossuet, Fénelon, Massillon, Fléchier. La plus remarquable de ces statues, celle de Bossuet, est de M. Feuchères.

L'éclairage de la ville, comptant 30 000 becs de gaz et 1400 lampes à huiles coûte annuellement 4 250 000 francs.

Paris ne centralise pas seulement presque toutes les forces intellectuelles de la France, il est également le foyer du commerce, de l'industrie et de la banque. En ces derniers temps, il a presque enlevé à l'Angleterre la gloire d'être le marché du monde entier pour l'argent.

Toutes les nations de l'Europe viennent à Paris s'approvisionner de ce métal, et, malgré diverses secousses, Paris n'en manque jamais; cependant il ne faudrait pas attribuer les affaires colossales qui se traitent journellement à la Bourse, à cet état prospère; la plupart ne sont que des opérations fictives dues à la passion du jeu.

A la tête des établissements financiers se place la *Banque de France*, dont le siége à Paris, a été constitué en 1803, à peu près telle qu'elle est aujourd'hui. La Banque de France a, par les lois du 24 germinal an XI, du 22 avril 1806, et du 9 juin 1857, le droit d'émettre seule des billets de banque jusqu'au 31 décembre 1897. Un grand nombre d'opérations de diverses natures se font à la banque de France. Elle escompte, à un taux qui varie, des lettres de change et des billets à ordre, payables à des échéances fixes, qui ne peuvent excéder trois mois, timbrés et revêtus de trois signatures au moins de commerçants notoirement solvables, ou à deux signatures seulement pour des effets créés pour fait de marchandises avec un transfert d'effets publics français ou d'actions de la Banque, ou des récépissés de marchandises. Elle ne se borne pas à l'escompte, elle fait encore des avances sur dépôt de fonds publics, d'actions et obligations de chemins de fer et autres. Elle tient en outre une caisse de dépôts volontaires pour toutes sortes de titres, et pour lingots d'or et d'argent, monnaies, diamants, moyennant un droit de garde calculé sur la valeur estimative, à raison d'un demi-quart pour cent, par chaque six mois. Elle se charge aussi des recouvrements des effets de commerce qu'on lui remet; elle reçoit en compte courant les sommes versées par les négociants ou établissements publics. Elle a aussi le privilége d'émettre des billets payables à vue. Ces billets, qui pendant longtemps ont été de 1000 fr.

et de 500 fr., admettent depuis 1848 des coupures de 200 et de 100 fr. et tout récemment il a été émis des coupures de 50 fr.

D'après ses statuts primitifs, la banque ne pouvait émettre des billets que pour une valeur égale à son capital ; mais en 1848, elle a été autorisée à faire des émissions beaucoup plus considérables, qui ont été élevées par la loi du 24 décembre 1849 ; un décret du 14 mars 1848 avait même donné temporairement cours forcé à ses billets, mais ce décret n'a pas tardé à être rapporté. Une assemblée d'actionnaires, représentée par deux cents d'entre eux, nomme quinze régents et trois censeurs, qui forment six comités, dits des comptoirs, des billets, des comptes, des caisses, des relations avec le Trésor et les receveurs généraux, des livres et portefeuilles. La direction supérieure est attribuée à un gouverneur et à deux sous-gouverneurs, nommés par le chef de l'État ; mais ils n'exercent qu'un pouvoir négatif, au moyen d'un droit de *veto ;* la direction effective appartient au conseil général de la banque. Tous les ans, la banque de France distribue d'importants dividendes à ses actionnaires. Elle publie à des époques périodiques son état de situation, qui est publié dans le *Moniteur.*

La banque de France a la faculté d'élever le taux de son escompte ; mais cette faculté, qui a pour but d'arrêter l'exportation du numéraire dans les moments de crise, a aussi pour résultat de restreindre ses opérations au moment où il faudrait qu'elles s'étendissent de la façon la plus large; de sorte que la banque de France devient une sorte de caisse de dépôt alors qu'elle devrait être une caisse de circulation.

La banque de France peut établir des comptoirs ou succursales dans les départements. Ces succursales, dont plusieurs formaient, avant 1848, des banques distinctes sont : Agen, Amiens, Angers, Angoulême, Annonay, Arras, Avignon, Bar-le-duc, Bastia, Bayonne, Besançon, Bordeaux, Brest, Caen, Carcassonne, Châlon, Châteauroux, Clermont-

Ferrand, Dijon, Dunkerque, Flers, Grenoble, le Havre, Laval, Lille, Limoges, Lyon, le Mans, Marseille, Metz, Montpellier, Mulhouse, Nancy, Nantes, Nevers, Nice, Nîmes, Orléans, Poitiers, Reims, Rennes, la Rochelle, Rouen, Saint-Étienne, Saint-Lô, Saint-Quentin, Sedan, Strasbourg, Toulon, Toulouse, Tours, Troyes, Valenciennes.

Les autres établissements de crédit tels que le Crédit foncier, le Comptoir d'escompte, le Crédit mobilier, la Société générale, mettent chaque jour des sommes immenses en circulation.

Non moins nombreuses, sont les grandes compagnies industrielles, qui ont leur siége à Paris; l'industrie de cette ville est universelle et s'étend à toutes les branches possibles; elle triomphe surtout par la division du travail poussé à l'infini.

Les articles dits de Paris, la quincaillerie, la passementerie, les objets de toilette et de luxe ont depuis des siècles par leur travail élégant et de bon goût conquis une réputation universelle.

En 1847 la production des objets de première nécessité, tels qu'habillements, meubles, atteignait une valeur de 750 millions ; les articles de luxe, voitures, bijoux, 336 millions, dont 135 millions applicables aux objets d'or et d'argent. Les produits manufacturés s'élevaient à 326 millions et les objets propres aux besoins de l'intelligence, tels que livres, gravures, etc., comptaient pour 51 millions. Les produits exportés atteignaient, d'après les déclarations de douane de 1859 le chiffre de 302 millions.

Le bâtiment de la Douane est situé rue du même nom. (*V.* page 321.)

Paris possède huit gares de chemin de fer, dont les lignes appartiennent à cinq compagnies : un chemin de fer de ceinture les relie entre elles.

Sur la rive droite se trouvent : la gare du Nord, vaste construction récemment terminée ; il est à regretter qu'une place ne soit pas établie au-devant et que sa façade soit écrasée par les maisons avoisinantes ; la gare de l'Est, l'une des plus belles de Paris ; la gare de Lyon-Méditerranée et la gare septentrionale de l'Ouest.

Sur la rive gauche se trouvent la gare méridionale de l'Ouest, celles d'Orléans et de Sceaux-Orsay.

L'administration du département de la Seine, comprenant, outre Paris, les arrondissements de Sceaux et Saint-Denis, est partagée entre le préfet de la Seine et le préfet de police : ils sont assistés par un conseil général pour le département, et, pour Paris, une commission municipale nommée par l'Empereur.

Le budget de la ville de Paris dépasse celui de beaucoup de petits États. Voici les principaux chiffres de celui de 1866 :

Recettes ordinaires....................	134,160,414 fr.
— extraordinaires................	12,250,480
	146,410,894
Dépenses ordinaires....................	90,570,266 fr.
— extraordinaires................	55,840,630
	146,410,894

Paris a été embelli beaucoup depuis une quinzaine d'années ; de belles voies ont été tracées ; le pavé, remplacé par le macadam ; l'air et la lumière distribués à flots dans des quartiers qui étaient autrefois des foyers d'infection et d'épidémies. Le nombre des constructions nouvelles dépasse constamment celui des maisons qui tombent par les démolitions ; ainsi, par exemple, du 1er octobre 1864 au 1er octobre 1865, 3351 maisons ont été élevées ; 1942 seulement ont été démolies, ce qui établit une augmentation de 1942 mai-

Douane. (*V.* page 319.)

sons représentant environ 7948 logements. De 1860 à 1863, on a construit 12 443 maisons renfermant 71 556 logements.

D'après le recensement de 1861, la population de Paris, y compris une garnison de 28 300 hommes, s'élevait à 1 696 141 âmes.

Le chiffre des naissances en 1863 a été de 54 077 enfants, dont 27 634 garçons et 26 443 filles ; comprenant 15 239 enfants naturels, dont 3708 ont été reconnus.

Le nombre des enfants morts-nés est de 4107 ; celui des décès, de 42 521, et celui des mariages, de 16 485.

277 cadavres d'hommes et 69 de femmes ont été déposés à la Morgue, parmi lesquels 61 sont demeurés inconnus.

La Morgue, ce triste monument quadrangulaire, situé derrière Notre-Dame, est destiné à recevoir les cadavres des personnes trouvées noyées ou mortes par suite de crimes ou d'accidents ; les décédés sont étendus sur des tables de marbre et exposés ainsi à la vue du public derrière un vitrage. C'est un lugubre tableau qui fait penser à la mort, et apprend à bien vivre. Là, des parents inquiets ont retrouvé le corps de celui qu'ils attendaient ; là, souvent aussi des criminels se sont trahis en présence de leurs victimes....

CIMETIÈRES.

Cimetières Montparnasse, Montmartre, du Père-Lachaise, Picpus.
Les Catacombes.

Le cimetière Montmartre, dit M. Fréville, le plus ancien des cimetières actuels de Paris, renferme les tombeaux de plusieurs célébrités ; nous nous arrêterons devant les tombes de Legouvé, l'auteur du *Mérite des Femmes*; de Greuze, le peintre populaire de la *Malédiction paternelle* et de l'*Accordée du Village*; de d'Aguesseau et d'Argenson, illustres magistrats, du sculpteur Pigalle, et parmi les tombes plus récentes, l'humble pierre d'Armand Marrast et le monument simple élevé à la mémoire de madame Paul Delaroche, exécuté sur les dessins de M. Félix Duban, attireront encore notre attention.

Le cimetière Montparnasse, où les jeunes poëtes viennent s'inspirer sur la tombe d'Hégésippe Moreau, ne remonte qu'a 1824. Là reposent encore un grand philosophe, Théodore Jouffroi, et cet infortuné Dumont-d'Urville, qui fit le tour du monde et vint mourir dans la catastrophe arrivée au convoi du chemin de fer de Versailles, le 8 mai 1842.

Le Père-Lachaise, élevé sur le couvent du Mont-Louis, dont le père Lachaise, confesseur de Louis XV, était le supérieur, est l'asile nécessaire de tout ce qui fut ici-bas riche, puissant ou célèbre. Toutes les gloires de l'Empire et de la Restauration sont couchées là; à chaque pas on foule une tombe illustre. Nous citerons le monument gothique d'Héloïse et d'Abeilard, transporté de l'église du Paraclet ; la tombe de la Fontaine, sur laquelle est sculpté un renard, celles de Molière, de Bernardin de Saint-Pierre, de Parny, Delille, La Harpe, Chénier, mademoiselle Duchesnois, mademoiselle Clairon, Talma, mademoiselle Mars, Potier, Désaugiers, Béranger, Picard, Beaumarchais, Frédéric Soulié, Méhul, Grétry, Bellini, Hérold, Boïeldieu, Weber, Chérubini, Chopin Wilhem, François Arago, Benjamin Constant, Royer-Collard, Casimir Périer, Cambacérès, le maréchal Ney, Labedoyère, David, Balzac, Sicard, le docteur Gall, etc., etc. Une chapelle est élevée à l'entrée du cimetière du Père-Lachaise. L'impression que laisse ce pèlerinage est saintement poétique. On pense aux grandes œuvres de Dieu et aux grandes œuvres des hommes, les unes impérissables, les autres affichant leur néant par les dégâts que quelques années seulement y ont causés.

Le cimetière Picpus, rue de ce nom, n'est pas public. On

y a enseveli les restes de quelques victimes de nos guerres civiles en 1793.

Les ossements des générations passées sont déposés dans les Catacombes, vastes carrières abandonnées qui forment sous Paris une ville souterraine. (*V.* page 333.)

Les Calacombes, d'où furent extraites les pierres qui ont servi à construire l'ancien Paris, ne peuvent plus être visitées qu'en compagnie des ingénieurs de la ville. Elles forment une cité souterraine qui a ses rues et ses places. Des travaux continuels sont nécessaires pour prévenir les éboulements. En 1784, lorsque le cimetière des Innocents fut démoli, la municipalité fit transporter les ossements dans ces carrières; de là leur vient le nom de Catacombes. Plusieurs de ces galeries lugubres sont lambrissées de têtes de mort. Aux angles de ces corridors sombres, on a ménagé des espaces en forme de chapelles. Jadis, les guides qui faisaient voir ce dangereux labyrinthe, priaient d'écrire sur un registre les impressions que l'on y éprouvait, et l'on retrouve, dit-on, sur ces volumes, les noms de toutes les sommités littéraires qui ont illustré les deux derniers siècles.

PALAIS

DE

L'EXPOSITION UNIVERSELLE DE 1867.

Ce palais, élevé au milieu du Champ de Mars, affecte la forme d'un cirque allongé, d'une superficie de 146 000 mètres carrés environ, et d'un pourtour de près d'un kilomètre et demi.

Le plan général se compose de deux demi-cercles de 190 mètres de rayon, réunis par un rectangle de 380 mètres sur 110.

Quatre entrées principales, correspondant aux extrémités de deux axes, donnent accès à l'intérieur du monument; l'entrée d'honneur, richement décorée et couverte, fait face au pont d'Iéna; elle pénètre dans le jardin central, dont nous parlerons tout à l'heure, par une avenue monumentale et un arc de triomphe sous lequel sont posées des vitrines renfermant des produits scientifiques. La deuxième entrée, également couverte, aboutit à l'École militaire; les deux autres sont vis-à-vis la rue Desaix et la rue Saint-Dominique.

Afin d'éviter les étages, l'architecte du palais a tracé huit zones ou galeries enclavées les unes dans les autres, réservant au centre un espace de forme elliptique d'une longueur de 166 mètres sur 56 de largeur, disposé en jardin et servant à une exposition d'horticulture.

Ce jardin est entouré d'un élégant portique formant la première zone, et renfermant les instruments qui peuvent servir à l'histoire du travail.

La seconde zone comprend les œuvres d'art de toutes les nations, se rapportant à la peinture, la sculpture, l'architecture, la lithographie, la gravure, etc. Cette zone se distingue par une ornementation d'un goût sévère.

L'imprimerie, la fonderie, la librairie, le dessin et la plastique appliqués aux arts industriels, la géographie, la cosmographie, la photographie, etc., formeront la troisième zone.

L'ameublement et la décoration des appartements sont compris dans la quatrième zone; là on peut comparer les immenses progrès accomplis dans cette branche de l'industrie humaine. Cette zone renferme également l'horlogerie.

La cinquième zone contient tout ce qui concerne les vêtements, les armes, les objets de secours, de voyage, de campement et même d'amusement.

La sixième zone comprend tout ce qui a trait à l'exploitation des mines, au traitement des minerais, moulage, métallurgie, ardoises et marbres, bois, matières textiles, etc., etc.

La septième zone renferme les machines, la serrurerie, la menuiserie, la carrosserie, tout ce qui concerne les chemins de fer, la télégraphie électrique, etc.

La huitième et dernière zone est consacrée aux aliments solides et liquides, frais ou conservés.

« Des caves ont été ménagées pour les vins de France et de l'étranger. Là régnera la plus grande activité. Les boulangers feront leurs pains, les pâtissiers leurs pâtés et leurs friandises. Il y aura des laboratoires de chocolatiers et de confiseurs, de distillateurs et de glaciers. Ce sera comme dans l'île des Plaisirs de Fénelon, comme dans les pays de Cocagne, comme dans le conte de Riquet-à-la-Houpe. Les traiteurs cuisineront, les rôtisseurs rôtiront, les bouchers et charcutiers dépèceront et manipuleront. Et toutes ces industries en action prendront part au concours, aspireront aux récompenses. Le public, moyennant finance, dégustera sur place mets et boissons, nourriture et friandises, et pourra ainsi, avant le jury, donner son opinion sur les plus succulents produits.

« Placée en dehors et autour de l'ensemble des galeries, ayant seulement 6 mètres de hauteur sur une profondeur à peu près double, cette huitième zone s'adjoint à un promenoir couvert de 1400 mètres, s'ouvrant sur un magnifique parc anglais.

« On a admis au concours, indépendamment des éléments actifs d'exposition dont nous venons de parler, restaurants, buvettes et ce qui s'ensuit, les procédés d'éclairage et de chauffage y afférents, comme aussi l'installation et le matériel des vestiaires, water-closets, bains froids et chauds, de même que tous les matériaux qui, au lieu d'être simplement apportés, ont pu entrer dans la construction, la décoration ou les accessoires de ce grand et complexe édifice.

« Si l'on se figure un damier oblong, arrondi, sans coins, une table de Pythagore à double entrée, les cases transversales devenant circulaires et les longitudinales rayonnant, on aura une image assez fidèle des bâtiments de l'Exposition avec leurs huit galeries (y compris le portique intérieur) qui tournent et les seize voies qui les traversent.

« Chaque zone a son exposition spéciale sans acception de nationalités; mais les chemins rayonnant du centre à la circonférence divisent les zones en compartiments attribués aux divers peuples en proportion de l'importance des produits exposés par chacun d'eux. Ainsi, en parcourant les

Puits artésien de Grenelle. (Page 308.)

huit zones dans leur complète étendue, le visiteur pourra passer en revue les industries similaires de tous les peuples exposants, tandis qu'en longeant successivement les seize voies rayonnantes, il lui sera loisible d'examiner l'exposition collective de chaque pays. Cette disposition est aussi simple qu'ingénieuse.

« Les quatrième, cinquième et sixième zones ont reçu des toits de fer d'un poids à effrayer l'imagination. Peut-être dans tous ces beaux travaux n'y a-t-il rien d'aussi merveilleux que la force de cohésion résultant de l'enchevêtrement des colonnes de ces trois zones dans les voûtes qu'elles supportent, et qui, à leur tour, sont pour les colonnes un lien de nature à les préserver de tout écart et à les rendre inébranlables, en raison même de l'énormité de leur charge.

« Tout autour de l'édifice, on aura un local supplémentaire fort étendu, qui se composera du reste du Champ de Mars. Il sera disposé en jardins, ou, pour mieux dire, en un grand parc planté de beaux arbres suivant le procédé que pratique avec un grand succès l'administration parisienne. Dans ce vaste parc se dresseront des pavillons qui serviront à abriter quelques produits d'une nature particulière. On se propose même d'exposer dans ce parc des modèles de maisons de grandeur naturelle et divers genres d'édifices publics. On peut adresser au plan qui est suivi le reproche d'être dispendieux. A cela près, il semble excellent, et le suffrage du public ne lui manquera pas. Il reste à savoir jusqu'à quel point, quand on a édifié à grands frais un palais assez solide pour braver l'effort des siècles, assez spacieux pour être le siége des plus grandes solennités, avec un ensemble de fondations, d'égouts, de caves, qu'on dirait imités de la Rome antique, il reste à savoir, disons-nous, s'il convient, après un usage de quatre ou cinq mois, de démolir purement et simplement cette construction colossale et coûteuse, de façon qu'il n'en demeure pas la moindre trace à la surface du sol, comme si c'était un édifice frappé de la malédiction du ciel et des hommes.

« L'Exposition universelle de 1867 méritera bien le titre d'*universelle*. Elle sera remarquable par l'universalité des objets exposés. A cet égard, elle présentera plutôt un excès. On a dit en effet qu'on se proposait d'y exposer l'art dramatique par le moyen d'un théâtre où les principaux acteurs de l'Europe viendront représenter les chefs-d'œuvre dramatiques de toutes les littératures. C'est une pensée dont l'exécution semble bien difficile, et puis l'art dramatique est-il bien une de ces industries pour lesquelles l'Exposition se fait? Il serait question, dit-on, d'y faire figurer même les produits de l'industrie antédiluvienne. On y réunirait les pièces les plus remarquables parmi ces outils grossiers en pierre et ces objets en os qui caractérisent l'âge antérieur à la découverte des métaux, et qu'on a retrouvés dans le sol des cavernes inondées à l'époque diluvienne. On veut aussi, dit-on, soigner extrêmement la mise en scène de l'exposition. On y ferait venir des Kalmoucks, avec leurs chevaux, du fond de la Tartarie, et des Lapons des régions polaires avec leurs rennes. Ce seraient des ouvriers anglais qui feraient aller les mulljennies anglaises, des jeunes filles du canton d'Argovie, en costume argovien, qui feraient marcher les machines des manufactures de leur pays. On exposerait ainsi non-seulement les produits de l'industrie, mais le personnel industriel.

« On viendra pour voir les Lapons, les Kálmoucks, les Chinois, les Japonais, les jeunes filles d'Argovie ou de Zurich, ou de la célèbre ville de Lowell aux États-Unis, ou encore celle de Lancashire, avec leurs costumes nationaux et leur attitude. Du même coup on contemplera l'Exposition dans ce qu'elle a d'utile, de sévère, de sérieusement industriel.

Catacombes. (Page 325.).

« Un jardin français, un parc anglais, une gare de chemin de fer, une rivière, des cascades, des théâtres, des jeux, tout ce qui peut intéresser ou récréer le public, sera réuni dans ce lieu fortuné !

« De même que la nature est plus belle après l'orage, de même l'Exposition de 1867 aura d'autant plus d'éclat que les événements de 1866 semblaient devoir la compromettre davantage. Vu de l'École militaire, le Champ de Mars apparaît dans toute sa magnificence et sa grandeur, avec les pentes adoucies du Trocadéro qui l'allongent sans discontinuité apparente.

« Le rendez-vous proposé par la France à tous les peuples industrieux du globe est vraiment digne de la nation qui le donne.

« Quand on aura visité ce palais des *Mille et une Nuits*, quand on aura embrassé les découvertes, les perfectionnements dont il est le temporaire asile, on comprendra tout ce qu'il a fallu de patience, d'obstination, de tentatives réitérées pour mener l'industrie humaine au point où nous la voyons aujourd'hui [1]. »

---

1. *Almanach de Paris illustré et de l'Expositon qui aura lieu en* 1867, Renault et Cie, éditeurs à Paris.

PARIS PITTORESQUE.

Il faudrait des volumes entiers pour retracer l'histoire de cette reine du monde dont chaque monument, chaque rue, chaque pierre, réveille un souvenir.

Dans cet ouvrage, nous n'avons pas voulu fatiguer le lecteur, par des détails archéologiques plus ou moins curieux, des récits historiques plus ou moins controuvés, nous avons voulu lui donner une idée nette de Paris, laissant à l'illustration le soin de compléter notre texte.

Dans les pages suivantes, nous invitons nos lecteurs à faire une promenade fantaisiste avec nous et nous espérons qu'ils en seront satisfaits.

HOTEL DES VENTES.

L'hôtel des ventes est situé rue Rossini, n° 18, derrière l'Opéra ; il forme un vaste bâtiment, mais qui est encore trop petit pour la foule qui s'y porte. Tout y abonde, depuis les meubles les mieux décorés du riche, jusqu'à la triste dépouille du pauvre. Un homme meurt, vite on liquide sa succession, et c'est de là que les héritiers attendent leur part. Un créancier y fait vendre les meubles de son débiteur. On y voit figurer des tableaux dont les auteurs n'ont pu trouver d'amateurs ; ils y sont portés par la misère. Enfin, c'est un

Colonne de Daubenton, au Jardin d'acclimatation. (*V.* page 111.)

gouffre comblé par l'infortune comme par l'opulence et où le riche comme le pauvre va puiser; l'un pour y faire l'acquisition de meubles antiques où l'art a déployé son talent ; d'une bibliothèque qu'un fils ruiné y a portée pour satisfaire ses passions. L'autre à qui la fortune commence à sourire s'y rend pour faire l'achat de choses plus coquettes que celles qu'il possède, de linge plus fin que celui qu'il porte.

Pour le commissaire-priseur, qui est la divinité de ce lieu, tout est bon ; tout, excepté l'immeuble ; il déploie toutes ses forces et ses finesses aux luttes de l'encan; expérience, adresse, zèle, fascination dans le regard, car tout en travaillant pour les autres, il travaille pour lui, c'est pourquoi il est intéressé à vendre le plus et le mieux possible ; il vend tout ce qui est vendable et même tout ce qui ne l'est pas.

Les brocanteurs, les revideurs, les étaleurs et les rapiéceurs y abondent, les revendeurs y sont pêle-mêle ; il est curieux de les voir aux prises les uns avec les autres, pour posséder les débris des rebus du plus pauvre ouvrier ; tout ce qui est démanché, ébréché, brisé, fêlé, tout est bon pour eux : chaises boiteuses, tables privées de leurs tiroirs; vieux linges, objets de literies, effets d'habillement, ils ont un talent à eux pour remettre tout ces débris à neuf.

De tous ces objets le commissaire-priseur retire encore cinq pour cent en sus du prix d'adjudication.

Tout ce qui avait un prix, il l'a élevé le plus qu'il a pu, et à ce qui n'en avait pas, il en a donné, afin que tous ceux qui apportent à l'hôtel des ventes ne s'en retournent pas sans avoir rien touché de ce dont ils se sont défait.

LE CAFÉ DES AVEUGLES.

Le Café des Aveugles était autrefois une de ces curiosités de Paris que l'on ne manquait jamais de faire voir aux habitants des départements.

Aujourd'hui, il est complétement oublié, sa gloire est éclipsée, et l'on ne sait même plus s'il existe. *Sic transit gloria mundi...*

Pourtant il a toujours gardé sa physionomie pittoresque, et les cinq aveugles auxquels il a emprunté son nom jouent toujours avec la même intrépidité, accompagnés par le sauvage battant sur une demi-douzaine de tambours.

Ne serait-ce que pour voir le Sauvage, que nous conseillerons à nos lecteurs d'aller visiter le Café des Aveugles.

Il n'est pas possible de voir un homme plus convaincu de sa mission : pour lui, l'art de battre la caisse est un sacerdoce qu'il remplit avec une dignité magistrale.

Il faut le voir glisser moelleusement ses baguettes d'un tambour sur l'autre; c'est alors que l'on comprend la puissance de l'art.

Mais le héros du Café des Aveugles, c'est l'homme à la poupée, qui, avec ses effets de ventriloquie, fait les délices des habitués, la surprise des visiteurs.

Le Café des Aveugles n'avait pas attendu l'ère nouvelle inaugurée par la liberté des théâtres pour donner de petits vaudevilles.

Nous ne voulons pas passer ces œuvres, ni les artistes qui les interprétaient, à l'étamine d'une critique sévère, car elles nous ont trop diverti : il faut être indulgent pour qui fait rire.

Nous allions oublier de dire que ce café est situé dans l'une des caves du Palais-Royal, non loin du passage du

Vue du château de Compiègne. (Page 391.)

Perron, et qu'il est le dernier vestige des étranges divertissements que l'on trouvait dans ce palais, qui était en quelque sorte le rendez-vous du monde entier.

LES CANOTIERS DE LA SEINE

Les rives de la Seine qui ne voient tout le long de la semaine que de lourds chalands et de pesants marnois chargés de pierres, de sable, de charbon, sont, dès le dimanche matin, envahies par une population rieuse, tapageuse : ce sont les canotiers qui, abandonnant leurs bureaux, leurs magasins, viennent en costumes bariolés prendre possession de leur domaine aquatique.

Rien n'est plus pittoresque que le tableau qu'offre le fleuve à ce moment : pendant que des embarcations joyeusement pavoisées s'élancent chargées de jeunes gens et de jeunes filles, chantant, criant, les restaurants et les cabarets s'emplissent, la foule s'amasse sur la berge et les pêcheurs à la ligne s'enfuient épouvantés.

Quoique le canotage n'ait réellement commencé à exister que depuis une cinquantaine d'années, les mœurs des canotiers ont subi de profondes modifications, et ceux de nos jours diffèrent complétement de leurs devanciers de 1840.

Le canotier de cette époque, surexcité par la lecture de *la Salamandre* et autres romans maritimes de M. Eugène Sue, ne voyait dans le canotage qu'une marine à l'usage de ceux qui avaient le malheur de ne point habiter près de la mer : aussi, une fois le pied sur son canot, se passait-il un phénomène extraordinaire dans son imagination. La Seine prenait à ses yeux les proportions gigantesques de l'Océan et sa coquille de noix se transformait en un immense navire avec ponts, entre-ponts, mâts, sabords et canons. Une promenade de trois ou quatre heures devenait pour lui un voyage de circumnavigation, et il descendait à terre non moins affamé que les matelots d'un bâtiment naufragé.

Le canotier de nos jours est bien moins prétentieux; au lieu de s'enfumer dans un café, il va se livrer à un exercice salutaire qui ouvre et son appétit et sa gaieté. Toute son ambition se borne à dépasser ses amis de vitesse, à arroser de copieuses libations les fritures de Bercy et du Bas-Meudon, et à faire danser celle qui a captivé son cœur aux bals champêtres d'Asnières ou de l'île Saint-Denis.

Autrefois, lorsqu'une bande de canotiers débarquait devant un restaurant quelconque, c'était un bruit, un tapage d'enfer, caractérisé par le couplet suivant d'une chanson canotière en vogue alors :

> Quand on entend du branle-bas,
> Que par la fenêtre volent les plats,
> Qu' le pèr' Jambon effarouche
> S' laisse tomber dans sa fritu, u, u, re.
> Le bourgeois qui s' promèn' par là
> Peut êtr' certain, s'il n' le voit pas,
> Qu' des canotiers très-distingués
> Sont en train d' prendre leur nourritu, u, u, re.

Maintenant on est plus gai d'une façon moins matelotesque : le canotier se livre bien parfois à des excentricités chorégraphiques qui effarouchent la morale et la vertu dans la personne du garde municipal; la canotière fume peut-être avec trop d'abandon la fine cigarette, mais ne faut-il pas user d'un peu d'indulgence?

Plusieurs sociétés nautiques se sont formées pour encourager le canotage; parmi elles nous citerons la Société des Régates parisiennes et le Sport nautique. Grâce à elles, nous avons des fêtes charmantes qui, parfois, rappellent les belles nuits de Venise, remplies d'amour et de mystère.

Vue du parc d'Asnières. (Page 388.)

LA PLACE LOUVOIS.

Sur la place Louvois, occupée aujourd'hui par un de ces gentils jardins si bêtement baptisés du nom de squares, s'élevait, en 1820, la salle de l'Opéra. C'est en sortant de cette salle, le 13 février 1820, que le duc de Berri fut assassiné parLouvel. L'assassin fut arrêté par un nommé Paulmier, garçon au café Hardi, qui passait en ce moment rue Richelieu, et auquel un garde royal prêta main-forte. Paulmier fut appelé aux Tuileries ; on lui demanda quelle récompense il voulait, et il répondit que son plus grand désir était d'exploiter un café à lui. « Et combien d'argent vous faudrait-il pour cela? — Beaucoup ; au moins trente mille francs. »

On lui en donna quarante mille; il en dépensa la moitié pour acquérir le café situé au coin de la rue Saint-Honoré et de la place du Palais-Royal, et, deux ans après, il fermait boutique. Alors il s'adressa à la duchesse de Berri pour obtenir un nouveau secours, mais il n'obtint rien; l'illustre veuve était consolée; et l'on sut plus tard combien le veuvage lui était léger.

ROBINSON.

Le Parisien est aussi avide de la campagne que les enfants de la nature le sont des jouissances et des plaisirs des villes.

Aussi, chaque dimanche, voit-on les gares comme prises d'assaut par une foule désireuse de respirer un air non empoisonné par la poussière du macadam, et de voir une autre verdure que celle qui orne les boulevards de la ville.

Cette foule joyeuse s'éparpille dans toutes les directions, et Asnières, Meudon, Bellevue, Chatou, prennent une physionomie des plus animées.

L'arbre de Robinson, est souvent le but de ces pèlerinages.

Ce restaurant, juché dans les branches d'un arbre, absolument comme l'habitation d'été du *Robinson suisse*, est charmant en été; situé non loin de Sceaux, on y découvre la belle campagne qui entoure Châtillon et Fontenay-aux-Roses, célèbre par la romance de *Gentil-Bernard*.

LE CHEF DE CLAQUE ET LE MARCHAND DE BILLETS [1].

Il est deux métiers qui touchent de près à l'art dramatique, et sur lesquels le public n'a, je le crains bien, que des notions fort erronées : je veux parler du chef de claque et du marchand de billets.

Le premier joue un rôle fort important dans la mise en scène des pièces nouvelles, et ce serait se tromper étrangement que de ne voir en lui que le chef vulgaire d'une bande de gaillards aux mains robustes, gagés pour couvrir invariablement d'applaudissements bruyants tels ou tels passages de l'ouvrage que l'on représente, et tels ou tels effets des artistes qui l'interprètent. Si la besogne habituelle de la claque consiste effectivement, le plus souvent, en ces tumultueuses manifestations, elle s'agrandit suivant les circonstances, et va quelquefois jusqu'à protéger une œuvre consciencieuse et méritante contre le parti pris de l'indifférence, ou, ce qui pis est, les manœuvres de la cabale.

1. Nous empruntons cet article à un charmant écrivain, M. G. d'Olbreuse, que les lettres viennent de perdre.

Vue d'Enghien.

LE CHEF DE CLAQUE. 351

Aux premières représentations, le chef de claque perd ce nom vulgaire, il s'élève au titre d'entrepreneur de succès dramatiques. Il a répété avec l'auteur, le directeur, le régisseur, le metteur en scène, les acteurs et tout le personnel du théâtre ; il connaît les passages à enlever, les entrées à soigner, les sorties à accompagner, les situations délicates à sauver. Il est chargé de compléter, de son poste d'observation, sous le lustre, au milieu de ses hommes, l'illusion que les artistes travaillent à produire sur la scène. C'est sur lui que repose une grande partie de la responsabilité de ces périlleuses soirées. Il faut qu'il entraîne le public, mais qu'il sache s'arrêter aussitôt pour donner à l'enthousiasme de bon aloi qu'il a su provoquer, le temps de se reconnaître. Quand les spectateurs s'aperçoivent que ce sont eux qui battent des mains, les applaudissements redoublent, ils oublient qu'on les y a amenés.

Et si le succès est contesté ? s'il y a une opposition, fondée ou non ? quelle habileté ne faut-il pas au chef de claque pour louvoyer au milieu de cette tempête ? Il ne s'agit pas d'étouffer à tout prix, sous des protestations violentes, le droit brutal que le public a acheté à la porte en entrant. Il faut bien se garder de heurter de front cette assemblée souveraine, dont la décision est presque toujours sans appel. Il faut au contraire, conserver, vis-à-vis d'elle, toutes les apparences d'une respectueuse condescendance, n'opposer que de légers murmures à ses sévères marques d'improbation, attendre que sa mauvaise humeur soit passée pour essayer de la ramener à une appréciation plus indulgente, profiter de ses moments de calme et de silence pour risquer quelques bravos, en un mot la suivre dans ses caprices et tâcher de la surprendre dans ses faiblesses.

Telle est la tâche délicate qui incombe souvent à cet homme, que nous appelons chef de claque, et qui, lui, mieux pénétré de sa dignité professionnelle, s'intitule entrepreneur de succès dramatiques. Et que reçoit-il pour cette mission? Un certain nombre de places, à chaque représentation dont il lui est permis de disposer, à son gré, pourvu que le service dont il est chargé se fasse comme il a été convenu.

C'est le prix de ces places, revendues par ses soins, qui constitue le plus clair du bénéfice du chef de claque. Afin d'en tirer le meilleur parti possible, il les divise en deux catégories : les *solitaires* et les *intimes*. Les solitaires se placent où ils veulent, dans le parterre, et on laisse à leur conscience le soin de s'acquitter plus ou moins fidèlement du devoir qu'ils sont censés s'être imposé : celui d'applaudir. Les intimes doivent, au contraire, se grouper sous le lustre, au centre même du parterre, autour du chef, afin d'être prêts, au signal de ce dernier, à faire retentir leurs vigoureux poignets. C'est le bataillon sacré, la vraie légion des Romains.

A un petit nombre d'exceptions près, ce personnel se renouvelle tous les soirs, car c'est le goût du spectacle à bon marché qui envoie au chef de claque des amateurs pour ses places, qu'il vend à prix réduit. Des garçons coiffeurs, des garçons de salle, qui ont une vocation malheureuse pour le théâtre, forment le noyau des intimes; quelques commis de magasin, quelques employés de bureau se risquent timidement aux solitaires. Et c'est avec de pareilles recrues, des conscrits, que le chef de claque doit livrer ces batailles décisives, d'où dépendent le succès d'une pièce, la réputation d'un auteur, la carrière d'un artiste.

Je me fais idée que si la vente de ses places forme le principal chapitre du budget de M. l'entrepreneur, ce chapitre n'est pas unique. La reconnaissance des auteurs, celle des artistes, qui veulent se faire soigner dans leurs entrées, leurs sorties et dans certains rôles tout entiers, doivent aussi se traduire pour lui en profits dont nul ne contestera la légitimité.

Gentilly. (Page 395.)

Avec ces ressources, l'entrepreneur de succès dramatiques se transforme souvent en capitaliste. Il en est qui sont devenus les commanditaires ou les banquiers de leurs directeurs.

Il a été souvent question de supprimer la claque, on a reconnu que c'était une utopie. Nos salles de théâtre ne supporteraient pas impunément la perte de ce mouvement qui les anime et les fait paraître vivantes, même quand elles sont à moitié vides. Je me souviens, avant que l'illustre et regrettable Rachel n'eût galvanisé la tragédie, d'avoir assisté, au Théâtre-Français, à une représentation du vieux répertoire, à laquelle il n'y avait pour ainsi dire que la claque et moi. On avait commencé par une comédie de Molière, dans laquelle Monrose père (il n'était heureusement pas encore question du fils) s'était montré étourdissant de verve et d'entrain, comme si la salle eût été pleine. On finit par *Horace*, de Corneille, avec Joanny dans le rôle du vieil Horace, Ligier dans celui d'Horace, David dans celui de Curiace, et Mme Paradol dans celui de Camille. Ces beaux vers furent débités dans une atmosphère glaciale, au milieu d'un silence interrompu seulement par les applaudissements périodiques de la claque. Au quatrième acte, après la scène des imprécations que Camille avait lancées, ma foi comme un premier prix de Conservatoire, l'effet tourna au comique. On se souvient que Mme Paradol était d'une taille fort élevée; Ligier, qui la poursuivait pour la frapper dans la coulisse, était au contraire bien moins grand qu'elle, de sorte qu'il avait beau se hausser sur la pointe des pieds et élever le glaive meurtrier, il ne pouvait l'atteindre qu'à cette limite *shoking* où le dos change de nom, ce qui menaçait Camille de périr d'une façon renouvelée du pal, et assurément fort imprévue par Corneille. Au burlesque jeu de scène, je ne pus retenir mon hilarité, mais elle fut heureusement couverte par les applaudissements de la claque, qui éclatèrent à tout rompre, tandis que le chef courroucé me lançait avec un regard furieux cette rigoureuse apostrophe :

— C'est nous qui sommes les derniers des Romains !

Je ne pus m'empêcher de convenir, à part moi, que jamais ils n'avaient mieux mérité ce nom, et je me demandai si c'était une circonstance de ce genre qui le leur avait fait donner.

A cette époque, le chef des Romains de l'Opéra s'appelait Auguste ; c'était certes un nom prédestiné.

Il y a pourtant à Paris un théâtre exempt de claque : c'est le Théâtre-Italien ; mais le public d'élite qui s'y presse est tellement expansif dans ses manifestations, qu'il remplace admirablement la claque absente. Nulle part on n'applaudit plus qu'aux Italiens, nulle part les artistes ne sont rappelés si souvent pour recevoir de véritables ovations. J'en ai vu revenir jusqu'à cinq ou six fois de suite, sans pouvoir calmer l'agitation de la salle, qui les couvrait de fleurs et de bravos ; les gants se rompent sous les battements de mains ; les dames jettent leurs bouquets sur la scène ; les exclamations répétées de *bravo ! bravo ! bravo!* partent de tous les points de la salle. Il faut convenir que cette fièvre d'enthousiasme est le plus souvent justifiée par une exécution parfaite et des virtuoses hors ligne qu'on ne rencontre guère que dans ce temple privilégié de la mélodie.

Vue du château de Fontainebleau. (Page 395.)

PARIS ADMINISTRATIF.

GOUVERNEMENT.

L'EMPEREUR, au palais des Tuileries.
LE SÉNAT, au palais du Luxembourg, rue de Vaugirard, 23.
LE CORPS LÉGISLATIF, au palais Bourbon, rue de l'Université, 124.
LE CONSEIL D'ÉTAT, rue de Lille, 62.

MINISTÈRES.

Nota. — Chaque ministre donne des audiences lorsqu'on en fait la demande par écrit, en désignant l'objet dont on désire l'entretenir.

MINISTÈRE D'ÉTAT ET DE LA MAISON DE L'EMPEREUR, au Louvre, place du Carrousel et rue de Rivoli.

MINISTÈRE DES AFFAIRES ÉTRANGÈRES, quai d'Orsay et rue de l'Université, 130. Le bureau des passe-ports et des légalisations est ouvert tous les jours de la semaine, de 11 heures à 4 heures.

MINISTÈRE DE L'AGRICULTURE, DU COMMERCE ET DES TRAVAUX PUBLICS, rue St-Dominique, 62. Bureaux ouverts les mardis et vendredis, de 2 heures à 4 heures.

MINISTÈRE DES FINANCES, rue de Rivoli, 234. Caisses et bureaux ouverts tous les jours de la semaine, de 10 heures à 4 heures.

MINISTÈRE DE LA GUERRE, rue St-Dominique, 86. Bureaux ouverts les mardis et vendredis, de 2 heures à 5 heures.

MINISTÈRE DE L'INSTRUCTION PUBLIQUE ET DES CULTES, rue de Grenelle-St-Germain, 110. Bureaux ouverts les jeudis, de 2 heures à 4 heures.

MINISTÈRE DE L'INTÉRIEUR, place Beauveau (faubourg Saint-Honoré, 96). Bureaux rue de la Ville-l'Évêque, 41. Les jeudis de 2 heures à 4 heures. Les chefs de division, les mardis, jeudis et samedis, de 2 heures à 4 heures. Bureau de comptabilité, les lundis et jeudis, de midi à 3 heures.

MINISTÈRE DE LA JUSTICE, place Vendôme, 13, et rue du Luxembourg, 36. Les vendredis, de 2 heures à 4 heures. Le bureau des légalisations est ouvert tous les jours, de midi à 2 heures.

MINISTÈRE DE LA MARINE, rue Royale St-Honoré, 2. Les jeudis, de 2 heures à 4 heures.

Ambassades et Consulats étrangers, à Paris.

ANGLETERRE, rue du Faubourg-Saint-Honoré, 39, de midi à 2 h.
AUTRICHE, rue de Grenelle-Saint-Germain, 101, de 1 h. à 3 h.

Bade, rue Blanche, 62, de 1 heure à 3 heures.
Bavière, rue de Grenelle-Saint-Germain, 107, de 1 h. à 3 h.
Belgique, rue de la Pépinière, 97, de midi à 2 heures.
Brésil, avenue de la Reine-Hortense, 6, de midi à 3 heures.
Buenos-Ayres, rue Saint-Georges, 35, de 9 heures à midi.
Chili, rue Laval, 26, de 9 heures à 6 heures.
Confédération Argentine, rue Saint-Florentin, 14, de 1 h. à 3 h.
Danemark, rue de la Ville-l'Évêque, 45, de midi à 2 heures.
Espagne, quai d'Orsay, 25, de 1 heure à 3 heures.
États-Romains, rue de l'Université, 69, de 11 heures à 1 heure.
États-Unis d'Amérique, place de l'Étoile, de midi à 2 heures.
Grèce, avenue Gabriel, 46, de 11 heures à 2 heures.
Guatemala, rue Fortin, 3, de 1 heure à 2 heures.
Haïti, rue de l'Arcade, 26, de 10 heures à 2 heures.
Hanovre, avenue Gabriel, 46. Chancellerie, rue de Penthièvre, 19, de 1 heure à 3 heures.
Hesse-Grand-Ducale, rue de Grenelle-Saint-Germain, 112, de 11 heures à 2 heures.
Hesse-Électorale, rue de Turin, 13, de 9 heures à 11 heures.
Honduras, avenue de l'Impératrice, 2, de 10 heures à midi.
Italie-Sardaigne, rue Saint-Dominique, 133, de 11 h. à 2 h.
Mecklembourg-Schwerin, rue du Marché-d'Aguesseau, 18, de 11 heures à 1 heure.
Mexique, rue d'Aumale, 9.
Nassau, avenue des Champs-Élysées, 121, de 11 heures à 2 heures.
Nicaragua, rue du Rocher, 46. — Légation, rue de la Ville-Lévêque, 38, de 10 heures à 11 heures.
Nouvelle-Grenade, rue du Fg-St-Honoré, 134, de 9 h. à midi.
Oldenbourg, rue Neuve-des-Mathurins, 10, de 11 heures à midi.
Pays-Bas, avenue des Champs-Élysées, 121, de 11 h. à 2 h.
Pérou, avenue Montaigne, 13, de midi à 6 heures.
Perse, avenue d'Antin, 3, de midi à 2 heures.
Portugal, rue d'Astorg, 12, de midi à 2 heures.
Prusse, rue de Lille, 78, de midi à 1 heure 1/2.
Russie, rue du Faubourg-Saint-Honoré, 33, de midi à 3 heures.
San-Salvador, avenue de l'Impératrice, 2, de 10 heures à midi.
Sardaigne, rue Saint-Dominique, 133, de 11 heures à 2 heures.
Saxe-Royale, rue de Courcelle, 29, de 11 heures à 1 heure.
Saxe-Weymar, rue de Lille, 78, de midi à 1 heure 1/2.
Suède et Norwége, Légation, rue de Marignan, 9, Chancellerie, avenue Montaigne, 51, de midi à 2 heures.
Suisse, rue d'Aumale, 9, de 10 heures à 3 heures.
Turquie, rue Presbourg, 10, place de l'Étoile, de 11 heures à 3 heures.
Uruguay, rue Saint-Honoré, 368, de 9 heures à 11 heures.
Venezuela Caracas, rue Fontaine-Saint-Georges, 28, de 9 h. à 5 h.
Villes-Libres, rue de Matignon, 12, de 10 heures à 2 heures.
Wurtemberg, rue de la Ferme-des-Mathurins, 18, de 11 h. à 1 h.

La Malmaison. (Page 395.)

Administrations publiques et entreprises au compte de l'État.

Abattoirs. — de Popincourt, avenue Parmentier, 2. — de Montmartre, avenue Trudaine, 2. — de Villejuif, boulevard de l'Hôpital, 151. — de Grenelle, place de Breteuil, 6.

Abattoirs a porcs, rue des Fourneaux, 47, et rue Château-Landon.

Académies. — Française. — des Inscriptions et Belles-Lettres. — des Sciences. — des Beaux-Arts. — des Sciences morales et politiques. Ces cinq académies siégent au palais de l'Institut, quai Conti, 21.

Académie de Médecine, rue des Sts-Pères, 39. Les mardis, jeudis et vendredis, à midi, on vaccine gratuitement dans l'une des salles.

Afrique (Direction des affaires d'), au ministère de la guerre, rue Saint-Dominique, 86. — Exposition permanente des produits de l'Algérie, rue de Grenelle-Saint-Germain, 107, ouverte tous les jeudis de midi à 4 heures; on est admis au moyen de cartes d'entrée délivrées sur demandes écrites.

Agriculture et du Commerce (Direction de l'), rue de Varenne, 82.

Amortissement (caisse d'), rue de Lille, 56.

Archevêché de Paris, rue de Grenelle-Saint-Germain, 127.

Monseigneur l'Archevêque reçoit tous les jours, les mardis et les dimanches et fêtes exceptés, de midi à 1 heure, sans demande d'audience, MM. les ecclésiastiques employés dans le saint ministère. Les autres personnes doivent demander audience.

M. l'archidiacre de Notre-Dame reçoit, à l'archevêché, les mardis, jeudis et samedis, de midi à 2 heures.

M. l'archidiacre de Ste-Geneviève reçoit, à l'archevêché, les mardis, mercredis et vendredis, de midi à 2 heures.

M. l'archidiacre de St-Denis reçoit, à l'archevêché, les lundis, mardis et vendredis, de midi à 2 heures.

L'officialité est ouverte les lundis, mercredis et vendredis, de midi à 2 heures.

Le secrétariat est ouvert tous les jours non fériés, de midi à 3 heures.

Archives de l'Empire (Direction générale des), rue de Paradis, 20, au Marais.

Arts et Manufactures (École centrale des), rue de Thorigny, 1. Institution patronnée par le Gouvernement. Cette institution, fondée en 1829, a déjà produit des ingénieurs distingués.

Arts et Métiers (Conservatoire des), rue Saint-Martin, 292.

Les collections sont ouvertes au public les dimanches et les jeudis, de 10 heures à 4 heures. Aux étrangers munis de passe-ports et aux personnes qui ont des cartes, les mardis, vendredis et samedis, de 10 h. à 3 h., moyennant une rétribution de 1 fr. au concierge.

Assistance publique (Administration générale de l'), quai Le Peletier, 4.

Le bureau central d'admission dans les hôpitaux et hospices, place du Parvis-Notre-Dame, 2, est ouvert tous les jours de 10 h. à 4 h.

Tous les individus qui ne sont pas assez malades pour être admis d'urgence dans l'hôpital le plus voisin de leur domicile, sont obligés de se présenter au bureau central d'admission, qui les examine et leur donne, s'il y a lieu, un bulletin d'admission pour l'hôpital où l'on traite la maladie dont ils sont attaqués. Tous les indigents qui se présentent pour être placés dans les hospices, sont aussi examinés par les médecins du bureau central. Il existe un traitement externe établi au bureau central pour les enfants attaqués de la teigne. Ce traitement a lieu tous les mardis et vendredis, de 9 heures à midi. On donne également des bandages aux personnes munies d'un certificat d'indigence des bureaux de bienfaisance, les lundis et vendredis, de midi à 3 heures. Il est aussi établi, au bureau central, des vaccinations gratuites, les jeudis et dimanches, à 11 heures précises, des consultations gratuites pour les maladies des yeux, les mercredis et samedis, à 11 heures; pour les affections des voies urinaires, les lundis, mercredis et vendredis, à 11 heures, et pour les difformités de la taille, les mercredis et samedis, à 1 heure.

BANQUE de France, rue de la Vrillière, 3.

BEAUX-ARTS (école impériale des), rue Bonaparte, 14.

Bibliothèques publiques.

BIBLIOTÈHQUE IMPÉRIALE, rue de Richelieu, 58.

Ouverte de 10 heures à 3 heures tous les jours, excepté le dimanche, aux personnes qui viennent s'y livrer à l'étude. Le public est admis à visiter les collections le mardi et le vendredi de chaque semaine, mais il ne peut entrer dans les salles d'études réservées aux travailleurs. — Pendant la semaine qui précède et celle qui suit le jour de Pâques, et pendant tout le mois de septembre, la bibliothèque impériale reste fermée.

BIBLIOTHÈQUE SAINTE-GENEVIÈVE, place du Panthéon.

Elle est ouverte au public tous les jours, le dimanche excepté, de 10 heures à 3 heures, et de 6 heures du soir à 10 heures. — Les vacances de la bibliothèque ont lieu du 1er septembre au 15 octobre.

BIBLIOTHÈQUE MAZARINE, au Palais de l'Institut, quai de Conti, 23.

Ouverte tous les jours non fériés de 10 à 3 heures. — Les vacances commencent le 15 septembre et finissent le 1er novembre.

BIBLIOTHÈQUE DE L'ARSENAL, rue de Sully, 1.

Elle est ouverte tous les jours, excepté le dimanche, de 10 heures à 3 heures. — Les vacances commencent le 1er août et finissent le 15 septembre.

BIBLIOTHÈQUE DE LA SORBONNE, rue de la Sorbonne, 13.

Ouverte au public tous les jours, les dimanches et fêtes exceptés, de 10 heures à 3 heures. — Les vacances commencent le 12 juillet et finissent le 15 août.

BIBLIOTHÈQUE DE LA VILLE, à l'Hôtel de Ville.

Elle est ouverte au public tous les jours non fériés de 10 heures à 3 heures. — Les vacances commencent le 15 août et finissent le 1er octobre.

BIBLIOTHÈQUES NON PUBLIQUES. — Elles sont en grand nombre; nous ne citerons que les principales, ce sont: celles du Louvre, du Corps Législatif, du Sénat, du Conseil d'État, de la Cour de Cassation, de l'Institut, de l'École des mines, etc., etc.

PARIS ADMINISTRATIF. 367

Boucherie centrale des hopitaux et hospices, à l'abattoir de Villejuif, boulevard de l'Hôpital, 151.
Boulangerie centrale des hopitaux et hospices, rue Scipion, 2.
Cartes et plans de la marine et des colonies (dépôt général des), rue de l'Université, 15.
Cartes et plans des travaux publics (dépôt des), rue des Saints-Pères, 28.
Colléges. Collége Impérial de France, place Cambrai. — Municipal Rollin, rue des Postes, 42. — Stanislas, rue Notre-Dame-des-Champs, 22. — Arménien de Saint-Moorat, rue Monsieur. — Sainte-Barbe, place du Panthéon.
Communautés religieuses (hommes). Les Révérends Pères Capucins, rue du Faubourg-Saint-Jacques, 17. — Les Frères de Saint-Jean-de-Dieu, rue Oudinot, 19. — Les Frères Jésuites, rue des Postes, 18. — Les Lazaristes, rue de Sèvres, 95. — Les Pères Maristes, rue du Montparnasse, 5. — Les Frères de l'Oratoire, rue du Regard, 11.
Communautés religieuses (femmes). Notre-Dame-de-l'Abbaye-aux-Bois), rue de Sèvres, 16. — Les Dames de l'Adoration, rue de Picpus, 15. — Les Dames de l'Adoration réparatrice, rue des Ursulines, 12. — Les Sœurs de Saint-André, rue de Sèvres, 90. — Les Dames de l'Assomption, rue de Chaillot, 94. — Les Bénédictines de l'Adoration perpétuelle du Saint-Sacrement, rue Tournefort, 12. — Les Sœurs du Bon-Secours, rue Notre-Dame-des-Champs, 20.— Les Dames Carmélites, rue d'Enfer, 67, avenue de Saxe, 24, et rue de Messine, 5. — Les Sœurs de la Charité, rue du Bac, 140. — Les Filles de Charité, rue Saint-Guillaume, 18, rue Poulletier, 5, et rue de Varenne, 16. — Les Dames Sainte-Clotilde, rue de Reuilly, 99. — Les Dames du Saint-Cœur-de-Marie, rue de la Santé, 29. — Les Dames Dominicaines-de-la-Croix, rue de Charonne, 86. — Les Sœurs des Écoles chrétiennes, rue Notre-Dame-des-Champs, 42. — Les Sœurs de Saint-Joseph-de-Cluny, rue du Faubourg-Saint-Jacques, 57. — Les Sœurs de Sainte-Marie, rue Carnot, 8. — Les Dames de Saint-Maur, rue Saint-Maur-Saint-Germain, 10. — Les Dames Saint-Michel, rue Saint-Jacques, 193. — Les Dames de la Miséricorde, rue Neuve-Sainte-Geneviève, 39. — Les Petites-Sœurs des Pauvres, rue Beauveau, 10, rue Saint-Jacques, 277, rue du Regard, 16, et impasse Saint-Dominique, 7. — Les Religieuses de Jésus-Christ, rue Neuve-Saint-Étienne, 18. — Les Dames de la Retraite, rue du Regard, 15. — Les Dames de la Congrégation du Sacré-Cœur, rue de Varenne, 77. — Les Dames Saint-Thomas-de-Villeneuve, rue de Sèvres, 27. — Les Dames de la Visitation, rue d'Enfer, 98, et rue de Vaugirard, 140.
Comptabilité centrale de l'Instruction publique et des Cultes (division de la), rue Grenelle-Saint-Germain, 110.
Comptoir d'Escompte, rue Bergère, 14.
Conseils de Guerre (les), rue du Cherche-Midi, 37.
Contributions directes (administration générale des), rue de Rivoli, 234.
Contributions directes du département de la Seine (direction des), rue Poulletier, 9.

Contributions indirectes et des douanes (administration des), rue du Mont-Thabor, 21.

Contributions indirectes du département de la Seine (division des), rue Duphot, 12.

Crédit foncier, rue Neuve-des-Capucines, 19.

Crédit mobilier, place Vendôme, 15.

Cultes (division de l'Administration générale des), place Vendôme, 13.

Cultes non catholiques.

Église Américaine, rue de Berri. — Église Russe, rue de la Croix-du-Roule.— Église Arménienne, au Séminaire Arménien, rue de Monsieur, 12. — Église Grecque, rue de Berri, 12. — Calvinistes, l'Oratoire, rue Saint-Honoré, 147. Service tous les dimanches en français à midi, et en anglais à 2 heures. — La Visitation, rue Saint-Antoine, 216. — Le Temple de Pentemont, rue de Grenelle-Saint-Germain, 108. — Luthériens. (Confessions d'Augsbourg.) Église des Carmes, rue des Billettes, 16. Service le dimanche à midi en français, et à 2 heures en allemand.—Église Évangélique de la Rédemption, rue Chauchat, 8. Le service se fait en français le dimanche à 2 heures. — Rue de Provence, 54, office le dimanche à midi et à 7 heures du soir, et le jeudi à 7 heures du soir seulement. — Rue Châteaubriand, 7. Service public le dimanche à 11 heures du matin. — Culte Anglican. Église Épiscopale, rue d'Aguesseau, 5. (Cette église est une propriété particulière ; on ne peut y entrer qu'en payant. Le public anglais qui fréquente cette chapelle appartient à la haute aristocratie).—Chapelle Marbœuf, rue de Chaillot, 78 *bis*. — Culte Israélite. Synagogue, rue Notre-Dame-de-Nazareth, 17. Succursale, rue Lamartine, 23.

Dépôts et Consignations (Caisse des), rue de Lille, 56. Établissement public où l'on dépose, sous la garantie de l'État, les fonds disponibles qu'il importe de mettre en sûreté avant qu'ils reçoivent leur destination naturelle.

Dessins pour les jeunes personnes (École Impériale de), rue Dupuytren, 7.

Dessins et Mathématiques appliqués aux arts industriels (École Impériale des), rue de l'École-de-Médecine, 5.

Division Militaire (bureau de la 1re), place Vendôme, 9.

Docks Napoléon (administration des), rue de l'Entrepôt, 6.

Écoles municipales. — École Chaptal, rue Blanche, 21.—Turgot, rue du Verbois, 17. — Normale, rue d'Ulm, 43.

Écoles spéciales.—École Impériale des Chartes, rue du Chaume, 14. — des Langues Orientales, rue Neuve-des-Petits-Champs, 12. Impériale Polytechnique, rue Descartes, 1. — d'État-Major, rue de Grenelle-Saint-Germain, 138. — Impériale des Ponts-et-Chaussées, rue des Saints-Pères, 28. — Impériale des Mines, boulevard Saint-Michel.

Églises paroissiales. — Église Saint-Ambroise, rue Saint-Ambroise, 2. — Saint-André, cité d'Antin, 29. —De l'Annonciation, rue de l'Église, *Passy*. — Saint-Antoine, rue de Charenton, 28. — Assomption de (l'), rue Saint-Honoré, 261.— Saint-Augustin, rue de la

Église de Montmorency. (Page 399.)

Pépinière, 24. — Sainte-Clotilde, place de Bellechasse. — Saint-Denis, Grande-Rue, *la Chapelle*. — Saint-Denis-du-Saint-Sacrement, rue Saint-Louis-au-Marais, 50. — Sainte-Élisabeth, rue du Temple, 193. — Saint-Éloi, rue de Reuilly. — Saint-Étienne-du-Mont, à l'extrémité de la rue de la Montagne-Sainte-Geneviève. — Saint-Eugène, rue Sainte-Cécile. — Saint-Eustache, rue du Jour et rue Montmartre. — Saint-Ferdinand, rue Saint-Ferdinand, *les Ternes*. — Saint-François-Xavier, rue du Bac, 128. — Saint-Germain-l'Auxerrois, place Saint-Germain-l'Auxerrois. — Saint-Germain-l'Auxerrois, place de la Mairie, *Charonne*. — Saint-Germain-des-Prés, rue Bonaparte. — Saint-Gervais, rue Jacques-de-Brosse. — Saint-Jacques-du-Haut-Pas, rne Saint-Jacques, 252. — Saint-Jacques et Saint-Christophe, place de l'Hôtel-de-Ville, *la Villette*. — Saint-Jean-Baptiste, rue de Paris; Saint-Jean-Baptiste, rue des Entrepreneurs. — Saint-Jean-Saint-*Belleville*. — François, rue Charlot, 6 *bis*. — Saint-Joseph, rue Corbeau, 26. — Saint-Lambert, place de l'Église, *Vaugirard*. — Saint-Laurent, boulevard de Strasbourg. — Saint-Leu-Saint-Gilles, rue Saint-Denis, 180. — Saint-Louis-d'Antin, rue de Caumartin, 63. — Saint-Louis-en-l'Ile, rue Saint-Louis. — Madeleine (la), place de la Madeleine. — Saint-Marcel, route de Fontainebleau.. — Saint-Marcel, boulevard de l'Hôpital, 70. — Sainte-Marguerite, rue Saint-Bernard, 28. — Sainte-Marie, rue de l'Église, *Batignolles*. — Saint-Martin, rue des Marais-Saint-Martin, 38. — Saint-Médard, rue Mouffetard, 139. — Saint-Merry, rue Saint-Martin, 78. — Saint-Michel, avenue de Saint-Ouen, *Batignolles*. — Saint-Nicolas-du-Chardonnet, rue des Bernardins, 33. — Saint-Nicolas-des-Champs, rue Saint-Martin, 270 *bis*. — Notre-Dame, place d'Aguesseau. — Notre-Dame, rue du Commerce, *Bercy*. — Notre-Dame-des-Blancs-Manteaux, rue des Blancs-Manteaux, 14. — Notre-Dame-de-Bonne-Nouvelle, rue de la Lune, 23 *bis*. — Notre-Dame-des-Champs, rue de Rennes. — Notre-Dame-de-Lorette, rue Olivier, en face la rue Laffitte. — Notre-Dame-de-Paris, place du Parvis-Notre-Dame. — Notre-Dame-des-Victoires ou des Petits-Pères, place des Petits-Pères. — Saint-Paul-Saint-Louis, rue Saint-Antoine, 120. — Saint-Philippe-du-Roule, rue du Faubourg-Saint-Honoré, 152 *bis*. — Saint-Pierre, rue Saint-Denis, *Montmartre*. — Saint-Pierre, place de l'Église, *Montrouge*. — Saint-Pierre-de-Chaillot, rue de Chaillot, 50. — Saint-Pierre-du-Gros-Caillou, rue Saint-Dominique, 168. — Saint-Roch, rue Saint-Honoré, 298. — Saint-Severin, rue des Prêtres-Saint-Severin. — Saint-Sulpice, place Saint-Sulpice. — Saint-Thomas-d'Aquin, place Saint-Thomas-d'Aquin. — Trinité (de la), rue de Clichy, 26. — Saint-Vincent-de-Paul, place Lafayette.

Églises non paroissiales. — Église Sainte-Geneviève, place du Panthéon. — La Sainte-Chapelle, au Palais de justice. Pour visiter cette église, il faut un permis du ministre d'État. — La Sorbonne, place de la Sorbonne. — des Carmes, rue de Vaugirard, 70. — du Val-de-Grâce, rue Saint-Jacques, 277. — La Chapelle expiatoire, rue d'Anjou-Saint-Honoré, 64; érigée à la mémoire de Louis XVI et de Marie-Antoinette. Cette chapelle est visible tous les jours.

Enregistrement et Domaines (administration centrale, rue de Castiglione, 3.)

Direction de l'enregistrement et du timbre, rue de la Banque, 13.
Bureaux chargés de l'enregistrement des actes, des justices de paix et des actes d'huissiers :

1er arrondissement,		rue Neuve-des-Bons-Enfants, 34.
2e	—	rue de la Banque, 13.
3e et 4e	—	rue des Rosiers, 7.
5e et 13e	—	passage Saint-Louis, 5, rue Saint-Paul.
6e et 14e	—	rue Saint-Hyacinthe-Saint-Michel, 6.
7e et 15e	—	rue Sainte-Marguerite-Saint-Germain, 26.
8e et 16e	—	rue Godot-de-Mauroy, 43.
9e et 17e	—	rue de Gaillon, 14.
10e et 18e	—	rue du Faubourg-Saint-Denis, 86.
11e et 19e	—	rue Notre-Dame-de-Nazareth, 66.
12e et 20e	—	impasse Guémenée, 2.

Bureau des amendes, cour d'assises, au Palais de justice.

ENTREPÔT DES DOUANES, rue de la Douane, 17.

ÉPARGNE (Caisse d'), rue Coq-Héron, 9.

Jours et heures d'ouverture des bureaux.

Caisse centrale: — Dimanche, toute l'année, de 9 heures à 1 heure. Lundi, toute l'année, de 10 heures à 1 heure.
Succursales. — Toute l'année, de 9 heures à midi.
Nota. — La caisse centrale est en outre ouverte, pour les remboursements, les mardis, mercredis, jeudis, vendredis et samedis, toute l'année, de 10 heures à 1 heure.

Art. 1er de la loi du 30 juin 1851 :

« Aucun versement ne sera reçu sur un compte dont le crédit aura atteint 1000 fr., soit par le capital, soit par l'accumulation des intérêts. »

Art. 2. « Lorsque, par suite du règlement annuel des intérêts, un compte excédera le maximum fixé par l'article précédent, si le déposant, pendant un délai de trois mois, n'a pas réduit son crédit au-dessous de cette limite, l'administration de la Caisse d'Épargne achètera pour son compte 10 fr. de rente en 5 p. 100 de la dette inscrite, lorsque le prix sera au-dessous du pair, et en 3 p. 100 si le cours de la rente 5 p. 100 dépasse cette limite. Cet achat aura lieu sans frais pour le déposant.

ÉTAT-MAJOR DE LA PLACE DE PARIS, place Vendôme, 7.

FACULTÉ DE THÉOLOGIE CATHOLIQUE. — des Sciences, — des Lettres, à la Sorbonne, rue de la Sorbonne, 11.

FACULTÉ DE DROIT, à l'École de Droit, place du Panthéon.

FACULTÉ DE MÉDECINE, place de l'École-de-Médecine, 12.

FORÊTS (Administration des), rue de Luxembourg, 4.

GARDE-MEUBLES, rue de l'Université, 182.

GARDE NATIONALE DE LA SEINE (État-Major de la), place Vendôme, 22.

GLACES (Dépôt de la Manufacture des), rue Saint-Denis, 313.

GOBELINS ET DES TAPIS DE LA SAVONNERIE (Manufacture des), rue Mouffetard, 254.

On est admis à visiter la Manufacture avec un permis délivré par

Nanterre, vue de la chapelle et de la fontaine. (Page 399.)

le directeur, le mercredi et le samedi, de 2 heures à 4 heures en été, et de 1 heure à 3 heures en hiver.

Grenier d'abondance, boulevard Bourdon, 5.
Établissement public destiné à recevoir les réserves en farines exigées des boulangers.

Halles et Marchés.

Halles centrales, rue de Rambuteau. — Huit des pavillons des Halles centrales sont entièrement terminés. Les quatre pavillons restant à faire seront bientôt entrepris, et probablement achevés en 1868. La pose de la première pierre a eu lieu au mois de septembre 1851. La construction des Halles centrales fait le plus grand honneur à M. Victor Baltar, architecte. C'est aux Halles centrales que presque tout Paris s'approvisionne : on y trouve viande de boucherie, pain, légumes, volailles, gibier, poisson, fruits, et généralement tous les comestibles exigés par le confortable le plus luxueux.

Halle au Blé, rue de Viarmes.
Halle aux Cuirs, rue Mauconseil, 34. — *Voyez* Marchés.

Hôpitaux civils.

Hôpital de l'Hôtel-Dieu, parvis Notre-Dame. — Sainte-Eugénie (enfants malades), rue de Charenton, 89, et rue du Faubourg-Saint-Antoine, 110. — de la Pitié, rue de Lacépède, 1. — de la Charité, rue Jacob, 47.—Saint-Antoine, rue du Faubourg-Saint-Antoine, 184. — Necker, rue de Sèvres, 151. — Cochin, rue du Faubourg-Saint-Jacques, 47. — Beaujon, rue du Faubourg-Saint-Honoré, 208. — Lariboisière, enclos Saint-Lazare.—Saint-Louis, rue Bichat, 40.— du Midi (vénériens), rue des Capucins, 15. — de Lourcine (vénériennes), rue de Lourcine, 111. — des Enfants, rue de Sèvres, 149. — des Cliniques, place de l'École-de-Médecine, 21. — Saint-Merri, rue du Cloître-Saint-Merri, 10. — Maison d'accouchement (la Bourbe), rue de Port-Royal, 7.

Entrée publique dans les hôpitaux, le dimanche et le jeudi, de 1 heure à 3 heures, à l'exception de ceux ci-après, pour lesquels les jours d'entrée sont bien les mêmes, mais dont les heures sont fixées comme suit : à Beaujon, de 2 heures à 4 heures ; à Saint-Louis et à l'hôpital du Midi (les vénériens), de midi à 2 heures.

A la maison d'accouchement, il n'y a pas d'entrée publique.

Dans tous les hôpitaux, il y a des consultations gratuites de médecine et de chirurgie, tous les jours, de 8 heures à 9 heures du matin, excepté à l'hôpital des Enfants, rue de Sèvres, 149, où les consultations sont réglées comme suit : à 7 heures du matin, tous les jours excepté le dimanche et le mercredi, pour la médecine, et le dimanche et le jeudi pour la chirurgie.

Hôpitaux militaires.

Hôpital du Gros-Caillou, rue Saint-Dominique, 188. — du Val-de-Grâce, rue Saint-Jacques, 277. — Entrée publique le dimanche et le jeudi, de midi à 1 heure.

Hospices civils.

Hospice de la Vieillesse (hommes), à Bicêtre, près de Gentilly. — des Quinze-Vingts, rue de Charenton, 28. — de la Vieillesse (femmes), à la Salpêtrière, boulevard de l'Hôpital. — des Incurables (hommes), rue Popincourt, 58. — des Incurables (femmes), rue de Sèvres, 42. — des Enfants-Trouvés et des Orphelins réunis, rue d'Enfer, 100. — des Ménages, rue de la Chaise, 28.— de la Rochefoucauld, au Petit-Montrouge, route d'Orléans, 15. — de Villars, rue du Regard, 17. — Institution de Sainte-Périne, rue Jouvenet, à Auteuil. — Maison municipale de santé, rue du Faubourg-Saint-Denis, 200.

Imprimerie impériale, rue Vieille-du-Temple, 87.

Pour visiter l'imprimerie, il suffit d'en faire la demande par écrit au directeur.

Intendance militaire, rue de Verneuil, 62.

Jeunes-Aveugles (Institution impériale des), boulevard des Invalides, 56.

Légion d'Honneur (Grande Chancellerie de la), rue de Lille, 64.

Longitudes (Bureau des), rue Cassini, à l'Observatoire.

Lycées impériaux.

Lycée Louis-le-Grand, rue Saint-Jacques, 123. — Napoléon, rue Clovis, 23. — Saint-Louis, boulevard Saint-Michel. — Charlemagne, rue Saint-Antoine, 120. — Bonaparte, rue de Caumartin, 65.

Maison Eugène-Napoléon, fondée en 1856, par S. M. l'Impératrice, rue du Faubourg-Saint-Antoine, 264.

Manutention militaire (la), quai de Billy, 34.

Marchés.

Marchés *aux Légumes, Fruits*, etc. Marché des Innocents, rue Saint-Denis. — d'Aguesseau, rue de la Madeleine, 16. — Beauveau, place du Marché-Beauveau, faubourg Saint-Antoine. — des Blancs-Manteaux, rue Vieille-du-Temple. — des Carmes, rue de la Montagne-Sainte-Geneviève. — Sainte-Catherine, rue d'Ormesson. — Delaborde, place Delaborde. — Saint-Dominique, rue Saint-Dominique, 152. — des Enfants-Rouges, rue de Bretagne. — Saint-Germain, rue Mabillon. — Saint-Honoré, rue du Marché-Saint-Honoré. — Saint-Joseph, rue Montmartre. — de la Madeleine, place de la Madeleine, 27. — Saint-Martin, rue Vaucanson. — de la Porte-Saint-Martin, rue du Château-d'Eau, 41. — Notre-Dame-de-Lorette, rue de ce nom, 55. — Popincourt, rue Oberkampf, vis-à-vis la rue Jacquart. — Saint-Quentin, rue de ce nom, 1. — de Sèvre, rue de ce nom.

Marchés *aux Fleurs*. Place de la Madeleine, le mardi et le vendredi. — Au Château-d'Eau, boulevard Saint-Martin, lundi et jeudi. — Place Saint-Sulpice, lundi et jeudi. — Quai Desaix, près du Palais de justice, mercredi et samedi.

Marché *aux vieux Effets d'habillement*, rue du Temple.

Marché *aux vieilles Friperies*, rue des Patriarches.

Marché *aux Chevaux*, boulevard de l'Hôpital, 56, le mercredi et le samedi.

Ancien château de Neuilly. (Page 399.)

MARCHÉ *aux Chiens*, rue du Marché-aux-Chevaux, le dimanche.
MARCHÉ *aux Veaux*, rue de Poissy, le mardi et le vendredi.
MONNAIE (Administration de la), quai de Conti, 11.
Les Musées des Monnaies et des Médailles sont ouverts au public les mardis et vendredis, de midi à 3 heures. Pour visiter les ateliers, il faut un permis du directeur.

MONT-DE-PIÉTÉ, rue de Paradis, 7, au Marais et rue des Blancs-Manteaux, 16.
Succursale, rue Bonaparte, 14.

Bureaux auxiliaires.

Bureau **A**, rue Joubert, 32.
— **B**, rue des Fossés-Saint-Jacques, 11.
— **C**, rue du Faubourg-Montmartre, 57.
— **D**, rue de l'Échiquier, 6.
— **E**, rue des Fossés-du-Temple, 42.
— **F**, rue du Faubourg-Saint-Antoine, 49.
— **G**, rue des Prêtres-Saint-Séverin, 2.
— **H**, rue du Vieux-Colombier, 11.
— **J**, rue de Penthièvre 34.
— **K**, rue Saint-Honoré, 181.
— **L**, rue Richelieu, 47.
— **M**, rue du Mail, 34.
— **N**, rue des Vieilles-Étuves-Saint-Honoré, 16.
— **O**, rue Saint-Denis, 173.
— **P**, rue du Vertbois, 39.
— **R**, rue du Faubourg-Saint-Martin, 122-124.
— **S**, rue du Faubourg-du-Temple, 80.
— **T**, Grande-Rue, 54, à Batignolles-Paris.
— **U**, rue de Buffon, 69.
— **V**, rue des Trois-Frères, 5, à Vaugirard-Paris.

Ces bureaux sont ouverts tous les jours, de 9 heures du matin à 8 heures du soir.

Nous rappelons au public que le remboursement du prêt peut avoir lieu par *à-comptes*. Ces à-comptes seront reçus non-seulement au chef-lieu et à la succursale, mais encore dans tous les bureaux de prêt direct.

Musées impériaux.

MUSÉES. — de Peinture. — des Dessins. — des Gravures. — des Sculptures antiques. — de Sculpture moderne. — Assyrien. — Égyptien. — Américain. — Étrusque. — Algérien. — de la Marine. — des Souverains.

Ces divers Musées sont réunis au Palais du Louvre. Ils sont ouverts au public tous les jours, le lundi excepté, de 10 heures à 4 heures.

MUSÉE DU LUXEMBOURG, rue de Vaugirard, 21.
Ouvert au public tous les jours, le lundi excepté, de 10 heures à 4 heures.

MUSÉE DE CLUNY, rue des Mathurins-Saint-Jacques, 14.
Le Musée est ouvert au public les dimanches et jours de fêtes de 11 heures à 4 heures et demie. — Tous les jours de la semaine, les

lundis exceptés, les galeries sont ouvertes aux personnes munies de billets d'entrée, ainsi qu'aux étrangers sur la présentation de leurs passe-ports.

Musée d'Artillerie, place Saint-Thomas-d'Aquin, 3.

On ne peut être admis à visiter ce Musée qu'avec des billets délivrés par l'Administration, sur demandes écrites.

Muséum d'Histoire naturelle, au Jardin des Plantes.

Le Jardin est ouvert tous les jours au public et toute la journée.— La Ménagerie est ouverte au public de 11 heures du matin à la nuit en hiver, et de 10 heures du matin à 6 heures du soir en été.— Les galeries d'Anatomie comparée, de Zoologie, de Botanique, de Géologie et de Minéralogie sont ouvertes au public les mardis et jeudis, de 2 heures à 5 heures, et les dimanches de 1 à 5 heures ; aux personnes munies de cartes ou de permissions, les mardis, jeudis et samedis, de 10 heures à 2 heures.

Musique et Déclamation (Conservatoire de), rue du Faubourg-Poissonnière, 11.

Navigation (Inspection générale de la), au Pavillon sur le quai de la Tournelle, en face le n° 37.

Nourrices (Bureaux de la Direction des), rue Sainte-Appolline, 18.

Octroi de Paris (Direction de l'), à l'Hôtel de ville.

Pharmacie (École supérieure de), rue de l'Arbalète, 21.

Le Bureau et la Salle des Collections sont ouverts tous les jours, de 11 heures à 4 heures.— La Bibliothèque est ouverte les lundis, mercredis et vendredis à la même heure.— Le Jardin Botanique est ouvert tous les jours toute la journée.

Pharmacie centrale des Hôpitaux et Hospices, quai de la Tournelle, 47.

Pharmacie centrale des Hôpitaux et Hospices militaires, rue de l'Université, 160.

Pompes funèbres (Administration des), rue Alibert, 10.

Postes aux Chevaux, rue de la Tour-des-Dames, 2.

Postes (Administration générale des), rue Jean-Jacques-Rousseau, 9.

Poudres et Salpêtres (Direction générale des), à l'Arsenal, rue de l'Orme.

Pouvoirs judiciaires.

La Cour de Cassation au Palais de justice.

La Cour des Comptes, rue de Lille, 62 *bis*.

La Cour impériale de Paris, au Palais de justice.

Le Bureau de l'Assistance judiciaire, près la Cour impériale de Paris, tient ses séances le mardi de chaque semaine, à 10 heures.

Le Tribunal de première instance, au Palais de justice.

Le Tribunal de première instance de la Seine se divise en dix Chambres : cinq connaissent des matières civiles ; la 6e, la 7e et la 8e Chambre, des affaires de police correctionnelle ; la 9e, des affaires civiles et criminelles rapportées et jugées en Chambre du conseil ; la 10e, des expropriations par jury pour cause d'utilité publique.

Les référés sont tenus les mardis, jeudis et vendredis, à 10 heures.

Les séances du bureau de consultations gratuites ouvertes aux indigents se tiennent le jeudi de chaque semaine, depuis 2 heures

Rambouillet. (Page 399.)

jusqu'à 4 heures, à la Bibliothèque de l'ordre des avocats, au Palais de justice.

Le Tribunal de Commerce, boulevard du Palais.

Il tient ses audiences les lundis à 11 heures pour le grand rôle ; mardis, mercredis, jeudis et vendredis à 10 heures, pour l'appel des causes et affaires sommaires. L'audience du mercredi est exclusivement consacrée aux affaires dans lesquelles une instruction a été faite par un arbitre rapporteur, ou par les juges commissaires dans les constestations qui intéressent les faillites.

Conseils des Prud'hommes, quai aux Fleurs.

Les bureaux sont ouverts tous les jours non fériés, de 9 heures à 4 heures.

Conseil de l'industrie des Métaux, jugement le jeudi à midi.

Conseil des Tissus et des industries qui s'y rattachent, jugement le vendredi à midi.

Conseil des produits chimiques, jugement le mercredi à midi.

Conseil des industries diverses, jugement le mercredi à midi.

Justices de Paix, à chacune des mairies. *Voir* le tableau des divisions de Paris, page 65 du Dictionnaire des rues.

Tribunal de simple police, cour du Mai, au Palais de justice.

Préfecture du département de la Seine, à l'Hôtel de ville.

Préfecture de Police, rue de Jérusalem, 7.

Le Bureau des Passe-ports est ouvert tous les jours de 9 heures à 4 heures, et le dimanche de 10 heures à 2 heures.

Prisons. Le Dépôt, à la Préfecture de Police.— La Conciergerie, quai de l'Horloge, 1.— Mazas, boulevard Mazas, 23.— Sainte-Pélagie, rue du Puits-de-l'Ermite, 14.— Saint-Lazare, rue du Faubourg-Saint-Denis, 107.— La Roquette, rue de la Roquette, 168.— Les Jeunes-Détenus, rue de la Roquette, 143. — Maison d'arrêt militaire, rue du Cherche-Midi, 38.— Maison d'arrêt pour la garde nationale.

Retraites pour la Vieillesse (caisse des), rue de Lille, 56.

Salubrité et de l'Éclairage (Inspection générale de la).

Sociétés savantes.

Société d'Encouragement pour l'Industrie nationale, rue Bonaparte, 44.— Impériale et Centrale d'Horticulture, rue de l'Abbaye, 3. — de Géographie, rue Christine, 3.— Géologique de France, rue du Vieux-Colombier, 24.— Météorologique de France, rue du Vieux-Colombier, 24.— Impériale de Zoologie et d'Acclimatation, rue de Lille, 19.— pour l'Instruction élémentaire, quai Malaquais, 3.— de Chirurgie de Paris, rue de l'Abbaye, 3.— de Médecine pratique, à l'Hôtel de ville. — Française de Statistique universelle, rue Louis-le-Grand, 21.— Institut historique de France, rue Saint-Guillaume, 12. —Académie nationale, agricole, manufacturière et commerciale, rue Louis-le-Grand, 21.

Sourds-Muets (Institution impériale des), rue Saint-Jacques, 256.

Tabacs (Manufacture des), quai d'Orsay, 63.

Télégraphes (Administration des), rue de Grenelle, 103, au Ministère de l'Intérieur.

Timbre impérial, rue de la Banque, 11.

Palais, Monuments et Édifices publics.

Arc de triomphe du Carrousel, place du Carrousel. — de l'Étoile, à la barrière de l'Étoile. — de la Porte-Saint-Denis, sur le boulevard, entre la rue et le faubourg Saint-Denis. — de la Porte-Saint-Martin, sur le boulevard, entre la rue et le faubourg Saint-Martin.

Beaux-Arts (le palais des), rue Bonaparte, 14.

Bourse (le palais de la), place de la Bourse.

Caserne (*Pompiers*), rue Chanoinesse, 8.— Rue du Vieux-Colombier, 11. — Rue du Château-d'Eau, 68.— Rue Culture-Sainte-Catherine, 7.— Rue de la Paix, 4. — Rue de Poissy, 24. — Rue Blanche, 10.

Caserne (*Gendarmerie de la Seine*), rue des Francs-Bourgeois, 10, au Marais.

Caserne (*Infanterie*), rue de Lille, 60.— Rue de Babylone, 49.— Rue Oudinot, 8.— Rue de Lourcine, 70.— Rue du Faubourg-du-Temple, 68. — Rue de Sully, 9.— Rue de Penthièvre, 28. — Rue de la Pépinière, 34.— Rue des Barrés-Saint-Paul.— Rue du Faubourg-Poissonnière, 82.— Rue de Reuilly, 12. — Rue Lobau.— Rue de la Banque.

Caserne (*Infanterie et cavalerie*), rue Mouffetard, 61.—. Rue de Tournon, 10 *bis*. — Rue du Petit-Musc.

Caserne (*Cavalerie*), quai d'Orsay, 5.

Caserne (*Infanterie, cavalerie, artillerie*), à l'École Militaire.

Caserne (*Train des Équipages*), rue Marbeuf.

Cimetières. — Arrêté préfectoral du 20 décembre 1859 fixant les circonscriptions pour les inhumations des cimetières de Paris, à partir du 1er janvier 1860 : 1° Cimetière du Nord, dit de *Montmartre*, aux inhumations des 1er, 2e, 8e 9e et 10e arrondissements ; — 2° le cimetière de l'Est, dit *Père-Lachaise*, aux inhumations des 3e, 4e, 11e et 20e arrondissements ; — 3° le cimetière du Sud, dit du *Montparnasse*, aux inhumations des 5e, 6e, 7e, 13e et 14e arrondissements ; — 4° le cimetière des Batignolles, aux inhumations du 17e arrondissement ; —5° le cimetière de Montmartre, à celles du 18e arrondissement ; —6° le cimetière de la Villette, à celles du 19e arrondissement ; — 7° les cimetières de Grenelle et de Vaugirard, à celles du 15e arrondissement, savoir: pour celui de Grenelle, les 59e et 60e quartiers, et pour celui de Vaugirard, les 57e et 58e quartiers ; — les cimetières d'Auteuil et de Passy, aux inhumations du 16e arrondissement ; pour Auteuil, la partie comprise entre la Seine et les rues de Boulainvilliers et de l'Assomption, le surplus de l'arrondissement pour le cimetière de Passy.

Les cimetières ci-après méritent seuls d'être visités, ce sont ceux du Père-Lachaise, à la barrière d'Aulnay. — du Montparnasse, à la barrière du Montparnasse. — Montmartre, à la barrière Blanche. — Les Catacombes, à la barrière d'Enfer. Depuis quelques années, il n'est plus permis de visiter les Catacombes.

Cluny (hôtel de), rue des Mathurins-Saint-Jacques, 14.

Colonnes. Vendôme ou d'Austerlitz, place Vendôme.—de Juillet, place de la Bastille. — du Palmier ou de la Victoire, place du Châtelet. — de Médicis, rue de Viarmes.

Ancien château de Sceaux. (Page 385.)

Moyennant rétribution au gardien, on peut monter sur la galerie supérieure des Colonnes Vendôme et de Juillet.

CONSEILD'État (palais du), rue de Lille, 62.
CORPS LÉGISLATIF (palais du), rue de l'Université, 124.
ÉLYSÉE-NAPOLÉON (palais de l'),rue du Faubourg-Saint-Honoré, 57.
FONTAINES. — de la place de Richelieu, entre les rues de Louvois et Rameau. — Molière, à la pointe formée par les rues de la Fontaine-Molière et de Richelieu. — Gaillon, au carrefour Gaillon. — de Grenelle, rue de Grenelle-Saint-Germain, 57. — de la place Saint-Sulpice. — Cuvier, rue Saint-Victor, 2. — Notre-Dame, derrière l'église métropolitaine.— Desaix, place Dauphine.— de la Victoire, place du Châtelet. — de l'Arbre-Sec, rue de l'Arbre-Sec.— des Innocents, rue Saint-Denis. — Saint-Michel, place Saint-Michel. — de Médicis, au palais du Luxembourg, dans le jardin. — du Château-d'Eau, boulevard Saint-Martin. — du Gros-Caillou, rue Saint-Dominique, 219.
FONTAINES. — des Champs-Élysées. — de la place Royale. — de place de la Concorde.
FRANÇOIS Ier (maison de), cours la Reine, 16.
HÔTEL DE VILLE (l'), place de ce nom.
INDUSTRIE (palais de l'), grand carré Marigny, aux Champs-Élysées.
INSTITUT (palais de l'), quai de Conti, 23.
INVALIDES (hôtel des), esplanade de ce nom.
JACQUES-LA-BOUCHERIE (la tour Saint-), rue de Rivoli, entre la rue Saint-Martin et le boulevard de Sébastopol. On peut monter sur la plate-forme de la tour en payant au garde 10 centimes par personne.
JARDIN DES PLANTES (le), place Walhubert.
JUSTICE (le palais de), boulevard du Palais.
LÉGION-D'HONNEUR (le palais de la), rue de Lille, 64.
LOUVRE (le palais du), rue Rivoli.
LUXEMBOURG (le palais du), rue de Vaugirard, 23.
LUXOR (l'obélisque de), place de la Concorde.
MONNAIE (hôtel de la), quai de Conti, 11.
MORGUE (la), place de l'Archevêché, derrière Notre-Dame.
PANTHÉON (le). *Voyez* église Sainte-Geneviève.
POMPE-A-FEU de Chaillot, quai de Billy, 8 ; — du Gros-Caillou, quai d'Orsay, 63.
ROYAL (le Palais-), rue Saint-Honoré, 204.
STATUES : — de Henri IV, sur le terre-plein du pont Neuf ; — de Louis XII, au centre de la place Royale ; — de Louis XIV, au centre de la place des Victoires ; — de Molière, rue de Richelieu, en face le n° 30 ; — du maréchal Ney, au carrefour de l'Observatoire, en face le n° 11.
THERMES (le palais des), boulevard Saint-Michel.
TOMBEAU DE L'EMPEREUR (le) à l'Hôtel impériale des Invalides.
Le public est admis à le visiter tous les lundis, de midi à 3 heures. Le jeudi on entre muni de billets, et les Étrangers sur la présentation de leur passe-port.
L'entrée par la place de Vauban.
TUILERIES (le palais des), place du Carrousel.

ENVIRONS DE PARIS.

FÊTES CHAMPÊTRES ET LIEUX DE RÉUNION DE LA POPULATION PARISIENNE. MOYENS DE TRANSPORT.

Asnières, à 7 kilomètres de Paris; 1280 habitants.— Bals, restaurants, cafés, illuminations et jeux de toute espèce dans le parc de l'ancien château de la belle comtesse de Parabère. Sa proximité de la capitale, et la facilité des moyens de transport, en font un des environs de Paris les plus fréquentés. Promenades sur la Seine, et cabarets fréquentés par les amateurs de matelotes. — Fêtes le jour de l'Assomption (15 août). — Chemin de fer de Saint-Germain, gare rue Saint-Lazare, 124. (*V.* page 345.)

Bellevue, à 11 kilomètres de Paris; 450 habitants.— Charmante situation sur la rive gauche de la Seine. Terrasse de laquelle on aperçoit toute la plaine où s'élève Paris, et qui justifie le nom de la localité. A côté de Bellevue est le bois de Meudon qui offre des sites d'une charmante beauté, et se prolonge jusqu'aux abords de Versailles.— Fête le 25 août et le dimanche suivant.— Chemin de fer de Versailles (*rive gauche*), gare boulevard du Montparnasse.

Bougival, à 14 kilomètres de Paris; 1600 habitants.— Délicieuse situation sur un coteau baigné par la Seine et couvert de belles maisons de campagne. Les bords de la rivière, la vue de Marly et de Saint-Germain, font de Bougival une des résidences les plus justement recherchées des environs de Paris, et un but de promenades charmantes. Chemin pittoresque et ombragé conduisant à Louveciennes, sur la hauteur, et nommé route de la Princesse. Au sommet, le château et le pavillon de Mme du Barry; le beau château de la Celle-Saint-Cloud, avec les bois qui l'environnent.— Fête le 15 août. — Voitures rue du Bouloi, 24.

Champigny, à 14 kilomètres de Paris; 1610 habitants.— Aux environs de Champigny, sur une des collines qui bordent la Marne, on remarque un magnifique château de construction moderne, dont les points de vue sont admirables. Champigny était autrefois défendu par un château fort, qui fut pris sous le règne de Charles VI par les Armagnacs.— Fête le dimanche et le lundi de la Trinité.— Voitures rue Amelot, 2.

Charenton-le-Pont, au confluent de la Marne, et à côté l'un de l'autre se trouvent deux villages de même nom, Charenton-le-Pont et Charenton-Saint-Maurice, tous deux à 7 kilomètres de Paris, donnant ensemble une population d'environ 5200 habitants. L'aspect de la Marne, les coteaux qui l'environnent, les îles, les ombrages, font de ce lieu un rendez-vous de plaisirs. C'est à Charenton-Saint-Maurice que se trouve le célèbre hospice des aliénés, fondé en 1741, et renfermant 500 malades.— Fête le premier dimanche après la Saint-Fiacre (30 août). — Voitures rue du Petit-Musc, 35, et rue Saint-Paul, 30.— Chemin de fer de Lyon, gare boulevard Mazas.

Chatillon, à 8 kilomètres de Paris; 1500 habitants. — Bâti dans une belle position, sur une hauteur d'où l'on jouit d'une vue magnifique. L'œil embrasse Bagneux, Montrouge, Vaugirard, Vanves, Issy, Paris, le cours de la Seine, le Mont-Valérien, Vincennes et les hau-

Pont de Sèvres. (Page 389.)

teurs de Montmartre. Dans le lointain, une partie de la vallée de Montmorency sert de cadre à ce vaste et riant tableau. Sur la hauteur, ruines pittoresques de la tour de Croux, qui servait autrefois à transmettre les signaux de la tour de Montlhéry.— Fête le premier dimanche de mai.— Voitures rue de Grenelle-Saint-Honoré, 45.

Choisy-le-Roi, à 11 kilomètres de Paris ; 8000 habitants.—Agréable séjour sur la rive gauche de la Seine. Pont construit en 1810. Mlle de Montpensier y avait une maison de plaisance. Le château, où venaient souvent Louis XV et Mme de Pompadour, a disparu.... de nombreuses fabriques l'ont remplacé. Au-dessus de Choisy-le-Roi, jolie petite île, dont le charmant effet contribue à la beauté du paysage que la Seine présente en cet endroit. — Fête le dimanche après la Saint-Louis (25 août).— Voitures rue des Deux-Écus, 23.— Chemin de fer d'Orléans, gare boulevard de l'Hôpital, 7.

Cloud (Saint-), fête les trois dimanches après le 7 septembre.

Vers l'an 533, des mariniers déposèrent sur la rive un enfant que ses oncles avaient donné l'ordre de tuer; ils le sauvèrent. C'était le fils de Clodomir et de Clotilde, Clodoald, qui donna son nom à Saint-Cloud. Le 1er août 1589, le jacobin Jacques Clément y assassina Henri III. Le cardinal Mazarin acheta Saint-Cloud ; Mansard et Lepautre furent chargés de sa réédification ; le Nôtre dessina le parc, qui fait l'admiration des promeneurs par ses effets pittoresques. Il a 16 kilomètres de tour, attire l'attention par ses belles pièces d'eau, dont la principale, la cascade, a été déssinée par Lepautre. Le grand jet d'eau s'élance à 42 mètres au-dessus du niveau de son bassin, et consomme 600 muids à l'heure. La lanterne de Démosthène, improprement nommée *lanterne de Diogène*, offre un point de vue admirable.

Voitures rue du Bouloi, 9. — Chemin de fer de Saint-Cloud, gare rue Saint-Lazare, 124, et le chemin de fer américain, rue du Louvre, 2.

Compiègne. L'origine de Compiègne remonte à l'époque romaine, mais cette ville ne commença à avoir une certaine importance que sous Charles le Chauve, qui, après y avoir élevé un pavillon de chasse, y fit construire un château royal.

Clotaire Ier y mourut; Eudes y fut proclamé roi; Louis le Bègue y fut couronné, puis enterré; Carloman y convoqua les seigneurs français; Louis V, dit le Fainéant, y fut inhumé.

Les forêts de Brie et de Guise, qui environnent Compiègne, servaient aux ébats cynégétiques de ces hommes qui cherchaient dans la chasse les émotions de la guerre.

C'est aux portes de Compiègne que Jeanne d'Arc fut faite prisonnière par les Anglais.

Ce fait se passa à la porte du Vieux-Pont. Le pont existe encore, ainsi que la tour qui le défendait; on y lit l'inscription suivante :

> Cy fust Jehanne d'Ark, près de cestui passage
> Par le nombre accablée et vendue à l'Anglais
> Qui brûla, le félon, elle tant brave et sage.
> Tous ceux-là d'Albion n'ont fait le bien jamais.

Le rôle de Compiègne fut assez obscur jusqu'à Louis XV, qui fit élever, par l'architecte, un château d'une splendeur toute royale (1755).

Ce château était destiné à la fameuse Dubarry.

En 1808, le château de Compiègne servit de résidence au roi d'Espagne, Charles IV, après ses deux abdications.

Le 27 mars 1810, Marie-Louise y fut reçue par Napoléon.

Aux environs se trouve le château de Fayel, si célèbre par sa légende.

Un des châtelains de Fayel, ayant su que sa femme avait des bontés pour un sire de Coucy, il alla attendre celui-ci et le tua.

Il lui arracha le cœur de la poitrine, le fit accommoder par son maître queue et le fit manger à la malheureuse Gabrielle.

« Comment trouvez-vous ce mets? lui demanda-t-il.

— Délicieux, répondit-elle.

— Eh bien! sachez que c'est le cœur de votre amant, le sire de Coucy. »

Gabrielle se laissa mourir de faim.

On voit encore, non loin de Compiègne, le château de Pierrefonds, dont les seigneurs furent, pendant quelque temps, plus puissants que le roi de France. (*V.* page 341.)

Denis (Saint-), fête le jour de Saint-Denis (9 octobre) et les deux dimanches suivants.

Cette petite ville doit son origine à une abbaye de l'ordre de Saint-Benoît. L'église a été fondée, dit-on, au cinquième siècle en l'honneur de saint Denis. Pépin le Bref, Louis VII et Louis IX, réédifièrent chacun à leur tour cette basilique qui, étant ainsi l'œuvre de plusieurs, dut offrir dans toutes ses parties le goût dominant de chaque époque. L'ensemble est pourtant d'un beau gothique ; le maître-autel est un des plus riches de France ; il est revêtu de marbre d'Égypte, décoré sur le devant d'un bas-relief en vermeil qui représente l'adoration des bergers. Au-dessous du chœur règne une galerie souterraine dans laquelle on voit les tombeaux de tous les rois de France. Ces caveaux peuvent être visités par le public, en se faisant accompagner par un gardien qui explique, moyennant une faible rétribution, les traits les plus saillants du règne de chaque prince.

Les bâtiments de l'ancienne abbaye attenant à l'église sont occupés par la maison impériale de la Légion-d'Honneur, où quatre cents jeunes filles de légionnaires sans fortune sont élevées aux frais de l'État.

Voitures rue du Faubourg-Saint-Denis, 12, passage du Bois-de-Boulogne, rue d'Enghien, 2, et boulevard de Clichy, 58.— Chemin de fer du Nord, gare rue de Dunkerque, 24.

Enghien, à 15 kilomètres de Paris ; 600 habitants.— Lac en miniature sur les bords duquel s'élèvent de très-élégants chalets. Les promenades en bateau sur le lac et le voisinage de Montmorency attirent pendant l'été, à Enghien, le monde élégant de la capitale.— Chemin de fer du Nord, gare rue de Dunkerque, 24. (*V.* page 349.)

Fontainebleau, fête le dimanche après la Saint-Louis (25 août), dure deux jours. — Il ne faut pas oublier de visiter la forêt avec attention. Elle contient plus de 40 000 arpents de vieux arbres, et a près de 80 kilomètres de pourtour. Les endroits les plus remar-

Palais de Versailles. (Page 393.)

quables sont : les chênes de Henri IV et de Sully, la mare aux Èves, le carrefour de Bellevue, la gorge aux Loups, la table du Roi, la grande Treille, la vallée de Franchard, le Calvaire, le Désert, la Roche qui pleure, Montaigu, les érables, etc. On admire dans le parc des arbres modèles, de belles charmilles, des eaux transparentes, un étang de 1000 mètres, avec un pavillon construit par l'empereur Napoléon Ier, un labyrinthe de l'effet le plus pittoresque, des plantations de toutes sortes. Le château, œuvre du Primatice, date du règne de François Ier. Le *Guide de Fontainebleau* contient sur ce château des détails intéressants.

De grands faits historiques se sont passés dans cette résidence : l'entrevue de François Ier et de Charles-Quint, en 1539 ; — l'assassinat de Monaldeschi, l'amant adoré de la reine Christine de Suède, exécuté dans la galerie des Cerfs, par ordre de sa royale maîtresse ; le mariage de Louis XV et de Leczynska ; l'abdication de Napoléon Ier, le 20 avril 1814 ; — enfin, le mariage du duc d'Orléans et d'Hélène de Mecklembourg, en 1837.

Chemin de fer de Lyon, gare boulevard Mazas. (*V.* page 357.)

GENTILLY, fête le deuxième dimanche de mai. (*V.* page 353.)

GERMAIN-EN-LAYE (SAINT-), fête le premier dimanche de septembre.

Petite ville bien bâtie, mais triste, aux rues larges, irrégulières, patrie de Marguerite de Valois, de Henri II, de Charles IX et de Louis XIV. Le château, aujourd'hui pénitencier militaire, ressemble, avec ses vastes fossés, sa construction en briques et son ordonnance uniforme et sévère, à une ancienne forteresse plutôt qu'à une résidence royale. On y montre la salle de François Ier, la chambre où mourut Jacques II d'Angleterre, les immenses balcons, la cour intérieure, la chapelle aux croisées ogivales, toutes choses qui sont dignes de remarque. Il fut commencé par Charles V et achevé sous Louis XIII. Le Nôtre dessina la magnifique terrasse qui règne le long du parc, et qui offre le panorama le plus varié des environs de Paris. Après avoir ajouté les cinq gros pavillons dont le palais est flanqué, Louis XIV, que la vue des flèches de Saint-Denis attristait, l'abandonna pour aller habiter Versailles. Henri IV aimait tant le séjour de Saint-Germain, que pour donner aux habitants une preuve de sa bienveillance, il les exempta de toutes charges, privilège qui dura jusqu'en 1789. L'amour de Gabrielle n'était pas étranger à cet acte de munificence, si ruineuse pour le Trésor public. La forêt est une des plus belles de France ; on y voit le pavillon des Loges, qui servit d'exil à Mme Du Barry, et que l'Empire convertit en succursale de la maison impériale de la Légion-d'Honneur de Saint-Denis.

MALMAISON (LA), est un petit château situé à 13 kilomètres de Paris et dont l'origine remonte à l'an 1200. Ce château, qui, depuis 1842, est la propriété de Marie-Christine, est remarquable par les souvenirs qui s'y rattachent. L'impératrice Joséphine l'acheta au financier Canteleu : Bonaparte, qui s'y plaisait beaucoup, l'agrandit à plusieurs reprises ; Joséphine y mourut en 1814, peu de jours après avoir reçu la visite de l'empereur de Russie et du roi de Prusse. (*V.* page 361.)

Marly, à 15 kilomètres de Paris; 1200 habitants. — Marly plaisait si fort à Louis XIV, qu'il fit bâtir un magnifique château dont aujourd'hui il ne reste qu'une seule dépendance, appelée autrefois le Chenil, et formant maintenant une jolie maison de campagne. On voit à Marly les restes de la machine compliquée qui élevait les eaux de la Seine sur la colline où se trouve l'aqueduc qui les conduit à Versailles. Cette machine est remplacée par une pompe à feu d'un effet plus puissant et plus sûr. Les ombrages du parc de Marly et de la forêt ajoutent à l'agrément de ce délicieux séjour. — Fête le dimanche après la Saint-Louis (25 août). — Voitures rue du Bouloi, 24. — Chemin de fer de Saint-Germain, gare rue St-Lazare, 24.

Meudon, fête les premier et deuxième dimanches de juillet. (*V.* page 365.)

Le château actuel est dû au grand dauphin, et son père, Louis XIV, avait coutume de dire qu'il ressemblait plus à la demeure d'un financier qu'à celle d'un prince. Ce dauphin y termina misérablement sa vie en 1711, d'une petite vérole qu'il gagna dans une chaumière de la forêt. En 1789, un autre dauphin, premier fils de Louis XVI, y succomba à une maladie de langueur. C'est Henri de Guise qui fit construire la terrasse qui domine le village et d'où l'on voit Paris. Au Bas-Meudon coule la Seine, qui se partage en deux bras, pour former plusieurs îles ombragées où les Parisiens, après leur promenade sur l'eau, viennent manger, en été, d'excellentes matelotes.

Chemin de fer de Versailles (*rive gauche*), boulevard Montparnasse.

Montmorency, à 17 kilomètres de Paris; 3000 habitants. — Situation des plus agréables, air pur, fruits délicieux. Assis sur le sommet d'une colline, la vue s'étend sur une magnifique forêt qui l'environne et sur une vallée délicieuse, renfermant une multitude de maisons de campagne charmantes. A son extrémité s'élève la maison appelée l'Ermitage, où Jean-Jacques Rousseau composa une partie de ses écrits, et qui fut depuis habitée par Grétry. La Châtaigneraie, voisine de l'Ermitage, est l'endroit où l'on se réunit pour la danse aux fêtes patronales de Montmorency. — Fête le jour de Sainte-Madeleine (22 juillet), et les deux dimanches suivants. — Voitures rue d'Enghien, 2. — Chemin de fer du Nord, rue de Dunkerque, 24. (*V.* page 360.)

Nanterre, fête le dernier dimanche de mai. Le lendemain, couronnement d'une rosière. — Voitures rue Tirechappe, 7 et 9, et rue du Bouloi, 24. — Chemin de fer de Saint-Germain, gare rue Saint-Lazare, 124. (*V.* page 373.)

Neuilly-sur-Seine, à 7 kilomètres de Paris, voisinage du bois de Boulogne. — Résidence favorite du roi Louis-Philippe qui y possédait un château détruit à la révolution de février 1848; parc magnifique qui vient d'être morcelé et vendu en détail. Sur la route de la Révolte est la chapelle élevée au lieu même où périt si malheureusement le duc d'Orléans en 1842. La partie de cette commune appelée les Ternes, qui se trouvait à l'intérieur de l'enceinte fortifiée, lui a été retirée et annexée à Paris par la loi du 16 juin 1859. — Fête le dimanche après la Saint-Jean. — Voitures rue Tirechappe, 7 et 9, et rue du Bouloi, 24. (*V.* page 377.)

Vue du donjon de Vincennes. (Page 397.)

Rambouillet, situé à 51 kilomètres de Paris, est remarqnable par son château impérial entouré d'une forêt de 13 000 hectares. Le parc, dessiné à l'anglaise, contient de jolies pièces d'eau et offre de magnifiques points de vue. François I er y mourut le 21 mars 1547. Charles X y abdiqua le 2 août 1830, à la suite des journées de juillet. (*V.* page 381.)

Rueil, à 16 kilomètres de Paris; 4500 habitants. — Ancienne résidence du cardinal de Richelieu. Dans l'église de Rueil est le tombeau de l'impératrice Joséphine et celui de la reine Hortense, mère de l'empereur Napoléon III. Dans les environs se trouve *la Malmaison*, séjour qu'affectionnait Napoléon I er, et où il signa sa seconde abdication, le 29 juin 1815. — Voitures rue Tirechappe, 7 et 9; rue du Bouloi, 24, et rue d'Enghien, 2. — Chemin de fer de Saint-Germain, gare rue Saint-Lazare, 124.

Sceaux, à 13 kilomètres de Paris; 2200 habitants. — Ville, chef-lieu d'arrondissement, qui n'était qu'un village en 1670, époque où Colbert acquit le château de Sceaux, qu'il fit démolir pour en construire un nouveau beaucoup plus magnifique, qui fut démoli pendant la révolution. Toutefois, M. Desgranges, alors maire de Sceaux, aidé de quelques riches particuliers, fit l'acquisition de la partie du parc où se trouvait la ménagerie. Ce lieu, embelli par les acquéreurs, a été transformé en un charmant jardin public, où, pendant la belle saison se tient, les dimanches, le bal champêtre le plus fréquenté et le mieux composé des environs de Paris. — Fête le jour de la Saint-Jean et le dimanche suivant. — Voitures rue Dauphine, 30, dans le passage. — Chemin de fer de Sceaux, gare boulevard Saint-Jacques. (*V.* page 385.)

Sèvres, fête le dimanche après la Saint-Jean (24 juin). — Sèvres possède une manufacture de porcelaine célèbre par la beauté des matières, la pureté de dessin et la richesse de ses produits. On peut la visiter le mardi et le samedi de chaque semaine. — Chemin de fer américain, rue du Louvre, 2. — Chemin de fer d'Auteuil, gare rue Saint-Lazare, 124. (*V.* page 389.)

Suresnes, à 10 kilomètres de Paris; 3000 habitants. — Bâti dans une situation pittoresque au bas du Mont-Valérien, sur la rive gauche de la Seine. Son territoire est planté de vignes dont le vin était autrefois célèbre, car Sully faisait présent à Henri IV de quelques bouteilles de *son bon vin de Suresnes*. Fête le dimanche après la St-Louis (25 août). — Voitures rue du Bouloi, 24. — Chemin de fer de Saint-Cloud, gare rue Saint-Lazare, 124.

Versailles, fête le jour de la Saint-Louis et le dimanche suivant. En 1630, ce n'était encore qu'un rendez-vous de chasse au milieu d'une grande forêt. En 1661, Louis XIV y jeta les fondations d'un immense palais. Le parc a été dessiné par le Nôtre. Au moyen d'une machine hydraulique construite à Marly, Louis XIV a fait venir les eaux de la Seine qui alimentent la ville, et permettent les jours de fête de faire jouer les grandes eaux des fontaines et des bassins.

Louis-Philippe I er a fait du palais de Versailles un Musée ouvert à toutes les gloires nationales. On y trouve méthodiquement disposés, par époque, tous les grands faits de notre histoire, les portraits des rois et des grands hommes.

Nous ne pouvons donner ici la nomenclature des chefs-d'œuvre qui remplissent le Musée de Versailles, les jardins et le parc. Il existe un livret auquel nous renvoyons le voyageur.

Le Musée est ouvert au public les mardis, mercredis, jeudis, vendredis, samedis et dimanches, de 10 heures du matin à 4 heures en hiver, et 5 heures en été.

Aux extrémités du parc de Versailles se trouvent les deux Trianons. Le grand est de Mansard, qui l'édifia en 1671 pour Mme de Maintenon ; le petit, orné d'un jardin anglais, était le séjour favori de Marie-Antoinette. (*V.* page 393.)

Voitures, rue du Bouloi, 24. — Chemins de fer (*rive droite*), gare rue Saint-Lazare, 124. — (*rive gauche*), gare boulevard du Montparnasse, et le chemin de fer américain, rue du Louvre, 2.

VINCENNES, à 7 kilomètres de Paris ; 8000 habitants. — Ce village est surtout célèbre par le bois qui l'avoisine et son château fort. Les rois y venaient chasser ; saint Louis, selon la chronique, y rendait la justice à son peuple, assis sous un chêne. Philippe de Valois commença le donjon en 1337, sur les ruines du vieux château de Philippe Auguste. Il fut terminé par Charles V. Philippe V, Charles IV, Charles IX et le cardinal Mazarin y rendirent le dernier soupir. Du temps de Charles VII, le roi d'Angleterre, maître d'une grande partie de la France, mourut à Vincennes, en 1422. Devenue prison d'État sous Louis XI, qui y institua l'ordre de Saint-Michel, cette forteresse reçut des hôtes illustres : le roi de Navarre, César de Vendôme, le maréchal d'Ornano, le prince de Condé, le cardinal de Retz, le duc de Beaufort, Rautzou, Bassompierre, le prince de Conti, Crébillon fils, Latude, Diderot, Mirabeau, le général Palafox, les ministres de Charles X, et, en 1848, Barbès et Blanqui. En 1805, le duc d'Enghien, arrêté en Allemagne, fut conduit à Vincennes et fusillé dans les fossés du château. Le château sert d'arsenal à la garnison de Paris. La chapelle, fondation de Charles V, est d'un beau gothique ; l'on y admire des vitraux peints d'après les dessins de Raphaël. Le 29 novembre 1857, à deux heures vingt-cinq minutes du matin, le terre-plein établi près de la tour de droite venait, en s'affaissant subitement, de faire écrouler deux voûtes, l'une située au-dessus d'une prison, l'autre au-dessus d'un corps de garde établi à droite de l'entrée du fort. Dix-huit personnes ont été tuées ou blessées. La construction du pavillon écroulé remontait jusqu'au treizième siècle ; c'était une des parties les plus anciennes du fort de Vincennes.

Au moment où nous écrivons, de grands changements se font au château de Vincennes, ainsi qu'à la forêt.

Fête le jour de l'Assomption (15 août) et le dimanche suivant. — Omnibus ligne AB. — Voitures rue Saint-Martin, 300 et 326, impasse de la Planchette, 3, et rue du Bouloi, 22. — Chemin de fer de l'Est, gare place de la Bastille. (V. page 397.)

TABLE ALPHABÉTIQUE.

Acclimatation (jardin d'), 111.
Affaires étrangères (ministère des), 163.
Agriculture, du Commerce, des Travaux publics (ministère de l'), 167.
Ambigu-Comique, 233.
Arc de triomphe de l'Etoile, 33.
Archevêché, 168.
Arrondissements, 40.
Artillerie (musée d'), 248.
Arts et Métiers (square des), 98.

Bac (Rue du), 72.
Banlieue (ancienne), 35.
— (nouvelle), 35.
Banque de France, 317.
Barrières (anciennes), 33.
Bastille (Histoire de la), 75.
— (place de la), 75.
Beaumarchais (boulevard), 52.
— (théâtre), 235.
Beaux-Arts (palais des), 147.
Bièvre (cours de la), 28.
Bonne-Nouvelle (boulevard),
Bouffes-Parisiens, 234.
BOULEVARDS, 51.
Boulevards intérieurs, 51.
— extérieurs, 71.
Boulogne (bois de), 100.
Bourse, 151.
— (petite), 58.
— (place de la), 87.
Budget, 320.

Capucines (boulevard des), 63.
Carrousel (arc du), 85.
— (place du), 85.
Castiglione (rue), 71.
Champ de Mars, 115.
Champs-Élysées, 97.
Châtelet (place du), 87.
— (théâtre du), 233.
Château-d'Eau, 54.
Chemins de fer, 319.

Cimetières, 323.
Cirque de l'Impératrice, 235.
— du Prince Impérial, 235.
— Napoléon, 235.
Cité (île de la), 30.
Clichy (barrière de), 33.
Climat, 28.
Cluny (Musée de), 247.
Collége de France, 268.
Concorde (place de la), 91.
Conseil d'Etat, 143.
Corps législatif, 140.
Cour des comptes, 143.

Dauphine (place), 111.
Déjazet (théâtre), 234.
DESCRIPTION DE PARIS, 28.
Distances de Paris aux diverses capitales de l'Europe, 28.
DIVISION ADMINISTRATIVE, 40.
Droit (Faculté de), 272.

École de médecine (rue de l'), 72.
Ecole militaire, 240.
Ecoles (rue des), 72.
Ecoles diverses, 273.
EGLISES, 171.
Elysée, 139.
Etablissements financiers, 319.
Exposition universelle, 326.

Filles-du-Calvaire (boulevard des), 52.
Finances (ministère des), 164.
Fontaines, 307.

Gaîté, 233.
Gay-Lussac, 72.
Gobelins, 239.
Grève (place de), 92.
Guerre (ministère de la), 167.
Gymnase, 226.

Halles, 299.
Hardy (café), 59.

Hippodrome, 236.
HISTOIRE DE PARIS, 1.
Hommes célèbres nés à Paris, 24.
HÔPITAUX, 251.
Hôtel (Grand-), 63.
Hôtel de ville, 159.

Imprimerie impériale, 239.
Industrie (palais de l'), 156.
Innocents (square des), 98.
Institut de France, 144, 264.
Instruction publique (ministère de l'), 167.
Intérieur (ministère de l'), 164.
Invalides (dôme des), 195.
Invalides (esplanade des), 115.
Invalides (hôtel des), 259.
Italiens (boulevard des), 58.

Jardin des plantes, 288.
Justice et des cultes (ministère de la), 168.
Justice (palais de), 147.
Juillet (colonne de), 79.

Légion d'honneur, 144.
Longchamps, 104.
Louvois (square), 98.
Louvre, 124.
Louvre (place du), 87.
Luxembourg, 139.
Luxembourg (jardin du), 115.
— (Musée du), 244.
— (petit), 140.
— (théâtre du), 234.

Mabille (jardin), 98.
Madeleine, 196.
— (boulevard de la), 63.
Magenta (boulevard), 71.
Maison de l'Empereur et des Beaux-Arts (ministère de la), 163.
Maison-Dorée, 59.
Maisons (nombre des) de Paris, 29.
Malesherbes (boulevard), 71.
Marine et des Colonies (ministère de la), 168.
Médecine (École de), 272.
Ministère d'État, 160.
Mobilier de la Couronne, 168.
Monceaux (parc), 98.
Monnaie, 160.
Montmartre (boulevard), 58.
— (cimetière), 323.
— (rue), 68.
Montorgueuil (rue), 67.
Montparnasse (barrière), 34.
— (cimetière), 324.

Morgue, 323.
Mouffetard (rue), 72.
Muette (la), 104.

Napoléon III (place), 85.
Notre-Dame, 171.
— (île), 30.
— des Victoires, 209.
Nouveautés (théâtre des), 235.

Observatoire (place de l'), 93.
Odéon, 225.
Opéra, 214.
Opéra-Comique, 218.
Opéra-Italien, 217.
Ourcq (canal de l'), 119.

Palais (boulevard du), 64.
Palais et monuments publics, 124.
Palais-Royal, 132.
— (jardin du), 86.
— (place du), 86.
— (théâtre du), 230.
Palmier (fontaine du), 88.
Panthéon, 182.
Paris pittoresque, 336.
Père-la-Chaise (cimetière du), 324.
PLAN DE PARIS, 30.
PONTS, 119.
POPULATION DE PARIS, 29.
PORTS, 118.
Porte-Saint-Martin (théâtre de la), 230.
Pré-Catelan, 103.
Prince-Eugène (boulevard du), 71.

QUAIS, 116.
Quartiers (anciens), 43.
— (nouveaux), 44.
Quartier latin, 48.

Richard-Lenoir (boulevard), 119.
Richelieu (rue), 68.
Rivoli (rue de), 63.
Royale (place), 79.

Saint-Antoine (faubourg), 43.
Sainte-Chapelle, 178.
Saint-Denis (boulevard), 57.
— (porte), 57.
— (rue), 64.
Saint-Etienne-du-Mont, 189.
Saint-Eustache, 185.
Saint-Germain (boulevard), 72.
— (faubourg), 47.
Saint-Germain l'Auxerrois, 199.
Saint-Germain des Prés, 190.
Saint-Gervais, 200.

TABLE ALPHABÉTIQUE. 403

Saint-Honoré (faubourg). 48.
Saint-Jacques (rue), 72.
— (square), 99.
— (tour), 99.
Saint-Jacques-du-Haut-Pas, 204.
Saint-Louis (île), 30.
Saint-Martin (boulevard), 54.
Saint-Martin (canal), 118.
Saint-Martin (porte), 54.
Saint-Martin (rue), 64.
Saint-Merri, 203.
Saint-Michel (boulevard), 64.
Saint-Paul-Saint-Louis, 204.
Saint-Roch, 206.
Saint-Séverin, 200.
Saint-Sulpice, 209.
Saint-Sulpice (place), 112.
Saint-Thomas-d'Aquin, 205.
Saint-Vincent-de-Paul, 196, 210.
Sainte-Clotilde, 196.
Sébastopol (boulevard), 64.
Seine (cours de la), 28.
Séraphin (théâtre), 236.
Situation de Paris, 28.

Sorbonne, 271.
Strasbourg (boulevard de), 64.
Superficie de Paris, 29.

Temple, 313.
Temple (boulevard du), 53.
Temple (rue du), 64.
Temple (square du), 99.
Théâtre-Français, 221.
Théâtre-Lyrique, 226.
Thermes (musée des), 247.
Traités conclus à Paris, 22.
Tribunal de commerce, 160.
Trône (barrière du), 33.
Tuileries, 128.
Tuileries (jardin des), 94.

Vaches (île aux), 30.
Val-de-Grâce (église du), 205.
Variétés, 229.
Vaudeville, 226.
Vendôme (place), 88.
Victoires (place des), 82.
Vivienne (rue), 68.

TABLE DES GRAVURES.

Ruines du palais des Thermes, 4.
Tour de Nesle, 9.
Arc de triomphe de l'Étoile, 25.
Cirque Napoléon, 32.
Porte Saint-Martin, 36.
Porte Saint-Denis, 41.
Vue de la Bastille, 45.
Place du Carrousel, 49.
Jardin du Palais-Royal, 56.
Colonne Vendôme, 61.
Place de la Concorde, 65.
Avenue des Champs-Élysées, 69.
Parc Monceaux, 73.
Fontaine et square des Innocents, 77.
La colonne de juillet, 80.
Courses de Longchamps, 84.
Fontaine du Palmier, place du Châtelet, 87.
Courses de chevaux à Vincennes, 89.
Pont-Neuf, 96.
Le square de la place Louvois, 99.

Cour du Louvre, 101.
Le Louvre à vol d'oiseau, 105.
Colonnade du Louvre, 109.
Palais-Royal, 113.
Palais de l'Élysée, 121.
Palais du Luxembourg, côté du jardin, 129.
Palais du Luxembourg, façade de la rue de Vaugirard, 133.
Vue du palais du Corps législatif, 137.
Vue de la cour des Comptes, 141.
Palais de la Légion d'honneur, 145.
Palais de justice, 149.
Institut de France, 153.
Palais de l'Industrie, 157.
Hôtel de ville, 161.
Ministère de l'instruction publique, 165.
École des Beaux-Arts, 169.
Notre-Dame de Paris, 173.
Tribunal de commerce, 180.

Le Panthéon, 184.
Église Saint-Eustache, 188.
Dôme des Invalides, 193.
La Madeleine, 197.
Tour Saint-Germain l'Auxerrois, 199.
Saint-Germain l'Auxerrois, vue prise avant la démolition de l'ancien presbytère, 201.
La Conciergerie, 208.
La Synagogue, 212.
Le nouvel Opéra, 216.
Théâtre des Italiens, 220.
Opéra-Comique, 224.
Théâtre Français, 228.
Odéon, 232.
L'Hippodrome, 237.
Panorama national, 241.
Cour d'entrée de l'Imprimerie impériale, 245.
L'École militaire, 249.
Musée de Cluny, 253.
Hôpital de la Pitié, 257.
Hôtel des Invalides, 261.
Hôtel des Monnaies, 265.
Église de la Sorbonne, 269.
École de droit, 273.
École de médecine, 277.
École centrale des arts et manufactures, 281.
Hôpital du Val-de-Grâce, 285.
Conservatoire des arts et métiers, 289.
Jardin des plantes, 293.
Bibliothèque Sainte-Geneviève, 297.
Observatoire, 301.
Halles centrales, 305.
Halle au blé, 309.
Le temple, 313.
Douane, 321.
Puits artésien de Grenelle, 329.
Catacombes, 333.
Colonne de Daubenton au jardin d'acclimatation, 337.
Vue du château de Compiègne, 341.
Vue du parc d'Asnières, 345.
Vue d'Enghien, 349.
Gentilly, 353.
Vue du château de Fontainebleau, 357.
La Malmaison, 361.
Vue de Marly, 365.
Église de Montmorency, 369.
Nanterre, vue de la chapelle et de la fontaine, 373.
Ancien château de Neuilly, 377.
Rambouillet, 381.
Ancien château de Sceaux, 385.
Pont de Sèvres, 389.
Palais de Versailles, 393.
Vue du donjon de Vincennes, 397.

FIN DES TABLES.

IMPRIMERIE GÉNÉRALE DE CH. LAHURE
rue de Fleurus, 9, à Paris.

www.ingramcontent.com/pod-product-compliance
Lightning Source LLC
Chambersburg PA
CBHW052132230426
43671CB00009B/1214